知识产权民事快审典型案例

ZHISHI CHANQUAN
MINSHI KUAISHEN DIANXING ANLI

仪　军　主编

知识产权出版社
全国百佳图书出版单位
—北京—

图书在版编目（CIP）数据

知识产权民事快审典型案例／仪军主编．—北京：知识产权出版社，2022.8
ISBN 978－7－5130－8236－5

Ⅰ.①知…　Ⅱ.①仪…　Ⅲ.①知识产权—审判—案例—北京　Ⅳ.①D927.103.4

中国版本图书馆 CIP 数据核字（2022）第 122604 号

责任编辑：齐梓伊　　**责任校对**：王　岩
执行编辑：杨　帆　　**责任印制**：孙婷婷
封面设计：SUN 工作室　韩力君

知识产权民事快审典型案例

仪　军　主编

出版发行：知识产权出版社有限责任公司	**网　　址**：http：//www.ipph.cn
社　　址：北京市海淀区气象路 50 号院	**邮　　编**：100081
责编电话：010－82000860 转 8176	**责编邮箱**：qiziyi2004@qq.com
发行电话：010－82000860 转 8101/8102	**发行传真**：010－82000893/82005070/82000270
印　　刷：北京建宏印刷有限公司	**经　　销**：新华书店、各大网上书店及相关专业书店
开　　本：720mm×1000mm　1/16	**印　　张**：16.25
版　　次：2022 年 8 月第 1 版	**印　　次**：2022 年 8 月第 1 次印刷
字　　数：251 千字	**定　　价**：88.00 元

ISBN 978－7－5130－8236－5

《知识产权民事快审典型案例》
编写委员会

主编： 仪　军

编委（以拼音为序）：

江珞伊　姜丽娜　李　洹　李迎新

孙汝函　田　芬　汪毓琦　吴　桐

夏　旭　阎　涵　杨　洁　杨培培

序言

PREFACE

司法案例是法院工作的最终产品，鲜活的案例在解决个案纠纷的同时，还以其终局性、权威性和稳定性在客观上发挥着类案指引等作用。知识产权快审案件，是司法改革所要求的“繁简分流、快慢分道”的要求，该类案件呈现出数量多、类型全、专业性强、涉民生、社会关注度高的特点。对这些司法案例进行总结分析，有助于分析、完善、修正裁判规则，促进理论和实务研究，实现类案指引，促进类案同判。同时，这些成果还能很好地“以案释法”“以案普法”，引导知识产权争端源头化解，快速解决，降低社会纠纷化解的成本。

本书收录的案例是从北京知识产权法院审结的3000余件案件中精选出来的，体现了新业态、新技术、新模式不断发展的互联网时代特色。例如，在“北京快手科技有限公司、北京华艺汇龙网络科技有限公司与北京字节跳动网络技术有限公司侵害著作权及不正当竞争纠纷案”中阐明了复合案由的判断和互联网法院管辖优先之间的关系，确定了复合案由情况下互联网法院管辖的认定标准；“北京大神圈文化科技有限公司与北京乐宣互动文化传播有限公司、重庆分公司等著作权合同纠纷案”明确了对无争议的确认之诉可以通过诉的利益审查其诉讼要件是否完备，以防止审判资源浪费和利用审判程序“渔利”行为；“北京四维图新科技股份有限公司与北京奇虎科技有限公司等侵害著作权及不正当竞争案”确立了导航电子地图构成地图作品的要件审查的标准，为类似案件作出了指引。总之，选集中的案例，既有反映新业态下知识产权保护规则创新发展的案件，也有在程序和实体方面对现有法律规范予以进一步明确的案件，具有一定的前沿性、典型性和实用性。

在编写体例上，每篇案例评析包括“裁判要旨”“案件基本信息”“基本案情”“案件焦点”“裁判理由”“法官评析”6个部分。其中，“裁判要旨”是案例的精华，是裁判规则的提炼，用精炼语言集中展示出案例所要解决的问题和裁判思路及规则。“法官评析”是对案件涉及的主要法律问题和裁判思路进行更深更广的剖析，进一步阐释了法官在处理具体案件时的思路。部分案例还梳理了相关法律观点的发展脉络，详细解释了采纳裁判中观点的考量因素，甚至包括对不同观点的公开和评析。通过法官对这些案例的深入剖析，给看似神秘的司法裁判过程打开一扇可供外界感知的窗口，提供一个公开平等透明交流的平台。

本书是北京知识产权法院立案庭快审组通过解析典型案例展示司法裁判思考的产物，如果存在偏颇、有争议甚至错误之处，欢迎社会各界积极提出宝贵意见，我们将认真研究并予以改进。

《知识产权民事快审典型案例》编委会

2022年6月

目录

CONTENTS

第一部分

程　　序

一、管　辖

（一）约定管辖

法人以其主要办事机构所在地作为管辖连接点起诉应注意的问题

——中国科学技术大学与乐视网（天津）信息技术有限公司侵害作品信息网络传播权纠纷管辖上诉案

【裁判要旨】

当原告以其主要办事机构所在地作为管辖连接点提起诉讼时，若其营业执照登记的地址与其主张的主要办事机构所在地不一致时，原告应对其实际在该地址办公的事实充分举证。在无其他证据佐证的情况下，不能仅依据房屋租赁合同确定法人主要办事机构所在地。

【案件基本信息】

- **案号**

一审：北京互联网法院（2020）京 0491 民初 2668 号民事裁定书

二审：北京知识产权法院（2020）京 73 民辖终 238 号民事裁定书

- **案由**

侵害作品信息网络传播权纠纷

- **当事人**

上诉人（一审被告）：中国科学技术大学

被上诉人（一审原告）：乐视网（天津）信息技术有限公司（以下简称乐视网天津公司）

【基本案情】

乐视网天津公司诉称：中国科学技术大学在其经营的“中国科学技术大学”网站的影视服务向公众传播了影视作品《龙拳》。乐视网天津公司享有该作品的信息网络传播权，而乐视网天津公司从未许可中国科学技术大学通过互联网向公众传播上述作品。根据《中华人民共和国著作权法》（以下简称《著作权法》）第48条①等规定，中国科学技术大学的行为构成侵权，严重影响了原告的正版市场授权。故乐视网天津公司请求法院判令中国科学技术大学赔偿乐视网天津公司经济损失50 000元及合理费用5200元。

中国科学技术大学在提交答辩状期间对管辖权提出异议。中国科学技术大学认为，本案应由安徽省合肥高新技术产业开发区人民法院管辖：首先，乐视网天津公司诉请的中国科学技术大学构成侵害其作品信息网络传播权的事实并不存在；其次，假定按照中国科学技术大学侵害其作品信息网络传播权立案，一审法院同样不具有管辖权，本案的被告住所地在安徽省合肥市，且被诉侵权行为的网络服务器、计算机终端设备所在地均不在北京市。因此本案应由安徽省合肥高新技术产业开发区人民法院管辖，请求法院将本案移送至该院审理。

一审法院经审理查明，乐视网天津公司营业执照显示其住所地为天津生态城动漫中路126号动漫大厦B2区3层301。乐视网天津公司向一审法院提交的“租赁合同”显示，北京宏城鑫泰置业有限公司自2013年1月1日起至2020年12月31日止，出租其北京市朝阳区姚家园路105号3号楼9/10层供乐视网公司办公使用。此外，乐视网天津公司还提交了已生效的（2019）京73民辖终181号民事裁定书，裁定书中认定乐视网天津公司的主要办事机构所在地位于北京市朝阳区。

一审法院据此作出一审裁定，驳回中国科学技术大学对本案管辖权提出

---

① 相关内容现规定在《著作权法》（2020年修正）第53条中。

的异议。中国科学技术大学不服，向北京知识产权法院提起上诉。主要理由为双方当事人住所地均不在北京市，仅凭乐视网天津公司提供的北京场所的租赁合同不足以认定上述场所为乐视网天津公司住所地，一审法院据此认定其享有管辖权缺乏事实和法律依据。

二审阶段，法院工作人员前往上述租赁地址进行调查。经调查：涉案大厦9/10层处于空置状态，无人办公，两层均张贴有关于疫情防控的提示，落款为“乐融行政部”。涉案大厦其他楼层目前有乐视网信息技术（北京）股份有限公司（以下简称乐视网北京公司）在此办公。经询问，北京万佳鑫物业管理有限责任公司工作人员陈述称：涉案大厦现产权人为乐视控股（北京）有限公司，涉案大厦的9/10层至少已3个月无人办公，涉案大厦的物业费系由乐视网北京公司缴纳。乐视网北京公司法务工作人员陈述称：乐视网天津公司已经接近倒闭，今年以来该公司无人在此办公。

据此，二审法院作出终审裁定，撤销一审裁定并将本案移送至安徽省合肥高新技术产业开发区人民法院审理。

【案件焦点】

在案证据是否能证明乐视网天津公司的主要办事机构所在地即住所地位于北京市朝阳区。

【裁判理由】

一审法院认为，乐视网天津公司提交的“租赁合同”显示，北京宏城鑫泰置业有限公司自2013年1月1日起至2020年12月31日止，出租其北京市朝阳区姚家园路105号3号楼9/10层供乐视网天津公司办公使用。此外，乐视网天津公司提交的已生效的（2019）京73民辖终181号民事裁定书已认定乐视网天津公司主要办事机构所在地位于北京市朝阳区。故根据《最高人民法院关于适用〈中华人民共和国民事诉讼法〉的解释》（以下简称《民事诉讼法司法解释》）第3条，《中华人民共和国民事诉讼法》（以下简称《民事诉讼法》）

(2017 年修正) 第 28 条、第 127 条第 1 款[①],《最高人民法院关于互联网法院审理案件若干问题的规定》第 2 条第 1 款第 5 项之规定，一审法院认定乐视网天津公司以住所地作为侵权结果发生地向一审法院提起诉讼符合法律规定。

北京知识产权法院经审理认为，在本案中，根据二审法院补充查明的事实，乐视网天津公司并未在其上述租赁地址办公。因此，即使上述地址所在的大厦确实为乐视网天津公司租赁，且起诉时仍处于租赁期间内，但因其未在该地办公或者经营，故不能证明该地为其主要办事机构所在地。同时，乐视网天津公司的营业执照显示其住所地为天津生态城动漫中路 126 号动漫大厦 B2 区 3 层 301，故在案证据不能证明乐视网天津公司的住所地位于北京市。一审法院以上述地址作为侵权结果发生地并据此认定其享有本案管辖权缺乏事实依据。

同时，《民事诉讼法》(2017 年修正) 第 28 条规定，因侵权行为提起的诉讼，由侵权行为地或者被告住所地人民法院管辖。本案被告住所地为安徽省合肥市，根据上述规定，本案可由安徽省合肥市有管辖权的法院管辖。根据《最高人民法院关于同意指定安徽省合肥高新技术产业开发区人民法院审理部分知识产权纠纷案件的批复》相关内容，安徽省合肥高新技术产业开发区人民法院对本案享有管辖权。上诉人相关上诉理由成立，应予以支持。

【法官评析】

根据现行法律规定，一般来说，因侵权行为提起的诉讼应由侵权行为地法院或者被告住所地法院管辖。但因网络侵权主体具有隐蔽性以及网络侵权行为后果具有传播速度较快等特点，法律对于网络侵权纠纷管辖原则的规定具有一定特殊性。

《民事诉讼法》(2017 年修正) 第 28 条规定，因侵权行为提起的诉讼，由侵权行为地或者被告住所地人民法院管辖。《民事诉讼法司法解释》第 24 条规定，民事诉讼法第 28 条规定的侵权行为地，包括侵权行为实施地、侵权结果发生地。该解释第 25 条规定，信息网络侵权行为实施地包括实施被诉侵

---

① 相关内容现规定在《民事诉讼法》(2021 年修正) 第 29 条、第 130 条第 1 款中。

权行为的计算机等信息设备所在地，侵权结果发生地包括被侵权人住所地。故依据上述司法解释的规定，被侵权人住所地即原告住所地可作为侵权结果发生地成为管辖连接点，这在一定程度上给予了原告更大的案件管辖选择权。目前，在信息网络侵权案件中，原告以其住所地为管辖连接点提起诉讼的情况占有相当大的比例，法院对此审查应当更为审慎。

《民事诉讼法司法解释》第 3 条第 2 款规定，法人的住所地是指法人的主要办事机构所在地。法人的主要办事机构所在地不能确定的，法人的注册地或者登记地为住所地。当事人主张以法人或其他组织的主要办事机构所在地为管辖连接点的，需提供其主要办事机构所在地位于受诉法院辖区的证据材料。从本案出发，原告乐视网天津公司提交了“房屋租赁合同”证明其主要办事机构所在地位于北京市。因此，依据前述法律规定，其有权以该地址为管辖连接点提起诉讼，但若仅凭“房屋租赁合同”等证据证明法人主要办事机构所在地，则对原告就此负有的举证义务的要求显然过低。原因在于：一方面，“房屋租赁合同”本身仅能证明原告通过签订租赁合同享有了该房屋的使用权，而尚不足以证明该地址已实际成为其主要办事机构所在地；另一方面，仅通过签订“房屋租赁合同”即可用于确定管辖，无疑会指引原告通过该方式制造管辖连接点，从而使该条司法解释的本义被误读，并在一定程度上导致权利的滥用。

基于此种考虑，二审法院的做法更为慎重，合议庭通过实地调查确定该地址并非原告主要办事机构所在地，从而否定了一审法院对本案的管辖权。当然，这并不意味着法院对于此类情况均应进行实地调查。《北京市高级人员法院关于立案审判适用法律若干问题的解答（二）》第40条规定，对于当事人主张的主要办事机构所在地的证据材料，立案庭应全面、客观地审查核实，并结合法人或者其他组织的法定代表人、决策部门、行政部门、人事部门、财务部门、营业执照、税控机所在地等因素综合判断。能够明确判断该管辖连接点不成立的，应裁定不予受理。无法明确判断时，立案庭可先行立案。对管辖仍存在争议的，通过管辖权异议程序或依职权审查处理。因此，无论在立案阶段还是管辖异议阶段，对于该管辖连接点的确定均应依据在案证据进行全面、客观、综合的判断，避免当事人虚假制造管辖连接点用以“拉管辖”。

以当事人一方住所地为合同约定管辖地的，当事人住所地应为其法定地址而不应由当事人约定确定

——周某某与盛世中华文化传播（福建）有限公司委托创作合同纠纷案

【裁判要旨】

双方在合同中明确约定发生争议向一方住所地（或所在地）法院提起诉讼，同时合同中载明了非注册登记地的公司地址，该公司地址作为争议管辖连接点是双方当事人的真实意思表示，在合同中无相斥意思表示、各方在签订合同时均未提出异议的情况下，可以推定该地址是该公司签订合同时的主要办事机构所在地的，进而成为确定管辖的连接点。当事人主张合同载明的公司地址并非主要办事机构所在地的，应提供证据予以证明。举证足以证明主要办事机构所在地确非合同载明的公司地址的，以查实的该主要办事机构所在地确定管辖。

【案件基本信息】

● **案号**

一审：北京市朝阳区人民法院（2019）京0105民初70122号民事裁定书

二审：北京知识产权法院（2020）京73民辖终46号民事裁定书

● **案由**

委托创作合同纠纷

• **当事人**

上诉人（原审原告）：周某某

被上诉人（原审被告）：盛世中华文化传播（福建）有限公司（以下简称盛世中华公司）

【基本案情】

周某某诉称：我是国家一级编剧、作家、艺术家、制片人，曾经担任海军政治部文工团艺术指导，中国电视艺术家协会副主席，也是著名军旅题材影视编剧。2018 年 1 月 25 日，我与盛世中华公司签订“剧本委托创作协议书”，约定我受托创作电视剧《我的航母梦》的故事大纲、分集提纲、剧本等，总酬金 900 万元。协议签署后，我开始进行剧本创作，期间与盛世中华公司当面沟通过剧本大纲创作进度和内容情况，盛世中华公司并未提出所谓编剧改变了创作共识的异议。2019 年 4 月 3 日，我将 7 万字的剧本大纲交付盛世中华公司，但盛世中华公司以剧本大纲偏离双方创作共识、超期交付为由，拒绝支付第二期酬金。为维护自身合法权益，故诉至法院，请求法院判令盛世中华公司支付第二期合同款 200 万元。

盛世中华公司在提交答辩状期间提出管辖权异议，认为本案系合同纠纷。根据涉案协议第 6 条第 2 款约定，“本协议双方当事人对本协议有关条款的解释履行发生争议时，应通过双方友好协商的方式予以解决；如果经协商未达成书面协议，任何一方均有权向甲方住所地有管辖权的人民法院提起诉讼。”该协议附件二的“甲方营业执照影印件”载明的住所为“福建省福州市鼓楼区华林路 166 号华林星座 10 层 213 单元”，周某某起诉时也已经将盛世中华公司的营业执照作为证据提交法庭，故其应当明知盛世中华公司住所地位于福建省鼓楼区，而非涉案协议所载的北京地址。故根据协议管辖的相关规定，盛世中华公司请求将本案移送至福州市中级人民法院审理。

经查明，涉案协议签署于 2018 年 1 月，协议载明盛世中华公司的地址为“北京市朝阳区望京启阳路金辉大厦 17 层”。经调取证据显示，该地址实际承租人为案外人中富时代资产管理集团有限公司。根据盛世中华公司提交的证据，涉案协议签署时，盛世中华公司在福建省福州市晋安区岳峰镇化工路北侧东二环泰和城市广场东区办公。

【案件焦点】

应否以涉案协议签订时盛世中华公司的“法定住址”北京市朝阳区作为“剧本委托创作协议书”管辖条款中约定的“甲方住所地”。

【裁判理由】

北京知识产权法院经审查认为，本案系因合同纠纷提起的诉讼。《民事诉讼法》（2017 年修正）第 34 条[①]规定，合同或者其他财产权益纠纷的当事人可以书面协议选择被告住所地、合同履行地、合同签订地、原告住所地、标的物所在地等与争议有实际联系的地点的人民法院管辖，但不得违反本法对级别管辖和专属管辖的规定。另根据“剧本委托创作协议书”第 6 条约定，“本协议双方当事人对本协议有关条款的解释履行发生争议时，应通过双方友好协商的方式予以解决；如果经协商未达成书面协议，任何一方均有权向甲方住所地有管辖权的人民法院提起诉讼。”《民事诉讼法司法解释》第 3 条规定，法人或其他组织的住所地是指法人或者其他组织的主要办事机构所在地。法人或者其他组织的主要办事机构所在地不能确定的，法人或者其他组织的注册地或者登记地为住所地。本案中，就周某某提出的涉案协议载明的地址“北京市朝阳区望京启阳路金辉大厦 17 层”系涉案协议签约地址，同时也是盛世中华公司的实际办公地址的上诉主张。法院注意到，根据法院调取证据显示，涉案协议签署于 2018 年 1 月，该地址实际承租人为案外人中富时代资产管理集团有限公司，无充分证据证明盛世中华公司在该地址实际办公。故周某某提出盛世中华公司在涉案协议签订时协议载明地址为主要办事机构所在地的主张缺乏事实依据和法律依据，法院不予采信。法院根据盛世中华公司提交的证据，涉案协议签署时，盛世中华公司在福建省福州市晋安区岳峰镇化工路北侧东二环泰和城市广场东区办公，据此认定甲方住所地为福建省福州市晋安区。

---

① 相关内容现规定在《民事诉讼法》（2021 年修正）第 35 条中。

应当指出的是，法人或其他组织的住所地系由法律规定，不得以当事人的约定予以确定，否则将可能产生协议管辖超出法律授权范围的情形，造成法定管辖条款的悬置。在本案中，虽然周某某没有对涉案协议上载明的地址是否为盛世中华公司的法定住址进行核实，存在疏忽，但是，盛世中华公司在涉案协议文本上载明其“法定住址”为北京市朝阳区某地并约定甲方住所地管辖的做法显然会使周某某产生若因涉案协议的履行产生纠纷，则应由北京市朝阳区人民法院管辖的预判。盛世中华公司又以其主要办事机构所在地不在北京市朝阳区为由提出管辖异议，有悖商事活动中应当遵循的诚实信用原则。

综上，虽盛世中华公司的诉讼行为有悖诚实信用原则，但仍应按甲方的实际经营地址确定约定管辖法院。

一审法院支持被告盛世中华公司的管辖权异议，将本案移送福建省福州市中级人民法院审理是正确的。一审裁定后，周某某提起上诉，北京知识产权法院二审驳回其上诉，维持原裁定。

【法官评析】

《民事诉讼法》（2017 年修正）第 34 条规定，合同或者其他财产权益纠纷的当事人可以书面协议选择被告住所地、合同履行地、合同签订地、原告住所地、标的物所在地等与争议有实际联系的地点的人民法院管辖，但不得违反本法对级别管辖和专属管辖的规定。该规定所规范的是管辖制度中的协议管辖。协议管辖，又称约定管辖或合意管辖，是根据当事人之约定确定管辖法院的方式。协议管辖体现当事人意思自治和契约自由，赋予当事人对地域管辖法院的选择权。但恰恰因为约定管辖存在当事人意思自治，故而会出现一些约定不明或者约定与实际不符的情况。在上述情况下能否完全依照当事人的意思自治确定管辖法院，不无探讨的必要。本案就涉及在约定管辖下，当事人意思自治对管辖法院确定的边界问题。本案的争议点也可以表述为，合同约定由一方的公司或者其他组织住所地（所在地）法院管辖，并载明了非注册登记地的该公司或其他组织的地址（以下简称公司地址），能否以该地址确定管辖法院。

该问题，《北京市高级人民法院关于立案审判适用法律若干问题的解答(二)》予以了明确。该解答指出，约定管辖之价值在于当事人通过协议选择确定双方争议解决的管辖法院，具有确定性及可预期性。双方在合同中明确约定发生争议向一方住所地（或所在地）法院提起诉讼，同时合同中载明了非注册登记地的公司地址。该公司地址作为争议管辖连接点是双方当事人的真实意思表示，在合同中无相斥意思表示、各方在签订合同时均未提出异议的情况下，可以推定该地址是该公司签订合同时的主要办事机构所在地，进而成为确定管辖的连接点。原告起诉时主张合同载明的公司地址并非主要办事机构所在地，应提供证据予以证明。举证足以证明主要办事机构所在地确非合同载明的公司地址的，以查实的该公司主要办事机构所在地确定管辖。能够证明该公司在签订合同时存在多地经营或确未在该地址经营，且难以认定主要办事机构所在地的，以签订合同时该公司的注册地或者登记地作为住所地确定管辖。双方合同约定的管辖违反级别管辖、专属管辖的规定，或者该内容明显存在规避管辖或者“拉管辖”嫌疑的，法院应依职权主动审查确定。

本案就是按照上述意见处理，法院前往合同约定的地址进行了实地勘查，在确定盛世中华公司确实并未在该地址实际办公的情况下，作出移送到有管辖权法院审理的处理，是正确的。

应当指出的是，正如生效裁定所述，法人或其他组织的住所地系由法律规定，不得以当事人的约定予以确定，否则将可能产生协议管辖超出法律授权范围的情形，造成法定管辖条款的悬置。因此，一方面，合同签订时，商事主体需要在约定管辖条款时避免因可能的疏漏造成约定管辖与实际想法相悖的后果产生。另一方面，遇到一方违背诚实信用原则，为取得程序利益而主张管辖异议，法院虽应严格按照法律规定作出管辖裁定，但对于上述不诚信行为应予谴责，并由有管辖权的法院对作为案件处理中的一方主观态度考量予以处理。

以被告公司登记地为管辖连接点起诉的，提出管辖权异议的被告应对公司登记地并非其住所地承担举证责任

——北京天艺同歌国际文化艺术有限公司与北京乐乐童艺文化传播有限公司、大同市图书馆、大同市文化和旅游局著作权权属、侵权纠纷案

【裁判要旨】

《中华人民共和国民法总则》（以下简称原《民法总则》）[①] 确立了法人登记的公信力规则：法人存续期间登记事项发生变化时都应当申请变更登记，法人登记事项属于民事法律事实推定规范，应当由主张主要办事机构所在地并非法人注册地的一方承担举证责任。进言之，以被告公司登记地为管辖连接点起诉的，被告应对公司登记地并非其住所地承担举证责任。

【案件基本信息】

• **案号**

一审：北京市朝阳区人民法院（2019）京0105民初41086号民事裁定书

二审：北京知识产权法院（2020）京73民辖终333号民事裁定书

• **案由**

著作权权属、侵权纠纷

---

① 《中华人民共和国民法典》自2021年1月1日起施行，《中华人民共和国民法总则》同时废止。

• 当事人

上诉人（原审被告）：北京乐乐童艺文化传播有限公司（以下简称乐乐童艺公司）

被上诉人（原审原告）：北京天艺同歌国际文化艺术有限公司（以下简称天艺同歌公司）

原告被告：大同市图书馆

原告被告：大同市文化和旅游局

【基本案情】

天艺同歌公司诉称：我公司系话剧剧本《那次奋不顾身的爱情》（以下简称涉案话剧）著作权人，公司出资组织排演了涉案话剧，取得很大成功。乐乐童艺公司曾邀请我公司前往大同市公演涉案话剧，乐乐童艺公司的法定代表人作为演出组织者之一，全程接触到该剧的剧本、音乐、舞美、音效、宣传海报及电子文档。2018 年我公司发现，山西省大同市图书馆报告厅公开售票演出了多场话剧《民国绝恋》（以下简称被诉侵权话剧），抄袭了涉案话剧剧本、音乐、舞美、音效、宣传海报。涉案被诉侵权话剧演出主办方为大同市图书馆、大同市文化和旅游局，承办方为乐乐童艺公司。在我公司向乐乐童艺公司、大同市文化和旅游局及大同市图书馆发送律师函要求停止侵权行为、赔礼道歉、赔偿损失后，乐乐童艺公司继续在大同市图书馆售票演出两场涉案被诉侵权话剧。乐乐童艺公司、大同市图书馆及大同市文化和旅游局的行为侵害了我公司的署名权、修改权、复制权、表演权和保护作品完整权，故我公司诉至法院，请求判令乐乐童艺公司停止涉案被诉侵权话剧的演出，赔偿我公司经济损失 150 万元及因维权合理支出 60 695 元，大同市文化和旅游局与大同市图书馆对乐乐童艺公司的侵权行为承担连带赔偿责任，并与乐乐童艺公司共同向我公司道歉，就侵权行为连续 3 天在《大同日报》和《大同晚报》头版登载道歉声明，连续 7 天在大同市文化局官网、大同市图书馆官网、大同市北柯话剧团微信公众号首页置顶登载道歉声明。

乐乐童艺公司在提交答辩状期间对管辖权提出异议。其认为本案系著作权侵权案件，涉案被控侵权行为实施地和侵权复制品储藏地均在大同市，乐乐童艺公司、大同市图书馆、大同市文化和旅游局住所地均在大同市，本案应当由乐乐童艺公司主要营业地和主要办事机构所在地法院管辖。乐乐童艺公司主要营业地和主要办事机构所在地位于山西省大同市，故请求法院将本案移送至山西省大同市中级人民法院审理。

本案中，乐乐童艺公司的公司注册地为北京市朝阳区，原告天艺同歌公司以被告住所地向一审北京市朝阳区人民法院提起诉讼。乐乐童艺公司主张其实际办公地点位于山西省大同市，且从未在北京办公，不应当以北京市朝阳区的注册地址为其住所地，就此主要提交如下材料：①“场地租赁合同”，显示乐乐童艺公司于2018年2月1日至2019年1月31日租赁了山西省大同市南城墙13号城楼；②《舞台剧演出协议》，显示乐乐童艺公司在对外签订业务合同时预留的地址为山西省大同市迎宾街大有广场17层；③网页打印件，显示乐乐童艺公司对外公示的公司地址为山西省大同市春晖园小区；④乐乐童艺公司法定代表人宋龙短信聊天记录，显示宋龙对外展示地址为山西省大同市千禧御东画卷3号楼1单元；⑤乐乐童艺公司公众号信息，显示多场演出地点位于山西省大同市；⑥网页打印件，显示乐乐童艺公司注册地北京市朝阳区南磨房路37号1707－1703室（华腾北塘集中办公区172655号）系虚拟注册地址，乐乐童艺公司主张其客观上不可能在该地址实际办公；⑦乐乐童艺公司法定代表人宋龙火车票购票记录，显示其长期以山西省大同市为中心对外活动。

【案件焦点】

提出管辖权异议的被告乐乐童艺公司应否对其公司登记地并非其住所地承担举证责任，在案证据能否证明其上述主张。

【裁判理由】

北京知识产权法院经审查认为：《民事诉讼法》（2017年修正）第28条[①]规定，因侵权行为提起的诉讼，由侵权行为地或者被告住所地人民法院

① 相关内容现规定在《民事诉讼法》（2021年修正）第29条中。

管辖。《民事诉讼法司法解释》规定，法人或者其他组织的住所地是指法人或者其他组织的主要办事机构所在地。法人或者其他组织的主要办事机构所在地不能确定的，法人或者其他组织的注册地或者登记地为住所地。原《民法总则》第63条[①]规定，法人以其主要办事机构所在地为住所。依法需要办理法人登记的，应当将主要办事机构所在地登记为住所。原《民法总则》第64条[②]规定："法人存续期间登记事项发生变化的，应当依法向登记机关申请变更登记。"第65条[③]规定："法人的实际情况与登记的事项不一致的，不得对抗善意相对人。"根据上述规定可知，原《民法总则》确立了法人登记的公信力规则，法人存续期间登记事项发生变化时都应当申请变更登记，法人登记事项属于民事法律事实推定规范，应当由主张主要办事机构所在地并非法人注册地的一方承担举证责任。本案中，根据在案证据无法确定乐乐童艺公司在山西省大同市有固定确定的经营地址，亦无法据此确定地得出乐乐童艺公司的主要办事机构所在地为山西省大同市的结论，又因乐乐童艺公司并未提供充分的证据以推翻其公司登记的住所地事实，法院对其提出的其实际办公地点位于山西省大同市，虽发生过经营地址的更换，但主要办事机构所在地一直为山西省大同市，不应当以北京市朝阳区的注册地址为其住所地的上诉主张，不予支持。

一审法院对其管辖权异议不予支持。一审裁定后，乐乐童艺公司提起上诉，北京知识产权法院二审驳回其上诉，维持原裁定。

【法官评析】

以被告公司登记地为管辖连接点起诉的，被告经常抗辩称其公司登记地并非其主要办事机构所在地，故不是其住所地，并提举租赁合同等证据材料证明其主张。此种情况下，如何确定其住所地并进而确定管辖法院在司法实践中存在一定争议。有观点认为，应当以该公司实际经营地确定管辖，被告提交证据证明其实际经营地为非注册地址时，可以认定其主张成立。另一种

---

① 相关内容现规定在《民法典》第63条中。
② 相关内容现规定在《民法典》第64条中。
③ 相关内容现规定在《民法典》第65条中。

观点认为，鉴于外观主义和公权力透明原则，应首先对被告注册地为其主要办事机构所在地进行事实推定，当且仅当被告有足以推翻推定事实的证据时，方可认定其实际经营地为主要办事机构所在地，同时这一认定不应对善意第三人发生效力。我们赞同第二种观点，主要理由如下：

法人是一个动态的组织体，存在设立、成立、存续、变更、终止的动态过程。根据商事外观原则（商业透明度）和公权力透明原则（针对机关法人等公法人），法人应将其组织体的动态发展过程通过登记等公示方法真实、及时地展示于外，以方便不特定第三人查知，借此降低交易达成过程中的个体和社会调查成本、维护交易安全，也便于通过信息公开加强对公权力的监督。[①]《民事诉讼法》（2017 年修正）第 28 条规定，因侵权行为提起的诉讼，由侵权行为地或者被告住所地人民法院管辖。《民事诉讼法司法解释》规定，法人或者其他组织的住所地是指法人或者其他组织的主要办事机构所在地。法人或者其他组织的主要办事机构所在地不能确定的，法人或者其他组织的注册地或者登记地为住所地。原《民法总则》第 63 条规定，法人以其主要办事机构所在地为住所。依法需要办理法人登记的，应当将主要办事机构所在地登记为住所。从《民事诉讼法》及其司法解释相关规定的表面分析，程序法角度应当首先查明法人或其他组织的主要办事机构所在，如果不能确定主要办事机构所在地的，则以注册地或登记地作为被告住所地。但该规定是否应当如此理解，不无探讨的必要。并且在后的原《民法总则》第 63 条对法人的主要办事机构所在地为住所进行了明确。在此基础上，原《民法总则》第 64 条进一步规定："法人存续期间登记事项发生变化的，应当依法向登记机关申请变更登记。"第 65 条规定："法人的实际情况与登记的事项不一致的，不得对抗善意相对人。"通过上述规定，实质上确立了法人登记的公信力规则，这是对法人外观主义原则的进一步阐释，也是与《民事诉讼法》管辖密切相关的事实推定条款。法人存续期间登记事项发生变化时都应当申请变更登记，《中华人民共和国公司法》（以下简称原《公司法》）第 7

---

① 王雷：《〈民法总则〉中证据规范的解释与适用》，载《法学家》第 2018 年第 6 期，第 111 页。

条、第32条第3款等均有类似规定。

根据对上述法律规定的分析，我们可以形成如下认识：

一是根据法人外观主义原则，法人实际情况发生变化，但未向登记机关申请变更登记的，善意相对人可信赖法人登记材料上的既有记载，即相关实际情况从法律上并未发生变化。法人应该登记的事项而未作登记，善意相对人可以信赖该事项不存在。法人作不实登记（如隐名股东借显名股东名义作登记），使得登记展现出的事实与实际情况不一致的，善意相对人可以信赖法人登记展现出的事实。类似于不动产登记簿，法人登记事项具有正确性推定效力，即使登记发生错误，错误登记展现出的事实对善意相对人也具有公信力。[①] 企业法人以其主要办事机构所在地为住所，企业法人应当将其主要办事机构所在地登记为住所，《民法典》对法人住所要求外观公示，不允许法人在住所之外还有可视为住所的“经常居所”。

二是《民法典》总则编第65条规定的对相对人的善意采取推定原则，须由主张相对人非善意一方承担举证责任。结合《民法典》总则编第63条和第65条，我们可以得出法人登记事项（住所）对应的系民事法律事实推定规范，属可反驳推翻的民事法律事实推定规范。但一方要推翻该事实推定，需要提举充分证据证明其实际经营地情况，对此法院应全面、客观地审查核实，并结合法人或者其他组织的法定代表人、决策部门、行政部门、人事部门、财务部门、营业执照、税控机关所在地等因素综合判断。具体到本案，应由被告方对原告系非善意一方提举相应证据。

综上所示，在法人外观原则之下，就善意相对人而言，法人登记中的住所可以视为法人在法律上的真实情况，不可反驳推翻。当然，特殊情况下，需结合前述提及的证据材料予以综合判断。本案中，被告并未对其公司登记地并非其住所地予以充分证明，因此，对其管辖权异议不应支持。

---

① 王雷：《〈民法总则〉中证据规范的解释与适用》，载《法学家》第2018年第6期，第111页。

（二）法定管辖专题

真正复合案由[①]的判断和互联网法院管辖优先的相对性

——北京快手科技有限公司、北京华艺汇龙网络科技有限公司与北京字节跳动网络技术有限公司侵害著作权及不正当竞争纠纷案

【裁判要旨】

原告起诉状中所列的侵害著作权及不正当竞争纠纷复合案由，应作为其法律意见看待，法院仍应判断其所列两个或多个案由之间是否存在竞合关系、是否为真正的复合案由，并依法确定案由。在管辖权异议之诉中，北京互联网法院集中管辖与其他法院的管辖并存时，应当在平衡当事人诉权保障的基础上承认北京互联网法院集中管辖的相对优先性。

【案件基本信息】

• **案号**

一审：北京市海淀区人民法院（2020）京0108民初13372号民事裁定书

二审：北京知识产权法院（2020）京73民辖终327号民事裁定书

• **案由**

侵害著作权及不正当竞争纠纷

① 本处所称“复合案由”是与单一案由相对应的、两个及以上的案由的组合。

● **当事人**

上诉人（原审被告）：北京快手科技有限公司（以下简称快手公司）

上诉人（原审被告）：北京华艺汇龙网络科技有限公司（以下简称华艺汇龙公司）

被上诉人（原审原告）：北京字节跳动网络技术有限公司（以下简称字节跳动公司）

【基本案情】

字节跳动公司经授权，取得电影《大赢家》的独家信息网络传播权，并有权以自己的名义对侵权行为采取包括诉讼在内的维权行动。

快手公司是快手应用程序（以下简称 App）手机客户端（包括安卓端、IOS 端）的经营者，其与华艺汇龙公司系快手网站（www. kuaishou. com）的共同经营者。

电影《大赢家》于 2020 年 3 月 20 日在字节跳动公司关联公司经营的今日头条、西瓜视频、抖音等线上平台上首映。在上线首映当晚，字节跳动公司发现快手手机客户端和网站等平台上已在传播完整涉案电影。在多次发函后，快手平台传播完整涉案电影的情况仍未停止。

字节跳动公司认为：在涉案电影热映期间，快手公司、华艺汇龙公司不履行平台责任，放任甚至鼓励、纵容涉案电影在快手平台内传播，严重损害了字节跳动公司的独家信息网络传播权，造成大量用户流失。且在快手平台上传播的部分涉案电影内容中出现赌博网站信息，容易使人误认为该内容系电影《大赢家》原有内容，认为字节跳动公司鼓励赌博的违法犯罪行为，降低了字节跳动公司的社会评价，诋毁字节跳动公司商誉，故向一审法院提起了侵害著作权及不正当竞争纠纷之诉。

快手公司、华艺汇龙公司在一审答辩期间提出管辖异议。其认为：第一，字节跳动公司主张的内容涉及侵害著作权和不正当竞争纠纷两项不同的法律关系，并非共同诉讼，依法应当分案受理。第二，本案中涉及的侵害著作权部分不应同时适用《中华人民共和国反不正当竞争法》（以下简称《反不正当竞争法》）第 2 条进行审理。第三，字节跳动公司主张的侵害著作权部分应由北京互联网法院审理，其增列和错列的不正当竞争纠纷实为在互联网上侵害他人名誉权纠纷，亦应由北京互联网法院审理。故主张一审法院对本案无管辖权，申请将本案移送至北京互联网法院管辖。

一审法院经审查认为：本案案由为侵害著作权及不正当竞争纠纷，不属于北京互联网法院集中管辖的范围，其作为被告住所地法院对本案具有管辖权，裁定驳回快手公司的管辖权异议。快手公司、华艺汇龙公司不服，提起上诉。

二审审理过程中，法院组织各方当事人进行了询问程序。经询，字节跳动公司、快手公司、华艺汇龙公司均认可本案涉案电影《大赢家》系首次发表于互联网上的作品。另查，字节跳动公司住所地在北京市石景山区，快手公司、华艺汇龙公司住所地均在北京市海淀区。

【案件焦点】

当复合案由各自对应不同的管辖法院时（本案中侵害著作权纠纷对应的管辖法院为北京互联网法院管辖、诋毁商誉的不正当竞争纠纷对应的管辖法院为一审法院），如何确定管辖法院。

【裁判理由】

一审法院经审查认为：首先，本案中，字节跳动公司主张快手公司、华艺汇龙公司的侵害作品信息网络传播权行为及商业诋毁行为，属于侵权纠纷范畴。因二被告住所地均在北京市海淀区，故一审法院作为被告住所地法院对本案有管辖权。其次，本案为侵害著作权及不正当竞争纠纷，根据《最高人民法院关于互联网法院审理案件若干问题的规定》第 2 条及《北京市高级人民法院关于北京互联网法院案件管辖的规定》第 1 条第 4 项、第 5 项的规定，本案不属于北京互联网法院管辖的范围。至于涉案行为是否涉及存在属于非必要共同诉讼而应当分案处理的情形，则有待本案管辖权确定后在后续诉讼程序中予以处理，不影响当前阶段对本案管辖权的审查。综上，一审法院对本案有管辖权，驳回快手公司、华艺汇龙公司对管辖权提出的异议。

北京知识产权法院经审查认为：同一诉讼涉及两个以上的法律关系的，

应当依当事人诉争的法律关系的性质确定案由；均为诉争法律关系的，应当按诉争的两个以上法律关系确定并列的两个案由。同一案件中，针对同一主体的多个被诉侵权行为，原告主张部分行为侵害著作权、部分行为构成不正当竞争的，人民法院可以根据案件情况决定是否一并审理。

本案中，字节跳动公司向一审法院起诉主张其享有涉案作品的信息网络传播权，快手公司、华艺汇龙公司放任甚至是鼓励、纵容涉案作品在快手平台传播，侵害其作品信息网络传播权；此外，传播的涉案作品上出现赌博网站信息，容易使得用户误认为字节跳动公司鼓励赌博违法犯罪行为，构成诋毁商誉的不正当竞争行为。二审法院认为：根据现有证据，本案被诉行为包括侵害作品信息网络传播权行为和诋毁商誉的不正当竞争行为，诉争法律关系包括侵害作品信息网络传播权纠纷和诋毁商誉的不正当竞争纠纷。

第一，关于起诉侵害作品信息网络传播权部分。字节跳动公司起诉快手公司、华艺汇龙公司在快手平台传播涉案作品，侵害其作品信息网络传播权。根据本案现有证据，可以认定涉案作品系首次发表于互联网，被诉侵权行为发生在互联网上，本案属于在互联网上侵害在线发表或者传播作品的著作权纠纷。根据《民事诉讼法》（2017 年修正）第 28 条①、《最高人民法院关于互联网法院审理案件若干问题的规定》第 2 条第 5 项、《北京市高级人民法院关于北京互联网法院案件管辖的规定》第 1 条第 5 项等规定，因本案当事人住所地均位于北京市，故北京互联网法院对本案具有管辖权。

第二，关于起诉主张诋毁商誉的不正当竞争纠纷部分。字节跳动公司起诉快手平台上传播的涉案作品上有赌博信息，容易使人误认为字节跳动公司鼓励赌博，快手公司、华艺汇龙公司未履行平台责任、存在诋毁商誉的不正当竞争行为。根据《民事诉讼法》（2017 年修正）第 21 条第 2 款②等规定，因快手公司、华艺汇龙公司住所地均位于北京市海淀区，故一审法院对本案具有管辖权。

第三，一审中，字节跳动公司作为原告提起本案诉讼，根据《民事诉讼

---

① 相关内容现规定在《民事诉讼法》（2021 年修正）第 29 条中。

② 相关内容现规定在《民事诉讼法》（2021 年修正）第 22 条第 2 款中。

法》（2017 年修正）第 35 条①的规定，其有权选择一审法院提起诉讼。同时，考虑到本案侵权事实中被诉行为的紧密关联性，一审法院作为不正当竞争纠纷的管辖法院一并受理侵害著作权诉讼，符合“两便原则”，并无不当，二审法院予以确认。

综上，快手公司、华艺汇龙公司上诉请求分案处理、移送至北京互联网法院管辖，事实依据及法律依据不足，二审法院不予支持，裁定驳回上诉，维持原裁定。

【法官评析】

就本案而言，电影《大赢家》系首次发表于互联网上的作品，字节跳动公司起诉时所列案由为复合案由，即侵害著作权及不正当竞争纠纷，其中侵害著作权部分的主张主要是侵害作品信息网络传播权；不正当竞争纠纷部分主要主张在快手平台传播的电影《大赢家》上存在涉及赌博信息的内容，降低了字节跳动公司的社会评价，诋毁了字节跳动公司的商誉。

本案争议焦点在于：本案案由为侵害作品信息网络传播权和诋毁商誉的复合案由，是否属于北京互联网法院集中管辖的范围。如果属于，在一审法院和北京互联网法院均有管辖权的情况下，如何确定本案管辖。

在第一个问题上，一审法院认为：根据有关北京互联网法院管辖的相关规定，本案属于著作权侵权与不正当竞争纠纷的复合案由，超出了北京互联网法院的管辖范围，因此北京互联网法院对本案不具有管辖权。基于此，也就不涉及第二个问题的判断，一审裁定直接驳回了快手公司、华艺汇龙公司的管辖权异议。

二审法院认为：首先，在本案是否属于复合案由的认定上，本案中，字节跳动公司根据涉案电影在快手平台上的传播主张二被告侵害其作品信息网络传播权，又根据传播的涉案电影《大赢家》上附有赌博信息主张二被告诋毁其商誉，本案中存在基于同一原因事实中的两个被诉行为，且两个诉争法律关系较为明确。根据《最高人民法院关于印发修改后的〈民事案件案由规

① 相关内容现规定在《民事诉讼法》（2021 年修正）第 36 条中。

定〉的通知》(法〔2020〕34号)关于“五、适用修改后的《案由规定》应当注意的问题”中的规定，同一诉讼中涉及两个以上的法律关系的，应当依当事人诉争的法律关系的性质确定案由；均为诉争法律关系的，则按诉争的两个以上法律关系确定并列的两个案由。故本案为真正的复合案由。

其次，根据《北京市高级人民法院侵害著作权案件审理指南》第1.5条的规定，同一案件中，针对同一主体的多个被诉侵权行为，原告主张部分行为侵害著作权、部分行为构成不正当竞争的，可以根据案件情况决定是否一并审理。具体到本案，就不正当竞争纠纷部分的起诉，字节跳动公司提出了明确的诋毁商誉的诉讼主张和事实理由，一审法院作为被告住所地法院对本案亦具有管辖权。至于当事人提出的应分案受理的意见，根据北京市高级人民法院在审理指南中的意见，法院有权根据案件情况决定是否一并审理。而最终的原告诉讼请求是否受到法院支持，亦不属于管辖异议审查阶段处理的问题。

最后，在北京互联网法院和一审法院对本案均具有管辖权的情况下，二审法院认为：就侵害著作权部分，北京互联网法院的集中管辖相较一审法院的管辖具有优先性；就不正当竞争纠纷部分，二被告主张的诋毁商誉为名誉权纠纷的理由显然不成立，对该上诉意见不予考虑（此处不予赘述），一审法院作为被告住所地法院对本案享有管辖权。因在侵害著作权部分已经考虑了北京互联网法院集中管辖的优先效力，两个案由各自对应的管辖法院已处于平等位置，应当适用《民事诉讼法》(2017年修正)第35条①“先立案法院管辖”原则进行调整，鉴于原告已向一审法院起诉，一审法院已经就本案立案，故本案应由一审法院管辖。

此案与“不真正复合案由的判断及北京互联网法院集中管辖的相对优先性”一文中所提的案例构成一组镜像案例，二者从当事人、案件事实、诉讼主张和抗辩意见等诸多方面构成近似，但有一个重要区别：原告在本案中对同一原因事实的两个行为提出诉讼，故本案中存在两个争议法律关系；在另

① 现为《民事诉讼法》(2021年修正)第36条规定。内容为：“两个以上人民法院都有管辖权的诉讼，原告可以向其中一个人民法院起诉；原告向两个以上有管辖权的人民法院起诉的，由最先立案的人民法院管辖。”

一案中，原告虽提出了两个案由，但事实上本案仅存在一个争议法律关系，其中“不正当竞争纠纷”的案由并不成立，经法院调整后，本案为单一案由。

关于复合案由的管辖法院的判断，应当分层次进行。第一层次上，在侵害作品信息网络著作权部分，北京互联网法院的集中管辖优先于一审法院的管辖，故确定为北京互联网法院管辖。此层次的判断属于单一案由的集中管辖优先效力的判断，另一镜像案例的管辖判断即属于这个判断环节。第二层次上，复合案由各自对应不同的管辖法院，即侵害著作权部分对应的管辖法院为北京互联网法院管辖；诋毁商誉部分对应的管辖法院为一审法院。在本案由同一法院合并审理时，不同管辖法院之间的管辖权是平等的，应当按照“先立案”原则进行审查判断。值得注意的是，北京互联网法院集中管辖的优先性在第一层次已行使完毕，在第二层次的判断上不再重复考虑。

不真正复合案由的判断及北京互联网法院集中管辖的相对优先性

——北京快手科技有限公司与北京字节跳动网络技术有限公司、北京微播视界科技有限公司侵害作品信息网络传播权纠纷案

【裁判要旨】

原告起诉状中所列的侵害著作权及不正当竞争纠纷复合案由，应作为其法律意见看待，法院仍应判断其所列两个或多个案由之间是否存在竞合关系、是否为真正的复合案由，并依法确定案由。在管辖权异议之诉中，北京互联网法院集中管辖与其他法院的管辖并存时，应当尊重北京互联网法院集中管辖的相对排他、优先的效力。

【案件基本信息】

● **案号**

一审：北京市海淀区人民法院（2020）京 0108 民初 13352 号民事裁定书

二审：北京知识产权法院（2020）京 73 民辖终 305 号民事裁定书

● **案由**

一审：侵害著作权及不正当竞争纠纷

二审：侵害作品信息网络传播权纠纷

● **当事人**

上诉人（原审被告）：北京快手科技有限公司（以下简称快手公司）

被上诉人（原审原告）：北京字节跳动网络技术有限公司（以下简称字节跳动公司）

被上诉人（原审原告）：北京微播视界科技有限公司（以下简称微播视界公司）

【基本案情】

字节跳动公司、微播视界公司经授权，取得电影《囧妈》的独家信息网络传播权，并有权在包括微播视界公司运营的抖音短视频等字节跳动公司及其关联公司拥有和实际运营的平台播放，亦可以自己的名义对侵权行为采取包括诉讼在内的维权行动。

快手公司是快手 App 手机客户端（包括安卓端、IOS 端）的经营者，亦是快手网站（www. kuaishou. com）的经营者之一。

电影《囧妈》被列入 2020 年第一批重点作品版权保护预警名单。2020 年 1 月 25 日 0 时，电影《囧妈》上线首映。在上线首映前夕，字节跳动公司向快手公司运营的手机客户端、网站等进行版权预警提示。但在电影《囧妈》热映期，特别是上线首映当日，快手平台上出现大量上传、传播电影《囧妈》完整视频的现象。

字节跳动公司、微播视界公司认为：快手公司存在自行或纵容、帮助用户上传、传播电影《囧妈》的行为，侵犯了其独家的信息网络传播权，同时因微播视界公司运营的抖音平台与快手网络平台存在竞争关系，快手公司的前述行为构成不正当竞争行为，故向一审法院提起了侵害著作权及不正当竞争纠纷之诉。

快手公司在一审答辩期间提出管辖异议，认为字节跳动公司、微播视界公司主张本案被诉行为侵害作品信息网络传播权，本案应属于北京互联网法院集中管辖，一审法院对本案无管辖权，申请将本案移送至北京互联网法院管辖。

一审法院经审查认为：本案案由为侵害著作权及不正当竞争纠纷，不属于北京互联网法院集中管辖的范围，其作为被告住所地法院对本案具有管辖权，裁定驳回了快手公司的管辖权异议。快手公司不服，向北京知识产权法院提起上诉。

二审审理过程中，组织各方当事人进行了询问程序。经审查，对各方当事人无异议的以下事实进行确认：第一，电影《囧妈》系首次发表于互联网上的作品；第二，被诉侵权行为仅为互联网上的侵权行为，不涉及线下行为。另查，字节跳动公司、微播视界公司、快手公司住所地均在北京市。

【案件焦点】

针对同一被诉线上侵权行为，原告既主张侵害著作权又主张违反《反不正当竞争法》第2条的，北京互联网法院有无管辖权；如有，其管辖权有无排他的、优先的效力。

【裁判理由】

一审法院经审查认为：本案中，字节跳动公司、微播视界公司主张快手公司的行为系在涉案电影热映期间自行或纵容、帮助用户在快手平台大量上传及传播完整涉案电影。且在微播视界公司运营的抖音短视频与快手平台构成直接竞争关系的情况下，该行为亦会侵害二原告的合法权益，构成不正当竞争。第一，快手公司住所地在北京市海淀区，故一审法院作为被告住所地法院，对本案有管辖权。第二，本案为侵害著作权及不正当竞争纠纷，根据《最高人民法院关于互联网法院审理案件若干问题的规定》第2条及《北京市高级人民法院关于北京互联网法院案件管辖的规定》第1条第4项、第5项的规定，本案不属于北京互联网法院管辖的范围。综上，一审法院对本案有管辖权，故裁定驳回快手公司对管辖权提出的异议。

北京知识产权法院经审查认为：知识产权案件中，当事人同时以不正当竞争及侵害著作权作为案由提起诉讼的，应当根据《最高人民法院关于印发修改后的〈民事案件案由规定〉的通知》（法〔2011〕42号）（以下简称42号文）精神确定相关案由。经营者的被控行为系仅属于侵害他人著作权明文规定的权利情形的，不应再适用《反不正当竞争法》进行调整。《反不正当竞争法》相对于《著作权法》起到兜底和补充的作用。争议法律关系、被控侵权行为已由著作权法明文规定的，不应再适用《反不正当竞争法》确定案由。

本案中，字节跳动公司、微播视界公司向一审法院起诉主张其享有涉案作品的信息网络传播权，快手公司在无合法授权的情况下自行或纵容、帮助用户大量上传、传播涉案作品，侵害了其作品信息网络传播权，同时构成不正当竞争。其中：

第一，关于字节跳动公司、微播视界公司起诉主张侵害作品信息网络传播权部分。根据本案现有证据及查明的事实，字节跳动公司、微播视界公司主张其享有涉案作品的信息网络传播权及相应的维权权利，涉案作品系首次发表于互联网上，被诉侵权行为也仅为线上行为，对此快手公司不持异议。二审法院确认字节跳动公司、微播视界公司对于侵害作品信息网络传播权的起诉符合具有直接利害关系、有具体的诉讼请求和事实理由等条件。

第二，关于起诉主张不正当竞争纠纷部分。本案审理中，经询，字节跳动公司、微播视界公司未能充分说明在其所主张的不正当竞争纠纷案由下所要求保护的具体的权利或权益类型、法律依据等，仅称本案中被诉的侵害作品信息网络传播权行为同时构成不正当竞争行为。二审法院认为：根据当事人陈述及现有证据，字节跳动公司、微播视界公司虽于起诉时增列了不正当竞争纠纷案由，但其所谓的竞争利益实质仍为其享有涉案作品信息网络传播权所带来的利益，被诉侵权行为仍为同一侵害作品信息网络传播权行为，缺乏其增列的不正当竞争纠纷案由下的具体的诉讼请求和事实、理由。

第三，为公平保障各方当事人的程序利益，本案不宜以不正当竞争纠纷案由作为确定管辖的依据。人民法院应当且有权按照当事人诉争的法律关系的性质确定相应的案由。二审法院根据本案现有证据及当事人主张，按照现阶段可确认的诉争法律关系，确定本案案由为侵害作品信息网络传播权纠纷。

第四，根据现有证据，二审法院确认本案属于在互联网上侵害在线发表或者传播作品的信息网络传播权纠纷。根据《民事诉讼法》（2017 年修正）第 28 条①、《最高人民法院关于互联网法院审理案件若干问题的规定》第 2 条第 5 项、《北京市高级人民法院关于北京互联网法院案件管辖的规定》第 1

① 相关内容现规定在《民事诉讼法》（2021 年修正）第 29 条中。

条第5项等规定，因本案当事人住所地均位于北京市，故北京互联网法院对本案具有管辖权。

基于以上理由，二审裁定撤销一审裁定，裁定本案由北京互联网法院管辖。

【法官评析】

就本案而言，电影《囧妈》系首次发表于互联网上的作品，本案系因在互联网上侵害在线发表或者传播作品的著作权而产生的纠纷，各方当事人均无异议。本案争议焦点在于：字节跳动公司、微播视界公司起诉时所列案由为复合案由，即侵害著作权及不正当竞争纠纷。那么，对于包含了不正当竞争纠纷在内的复合案由，是否属于北京互联网法院集中管辖的范围。如果属于，北京互联网法院的集中管辖相对于其他有管辖权的法院，是否具有优先的、排他的效力。

在第一个问题上，一审法院认为：根据有关北京互联网法院管辖的相关规定，本案属于著作权侵权与不正当竞争纠纷的复合案由，超出了北京互联网法院的管辖范围，因此北京互联网法院对本案不具有管辖权。基于此，也就不涉及第二个问题的判断，一审裁定直接驳回了快手公司的管辖权异议。

在本案是否属于复合案由的认定上，二审法院与一审法院的认定存在不同。二审法院认为：

首先，关于案由的确定，要正确处理当事人的诉权与法院的审判权之间的关系。根据42号文关于“适用修改后的《民事案件案由规定》时应注意的几个问题”中，明确了案由的确定既是当事人的诉权，也是法院的审判权。具体可归纳为以下几个方面：

（1）立案时，法院有确定案由的权力。一审法院立案时，应当根据当事人诉争法律关系的性质确定案由。

（2）无对应案由时，对法院也有不得拒绝审判的限制。我国现行法律虽没有明文规定“禁止法官拒绝裁判”原则，但是42号文中明确提出，各级法院“不得以当事人的诉请在修改后的《民事案件案由规定》中没有相应案由可以适用为由，裁定不予受理或者驳回起诉，影响当事人行使诉权”，体现了这一法治原则。即各级法院不应将“案由”等同于受理条件，不得因当事人的诉请没有对应案由拒绝审判。

（3）存在多个对应案由时，当事人诉权对法院的限制。①同一诉讼中涉及两个以上的法律关系的，应当依当事人诉争的法律关系的性质确定案由。均为诉争法律关系的，则按诉争的两个以上法律关系确定并列的两个案由。②在请求权竞合的情形下，人民法院应当按照当事人自主选择行使的请求权，根据当事人诉争的法律关系的性质确定相应的案由。

（4）审理中，法院变更案由的权力。①当事人起诉的法律关系与实际诉争的法律关系不一致的，人民法院应当根据法庭查明的当事人之间实际存在的法律关系的性质，相应变更案件的案由。②当事人在诉讼过程中增加或者变更诉讼请求导致当事人诉争的法律关系发生变更的，人民法院应当相应变更案件案由。

故根据42号文，法院具有确定案由和变更案由的权力；在行使该权力时，应当尊重当事人正常行使诉权的权利，即不得拒绝裁判、依当事人诉请确定案由、一案中存在多个法律关系的允许复合案由、一案中存在法律关系竞合时依当事人对诉讼请求的选择权确定相应案由等。

其次，本案是否属于真正的复合案由的情形。根据《北京市高级人民法院侵害著作权案件审理指南》第1.4条的规定：“同一案件中，针对同一被诉侵权行为，原告既主张侵害著作权又主张违反反不正当竞争法第二条的，可以一并审理。如果原告的主张能够依据著作权法获得支持，则不再适用反不正当竞争法第二条进行审理。如果原告的主张不能依据著作权法获得支持，在与著作权法立法政策不冲突时，可以依据反不正当竞争法第二条进行审理。”

本案中，原告起诉时认为被诉侵权行为既构成侵害著作权，同时构成不正当竞争，一审法院确认本案案由为复合案由，即侵害著作权及不正当纠纷。但二审期间，经询问，双方当事人均确认侵权行为系同一个行为，即互联网上的侵权行为，且无线下行为；字节跳动公司、微播视界公司也表示，对于其所主张构成不正当竞争行为的法律依据仅为《反不正当竞争法》第2条，无其他《反不正当竞争法》下的具体条款。故二审法院认为：本案属于《北京市高级人民法院侵害著作权案件审理指南》第 1.4 条所规定的情形，即二原告的主张能够依据《著作权法》获得支持，不再适用《反不正当竞争法》第 2 条进行审理，并进一步据此确定本案案由不是真正的复合案由的情形，应依法调整为侵害著作权纠纷下的四级案由，即侵害作品信息网络传播权纠纷。

再次，北京互联网法院的集中管辖是否具有排他、优先的效力。本案案由调整为单一案由后，根据《最高人民法院关于互联网法院审理案件若干问题的规定》第 2 条第 5 项①、《北京市高级人民法院关于北京互联网法院案件管辖的规定》第 1 条第 5 项②等规定，本案属于“在互联网上侵害在线发表或者传播作品的著作权或者邻接权而产生的纠纷”，北京互联网法院对本案具有管辖权。因此，一审法院关于北京互联网法院对本案无管辖权的认定错误，应予纠正。

随即而来的问题是：在一审法院、北京互联网法院对本案均有管辖权的情况下，应如何判断本案的管辖权归属——这关系到对北京互联网法院集中管辖的排他性、优先性的认定，是一个尚无明确定论的问题。不得不注意到，

---

① 《最高人民法院关于互联网法院审理案件若干问题的规定》第 2 条规定：“北京、广州、杭州互联网法院集中管辖所在市的辖区内应当由基层人民法院受理的下列第一审案件：（一）通过电子商务平台签订或者履行网络购物合同而产生的纠纷；（二）签订、履行行为均在互联网上完成的网络服务合同纠纷；（三）签订、履行行为均在互联网上完成的金融借款合同纠纷、小额借款合同纠纷；（四）在互联网上首次发表作品的著作权或者邻接权权属纠纷；（五）在互联网上侵害在线发表或者传播作品的著作权或者邻接权而产生的纠纷；（六）互联网域名权属、侵权及合同纠纷；（七）在互联网上侵害他人人身权、财产权等民事权益而产生的纠纷；（八）通过电子商务平台购买的产品，因存在产品缺陷，侵害他人人身、财产权益而产生的产品责任纠纷；（九）检察机关提起的互联网公益诉讼案件；（十）因行政机关作出互联网信息服务管理、互联网商品交易及有关服务管理等行政行为而产生的行政纠纷；（十一）上级人民法院指定管辖的其他互联网民事、行政案件。”

② 《北京市高级人民法院关于北京互联网法院案件管辖的规定》第 1 条规定：“北京互联网法院集中管辖北京市的辖区内应当由基层人民法院受理的下列第一审案件：（一）通过电子商务平台签订或者履行网络购物合同而产生的纠纷；（二）签订、履行行为均在互联网上完成的网络服务合同纠纷；（三）签订、履行行为均在互联网上完成的金融借款合同纠纷、小额借款合同纠纷；（四）在互联网上首次发表作品的著作权或者邻接权权属纠纷；（五）在互联网上侵害在线发表或者传播作品的著作权或者邻接权而产生的纠纷；（六）互联网域名权属、侵权及合同纠纷；（七）在互联网上侵害他人人身权、财产权等民事权益而产生的纠纷；（八）通过电子商务平台购买的产品，因存在产品缺陷，侵害他人人身、财产权益而产生的产品责任纠纷；（九）检察机关提起的互联网公益诉讼案件；（十）因行政机关作出互联网信息服务管理、互联网商品交易及有关服务管理等行政行为而产生的行政纠纷；（十一）北京市高级人民法院指定管辖的其他互联网民事、行政案件。”

当前对于侵害信息网络传播权纠纷，司法实践中对于以原告住所地（作为侵权结果发生地）、被告住所地等确定管辖的情形依然存在，且案件数量众多，如果将北京互联网法院的集中管辖以绝对的排他、优先效力论，一概排除其他的管辖连接点，极有可能导致海量案件涌入北京互联网法院，打破当前较为平衡的知识产权审判态势；但是如果对北京互联网法院集中管辖的排他性、优先性不予尊重，将之视为一般性的管辖权规定，即虽赋予了北京互联网法院对案件的管辖权，但与其他被告住所地、侵权行为地等管辖法院的管辖权处于同一位置，通过《民事诉讼法》（2017 年修正）第 35 条①“先立案法院管辖”进行同一位阶上的管辖法院调整，则不利于实现增设互联网法院的初衷，减损了“推动繁荣数字经济、促进网络空间治理、确立互联网司法规则”的实践价值。故此，综合立法导向与审判实践的考量，二审法院认为北京互联网法院的管辖具有相对的排他、有限效力，即本案中在当事人提出明确的管辖异议主张时，应当认可北京互联网法院对一般法院的管辖的排他和优先效力，裁定管辖异议成立，本案应当由一审法院移送至北京互联网法院管辖。

① 相关内容现规定在《民事诉讼法》（2021 年修正）第 36 条规定中。内容为：“两个以上人民法院都有管辖权的诉讼，原告可以向其中一个人民法院起诉；原告向两个以上有管辖权的人民法院起诉的，由最先立案的人民法院管辖。”

管辖权异议案件中合同履行地的审查

——大庆英辰创新科技有限公司与中石油昆仑燃气有限公司技术服务合同纠纷案

【裁判要旨】

在管辖权异议纠纷的审理过程中，如果应当以合同履行地确定管辖，那么对于合同履行地的确定应当以合同的实际履行情况为准，不应根据双方当事人对是否成立或者延续存有较大争议的合同的书面约定为确定合同履行地的依据认定案件的管辖法院，以免影响案件的事实认定及当事人的实体权利。

【案件基本信息】

• **案号**

一审：北京市朝阳区人民法院（2019）京 0105 民初 66952 号民事裁定书

二审：北京知识产权法院（2020）京 73 民辖终 70 号民事裁定书

• **案由**

技术服务合同纠纷

• **当事人**

上诉人（一审被告）：大庆英辰创新科技有限公司（以下简称大庆英辰公司）

被上诉人（一审原告）：中石油昆仑燃气有限公司（以下简称中石油公司）

【基本案情】

大庆英辰公司认为应将本案移送至大庆市中级人民法院审理，理由为：

其一，双方争议的 2013 年至 2016 年的技术服务内容并没有签署书面协议，并非“技术服务合同”的延续，不应推定按照“技术服务合同”的相关约定确定管辖；其二，“技术服务合同”中约定的服务地点为“昆仑燃气总部及所属单位”并不是“合同履行地”，该服务地点在签订合同时为尚不能确定的多处地点，属于约定地点不明的情形，因此“服务地点昆仑燃气总部及所属单位”不能认定为合同履行地；其三，“北京市朝阳区亚运村安立路 101 号名人大厦”仅是原告中石油公司接收信件的办公场所，并不能证明是企业的主要办事机构所在地，亦不能证明中石油公司的总部位于朝阳区名人大厦；其四，大庆英辰公司作为提供运维服务的服务商，为中石油公司下属 74 个公司进行运维服务，包括日常运维和不定期运维，均在大庆本地提供远程服务，现场实施也是分布到全国各地的 70 多个子公司现场进行服务。

针对大庆英辰公司的管辖意见，中石油公司提交了房权证证明朝阳区安立路 101 号院 3 号楼 3 层 301 的产权人为中石油公司，该地址为中石油公司的办公地点，符合 2012 年签订“技术服务合同”中服务地点为“昆仑燃气总部及所属单位”的约定，并且中石油公司还主张大庆辰英公司为其提供运维服务的系统服务器在其总部即安立路 101 号院。中石油公司还提交了“中石油昆仑燃气收费系统运维造价评估报告”，该报告是对中石油昆仑燃气收费系统 2013 年至 2016 年运维成本进行评估。由该报告的描述可知，大庆辰英公司提供的运维服务包括软件运维和系统指导、培训等，无论从运维服务角度还是从系统指导、培训角度，实际的实施地点均位于公司的总部，即朝阳区安立路 101 号院。并且，该评估报告中显示评估验收项目成果及通讯地址均为朝阳区安立路 101 号院。基于上述原因，中石油公司认为北京市朝阳区法院即一审法院对本案具有管辖权。

一审法院认为：《民事诉讼法》（2017 年修正）第 34 条[①]规定，合同或者其他财产权益纠纷的当事人可以书面协议选择被告住所地、合同履行地、合同签订地、原告住所地、标的物所在地等与争议有实际联系的地点的人民法院管辖，但不得违反本法对级别管辖和专属管辖的规定。本案中，双方诉

① 相关内容现规定在《民事诉讼法》（2021 年修正）第 35 条中。

争为2013年至2016年大庆英辰公司为中石油公司提供技术服务的服务费，而在2013年至2016年期间，双方并未签署技术服务合同，中石油公司据以主张返还超额支付服务费的依据为“中石油昆仑燃气收费系统运维造价评估报告”。鉴于2013年至2016年期间双方并未签订技术服务合同，并且双方均无证据证明在合同履行阶段双方对管辖一事达成过一致意见。因此一审法院认为：本案无法适用协议管辖的约定。《民事诉讼法》（2017年修正）第23条①规定，因合同纠纷提起的诉讼，由被告住所地或者合同履行地人民法院管辖。本案中，2012年中石油公司与大庆英辰公司签订“技术服务合同”，在该合同中约定了服务内容为“构建维护收费业务平台、开发兼容收费系统、银行代收系统、系统上线后的技术与服务”；服务地点为“昆仑燃气总部及所属单位”；验收地点为中石油公司409办公室。2013年至2016年，双方虽然未签订技术服务合同，但大庆英辰公司提供的技术服务内容是2012年技术服务内容的延续和更新。因此一审法院认定“昆仑燃气总部及所属单位”是2013年至2016年事实合同的履行地点之一。根据中石油公司提供的房权证及委托评估公司进行评估的委托方地点及验收地点，一审法院认定朝阳区安立路101号院是“昆仑燃气总部及所属单位”。朝阳区安立路101号院在一审法院辖区，一审法院对本案具有管辖权。故一审法院裁定驳回大庆英辰公司的管辖权提出的异议。

大庆英辰公司上诉称：①一审裁定认定事实错误。大庆英辰公司与中石油公司于2012年签订的技术服务合同是一份倒签的用于结算部分服务费金额的合同。大庆英辰公司与中石油公司发生纠纷的事实合同是始于2009年终止于2018年7月31日的提供软件开发和系统运维服务的技术服务合同。大庆英辰公司与中石油公司之间发生于2013年至2018年期间的技术服务合同内容不是在延续2012年的技术服务合同，而是对始于2009年的实施合同的延续。②一审法院以大庆英辰公司与中石油公司之间未签订新的技术服务合同为由，认定大庆英辰公司与中石油公司之间发生于2013年至2016年的技术服务内容是在延续2012年的技术服务合同是明显的事实认定错误。③本案双

① 相关内容现规定在《民事诉讼法》（2021年修正）第24条中。

方当事人无证据证明双方就合同中双方的服务地点达成过一致意见，一审法院认定本案服务地点为2012年服务合同约定的“昆仑燃气总部”，却又认为不存在协议管辖的约定前后矛盾。同时，技术服务合同的实际履行地不是昆仑燃气总部而是在黑龙江省大庆市。④一审裁定依据中石油公司和第三人签订的合同中写明的签订地点和验收地点认定安定路101号院为中石油公司的总部及所属单位主要办事机构所在地错误。综上，本案明显属于没有约定合同履行地的情形，应由被告住所地或承担主要技术服务履行义务一方所在地的人民法院管辖。本案大庆英辰公司的住所地和承担主要技术服务履行义务所在地都在黑龙江省大庆市。因此，请求撤销一审裁定，将本案移送至黑龙江省大庆市中级人民法院审理。

【案件焦点】

本案能否以双方当事人争议的“技术服务合同”中对于合同履行地的相关约定确定管辖。

【裁判理由】

二审中，因双方当事人对诉争的合同是否为2012年“技术服务合同”的延续争议较大。故北京知识产权法院认为一审法院在管辖权异议的审理程序中直接认定诉争合同为2012年合同的延续，并基于此以2012年合同的约定履行地为依据认定本案诉争合同的履行地从而确定管辖不妥。对于这一争议焦点应在实体审理中结合证据进行审查和认定，而本案管辖的确定应依据诉争合同的实际履行情况确定。

本案在二审审理过程中，北京知识产权法院就以下问题重点询问双方当事人：①双方争议的技术服务费用所对应的具体技术服务内容。中石油公司主张其诉请的标的为：2013年至2016年大庆英辰公司针对2012年中石油与大庆英辰公司签订的“技术服务合同”中涉及开发的系统所提供的后期运维、培训等技术服务费用的返还。大庆英辰公司主张双方争议的除中石油公司所述的服务费用外，还包括2009年大庆英辰公司为中石油公司开发的通用收费系统、兼容收费系统后期的运维服务费用。②2012年双方签订的“技术服务合同”中涉及的服务系统的具体安装情况。中石油公司主张因其内部规定不允许远程系统安装，故上述服务系统均系大庆英辰公司工作人员前往中石油公司位于北京市朝阳区安立路101号名人大厦的公司总部进行安装，并安装在总部服务器上。大庆英辰公司认可其工作人员前往上述名人大厦进行系统安装，但不认可该地址为中石油公司总部，亦不认可中石油公司不允许远程系统安装。③针对2012年“技术服务合同”中所涉系统的后期运维服务如何提供。中石油公司主张上述运维服务基本上全部针对总部即名人大厦中服务器的运维，且由大庆英辰公司委派工作人员前往名人大厦进行现场系统运维。大庆英辰公司认可上述运维服务涉及对名人大厦服务器的运维，也认可其工作人员不定期前往名人大厦进行系统运维，但大庆英辰公司主张因合同约定的服务地点包括中石油公司总部及其所属单位，故大部分技术服务系针对中石油公司分公司及其子公司的远程运维。

北京知识产权法院认为：本案因双方当事人均认可针对诉争的服务费用所对应的服务内容双方未签订书面服务合同，同时在案证据不能证明双方就争议事项的管辖达成过一致意见。因此，本案无法适用协议约定确定管辖。本案应适用《民事诉讼法》关于合同纠纷管辖的一般规定确定管辖。《民事诉讼法》（2017年修正）第23条规定，因合同纠纷提起的诉讼，由被告住所地或者合同履行地人民法院管辖。本案中，双方当事人均认可争议的服务费用所对应的服务内容包括2012年双方签订的“技术服务合同”中所开发系统的后期运维服务，大庆英辰公司亦认可上述开发系统有安装于中石油公司位于北京市朝阳区安立路101号名人大厦办公地址的服务器上，同时大庆英辰公司还认可针对上述开发系统的后期运维。其工作人员不定期前往名人大厦进行现场运维，故综合本案事实可以认定名人大厦为本案诉争合同的履行地之一，其所在地的北京市朝阳区法院即一审法院对本案具有管辖权。

二审结果：驳回上诉，维持原裁定。

【法官评析】

本案的典型意义在于：合同纠纷中，如果双方当事人对于已经实际履行的合同没有签订书面协议，且双方就合同履行的内容是否是对之前双方签订的书面合同的延续争议较大的情形下，不宜在管辖阶段直接对合同履行的延续情况作出认定，更不宜基于之前书面合同约定的合同履行地确定管辖，而应以诉争合同的实际履行情况确定管辖。

本案中，双方当事人对于诉争的合同标的所对应的合同是否为之前合同内容的延续争议较大，而这一事实的认定有可能涉及最终服务费用数额的确定，故对这一事实的认定应当在实体审理中结合双方当事人提供的证据进行综合审查判断，不宜在实体审理之前的管辖权异议程序中对此作出认定。这样既能充分保障当事人的程序权利及实体权利，也能防止日后对案件的实体审理造成障碍。

与此同时，本案双方当事人对诉争合同的具体履行内容的确认虽不完全一致，但有大部分内容重合。基于此，在管辖权异议审理程序中可以通过询问当事人对合同涉及的履行内容进行固定，以合同的实际履行情况确定合同履行地，从而确定管辖法院，以此保证案件审理的程序及实体合法。

管辖异议阶段对被告适格问题的审查标准及审查范围

——深圳市腾讯计算机系统有限公司等与运城市阳光文化传媒有限公司、北京搜狗科技发展有限公司不正当竞争纠纷案

【裁判要旨】

管辖异议阶段，若以被告住所地作为唯一管辖连接点时，应当对被告是否适格进行审查。但该审查仍应以在案证据是否能初步指向管辖连接点的事实为限。

【案件基本信息】

● **案号**

一审：北京市海淀区人民法院（2019）京0108民初39230号民事裁定书

二审：北京知识产权法院（2019）京73民辖终543号民事裁定书

● **案由**

不正当竞争纠纷

● **当事人**

上诉人（一审被告）：深圳市腾讯计算机系统有限公司（以下简称腾讯公司）

被上诉人（一审原告）：运城市阳光文化传媒有限公司（以下简称阳光公司）

一审被告：北京搜狗科技发展有限公司（以下简称搜狗公司）

【基本案情】

阳光公司是阳光宽频网（www.365yg.com）的所有者和运营主体，阳光公司发现互联网用户在访问阳光宽频网网站时，腾讯公司通过其运营的“腾讯电脑管家”、QQ软件，搜狗公司通过其运营的“搜狗浏览器”软件，共同对阳光宽频网采取了屏蔽、拦截措施，妨碍用户正常访问网站，并对腾讯公司的“腾讯电脑管家”进行宣传、推广。阳光公司认为：腾讯公司、搜狗公司的上述行为，诋毁了阳光公司的商誉，造成了不良的社会影响和重大的经济损失，并借机推荐用户安装腾讯公司的安全软件，构成不正当竞争。

阳光公司明确其在本案中主张腾讯公司、搜狗公司共同实施了三项不正当竞争行为，具体包括：①用户使用搜狗浏览器访问阳光宽频网时，腾讯公司、搜狗公司共同通过弹窗提示阳光宽频网存在恶意风险等内容，并提示安装腾讯电脑管家；②根据前述安装腾讯电脑管家的弹窗提示，下载并安装腾讯电脑管家；③腾讯公司、搜狗公司共同通过QQ软件对阳光宽频网进行风险提示和拦截。

腾讯公司对管辖提出异议，其认为：涉案行为一系由“搜狗浏览器”单独实施，与腾讯公司无关，涉案行为二、三则与搜狗公司无关。故腾讯公司、搜狗公司未共同实施涉案行为，本案不构成必要共同诉讼，腾讯公司、搜狗公司也不构成共同被告。阳光公司增加搜狗公司作为被告，制造管辖连接点，恶意明显。故请求驳回起诉或将本案送至广东省深圳市有管辖权的人民法院审理。

一审法院经审查认为：腾讯公司的异议理由不能成立，故裁定驳回腾讯公司对本案管辖权提出的异议。

腾讯公司不服，提出上诉。腾讯公司主张尽管在管辖异议阶段法院不需要对案件实体争议作出明确认定，但管辖阶段应当对与建立管辖连接点相关的事实予以审查。本案不属于必要共同诉讼，应分案处理，阳光公司针对腾讯公司涉案行为的起诉应移送至广东省深圳市有管辖权的人民法院审理。

二审法院经审查，最终裁定驳回上诉，维持原裁定。

【案件焦点】

本案管辖异议阶段是否应当对搜狗公司能否构成本案共同被告进行审查以及审查的范围如何确定。

【裁判理由】

一审法院经审查认为：阳光公司主张腾讯公司、搜狗公司共同实施了涉案不正当竞争行为，并提交了初步证据。鉴于被告之一搜狗公司的住所地在北京市海淀区，故一审法院对本案有管辖权。至于腾讯公司、搜狗公司是否构成共同侵权，以及是否属于非必要共同诉讼而应分案处理的情形，则有待本案管辖权确定后在后续诉讼程序中予以处理，不影响一审法院在现阶段对本案管辖权的审查。

北京知识产权法院经审查认为：管辖阶段虽应对管辖连接点相关事实予以审查，但该审查应以在案证据是否能初步指向管辖连接点事实为限。本案中，在案证据显示，搜狗浏览器在弹窗提示风险的同时向用户推荐了腾讯电脑管家，且提示语中包括“您要访问的网站包含虚假腾讯彩票信息”等与腾讯公司相关信息。同时，下载的电脑管家对涉案网站出现了几乎相同的提示内容。此外，阳光公司补充提交的相关网页打印件显示，名称为搜狗浏览器的微博账号发布博文提及“腾讯电脑管家和搜狗浏览器恋爱了，合体了”等内容，以及第三方媒体在文章中提到腾讯公司将安全云服务直接内置在搜狗浏览器中等内容。综上，在案证据已能初步指向腾讯公司与搜狗公司具有共同针对阳光公司不正当竞争行为的初步形式与可能性，腾讯公司的主张不足以排除该合理怀疑，故一审法院关于其是否构成必要共同诉讼而分案处理的情形有待于后续实体审理中予以处理的相关认定并无不当，二审法院予以认可。根据《民事诉讼法》的相关规定，原告有权选择被告之一住所地法院起诉，故一审法院对本案具有管辖权。

【法官评析】

本案涉及管辖权异议审查阶段对被告适格问题审查的标准及共同被告之

间关联性的审查范围。

关于被告适格问题审查的标准问题，笔者认为：根据《北京市高级人民法院关于立案审判适用法律若干问题的解答（一）》第23条规定，管辖问题属于人民法院依职权审查的内容。如案件以被告住所地作为唯一管辖连接点时，则该被告是否适格应在立案阶段予以审查；若该被告不适格的，可以无管辖权为由裁定不予受理。对于部分被告不适格，但并非据以确定案件管辖的唯一连接点的，不能以部分被告不适格为由裁定不予受理。在管辖权异议阶段，对于部分被告是否适格直接影响法院对案件有无管辖权时，则应对被告是否适格问题进行审查，对于不适格被告应裁定驳回原告对该被告的起诉，同时裁定将案件移送有管辖权的法院。

本案管辖连接点为被告搜狗公司的住所地，故应对其主体是否适格进行审查。本案原告主张的被控侵权行为之一为“用户使用搜狗浏览器访问阳光宽频网时，通过弹窗提示阳光宽频网存在恶意风险等内容”，搜狗公司作为搜狗浏览器的运营者，其被告主体适格。因此，针对该侵权行为，一审法院对本案具有管辖权。

至于腾讯公司是否能与搜狗公司构成共同被告，即被告之间的关联性审查问题，笔者认为：当部分被告是否适格的判断并不影响原受理法院对案件的管辖权时（并非据以确定案件管辖的唯一连接点的），有关其是否适格、与其他被告是否具有共同的意思联络、是否属于共同被告等问题，可以到实体审理阶段再进行审查。

本案的特别之处在于：原告主张的被控侵权行为有三个，针对第二、三个被控侵权行为，腾讯公司认为搜狗公司非适格主体。二审法院认为：虽然法院应对管辖连接点相关事实进行审查，但该审查应以在案证据是否能初步指向管辖连接点事实为限。若在案证据可以初步证明管辖连接点事实，而另一方当事人的主张又不足以排除该合理怀疑，那么法院可以根据上述管辖连接点确认管辖权。即本案中，在案证据显示，搜狗浏览器在弹窗提示风险的同时向用户推荐了腾讯电脑管家。而下载的电脑管家对涉案网站出现了与搜狗浏览器几乎相同的提示内容。此外，搜狗浏览器的微博账号发布博文提及“腾讯电脑管家和搜狗浏览器恋爱了，合体了”等内容。上述证据能够初步指向腾讯公司与搜狗公司具有共同针对阳光公司不正当竞争行为的可能性，故原告将腾讯公司、搜狗公司作为共同被告提起诉讼符合法律规定的起诉条件。而至于腾讯公司、搜狗公司是否具有共同的意思联络或是否应当承当共同侵权责任等问题应有待实体审理，不应在管辖阶段进行处理。

本案主要明确了管辖异议阶段对被告主体适格等管辖连接点问题的审查标准及范围。对于类似问题法院亦有过相关认定。例如，在（2019）京73民辖终67号“原告金羽杰公司与被告上海波司登公司、被告波司登服装公司、被告北京市波司登公司侵害著作权及不正当竞争纠纷案”中，二审法院认为：北京波司登公司是本案唯一管辖连接点，故法院应重点审查北京波司登公司是否适格，并据此判断一审法院对本案是否具有管辖权。金羽杰公司的委托代理人在北京市西城区西单北大街的波司登专卖店购买了被诉侵权产品（销售主体为北京波司登公司），该被诉侵权行为地位于北京市西城区，因此，一审法院对本案有管辖权。至于北京波司登公司与上海波司登公司对上述侵权行为是否具有共同的意思联络、是否属于共同被告等，并不影响一审法院对本案具有管辖权的判定，可以到实体审理阶段再进行审查。综上，金羽杰公司选择向一审法院起诉符合法律规定。

二、诉讼要件审查

（一）当事人适格问题

特许经营合同法律关系中自然人作为特许人之被告主体适格

——李某与关某特许经营合同纠纷案

【裁判要旨】

《商业特许经营管理条例》规定，企业以外的其他单位和个人不得作为特许人从事特许经营活动，但在司法实践中，如自然人作为特许人签订特许经营合同的意思表示真实，则其有权作为合同签订主体承担合同权利义务。而该特许经营合同因违反《商业特许经营管理条例》的相关规定导致的后果应作用于该合同的效力上，而非其签订人作为被告的主体资格上。

【案件基本信息】

● **案号**

一审：北京市朝阳区人民法院（2018）京 0105 民初 95039 号民事裁定书

二审：北京知识产权法院（2020）京 73 民终 112 号民事判决书

● **案由**

特许经营合同纠纷

● **当事人**

上诉人（一审原告）：李某

被上诉人（一审被告）：关某

【基本案情】

李某向一审法院起诉称：李某与关某签订了涉案合同，关某承诺用“关某减肥塑形工作室”的商标注册公司经营。但是涉案合同签订后，关某一直未为李某培训员工，李某发现关某没有注册上述商标，其在签订合同时具有欺诈行为，应属于无效合同。同时，该合同系李某与关某签订，与关某的公司无关。故请求法院判令双方签订的涉案合同无效，判令关某返还加盟费并赔偿经济损失及利息损失。

关某向一审法院提出反诉称：关某作为北京美塑健康管理有限公司（以下简称美塑公司）的法定代表人及大股东，代表美塑公司与李某签订了涉案合同。美塑公司对关某代表公司签订涉案合同的行为还出具“授权确认书”进行了确认。美塑公司已经履行了所有合同义务，但李某无故关闭店面，极大地损坏了关某品牌声誉，并造成关某的直接经济损失。故请求法院判令解除涉案合同，并判令李某赔偿关某经济损失。

经审理，法院查明事实如下：2018 年 3 月 26 日，李某作为乙方与作为甲方的关某签订了“技术手法与服务协议”，该协议记载：“一、授权使用：（一）内容：1. 甲方授权乙方在特定的区域内使用‘关某减肥塑形工作室’品牌。2. 甲方授权乙方在特定的区域内使用甲方的减肥塑形技术手法。……4. 甲方授权乙方采用甲方的运营模式，即乙方店面应按甲方规定的运营模式及要求统一销售、统一服装、统一布局、统一形象、统一营业时间、统一经营管理和统一销售服务等。二、技术手法培训服务费：1. 本协议的技术手法培训服务费共计人民币 98 000 元。……五、甲方的权利和义务：……（四）在协议有效期内，授予乙方技术手法使用权，并为乙方提供‘产品及技术手法’，该技术手法知识产权归甲方所有。……十一、协议期限：本协议有效期为一年，自 2018 年 3 月 26 日起至 2019 年 3 月 26 日止。同日，李某向户名为肖某明的账户汇款 98 000 元。”

上述涉案协议及双方往来沟通记录中均未出现“北京美塑健康管理有限公司”字样及其相关信息。

2019 年 3 月 18 日，北京美塑健康管理有限公司出具“授权确认书”，载明：“关某作为本公司的法定代表人即大股东，其与李某签订的‘技术手法与服务协议’是代表本公司进行的商业行为，本公司对关某代表本公司签订协议的行为予以确认，协议签订后，本公司已经履行了协议约定的所有义务，本公司应为履行此协议权利义务的主体，特此确认。”

一审法院经审理，裁定对本诉及反诉均予以驳回。

北京知识产权法院经审理，裁定撤销一审裁定，指令一审法院审理本案。

【案件焦点】

关某作为非企业特许人在特许经营合同纠纷案件中是否被告主体适格，在案证据是否能证明其系代表公司签订了涉案合同。

【裁判理由】

一审法院经审查认为：具有适格的诉讼主体是形成诉讼的必要条件。关某系美塑公司的法定代表人，其代表公司与李某签订涉案合同系职务行为，涉案合同的权利义务主体为李某与美塑公司，关某不属于本案适格的被告，也不属于本案适格的反诉原告，故对于本诉及反诉的诉讼请求均应予以驳回。

北京知识产权法院经审理认为：本案中，涉案合同的签订双方已载明为李某和关某，故李某因涉案合同引起的民事纠纷将关某列为被告提起诉讼未违反法律规定的起诉条件。关某虽主张其签订涉案合同系代表美塑公司，但涉案合同及后续双方往来沟通记录等均未有任何记载表明李某在签订合同时已知晓涉案合同相对方非关某，而实际为美塑公司。因此，仅凭关某提交的美塑公司在诉讼中出具的“授权确认书”，不足以证明在涉案合同签订之时，李某具有与美塑公司签订涉案合同的真实意思表示，关某的该项主张不能成立。一审法院对此认定有误，应予以纠正。

同时，涉案合同内容符合特许经营合同的特征，应认定为特许经营合同。虽然根据《商业特许经营管理条例》相关规定，企业以外的其他单位和个人不得作为特许人从事特许经营活动，但关某作为涉案合同中的特许人，其资质是否符合法律规定并不影响其作为本案涉案合同纠纷的适格主体。

【法官评析】

本案焦点问题在于特许经营合同法律关系中自然人作为特许人是否是构成被告主体不适格之情形，是否符合《民事诉讼法》（2021 年修正）第 122 条规定的起诉要件。

《民事诉讼法》（2021 年修正）第 122 条规定，起诉必须符合下列条件：①原告是与本案有直接利害关系的公民、法人和其他组织；②有明确的被告；③有具体的诉讼请求和事实、理由；④属于人民法院受理民事诉讼的范围和受诉人民法院管辖。由此可知，起诉必须具有“明确”的被告。但是，对于何为“明确”的被告以及“明确”的标准却未必明确。对此，实践中出现两种处理方式。一种处理方式认为明确性系特定性，即原告在起诉时可将被告特定并与其他人区别即可。因此，即便被告是否为权利义务关系的主体的问题尚不明确也符合起诉受理的条件，法院应进行实体审理，待辩论终结后以判决方式裁决。另一种处理方式则认为明确性即适格性，也就是说被告必须适于且必要于当前纠纷之解决。倘若被告并非权利义务关系的主体，便不具有明确性，不符合起诉受理的条件，自当以裁定方式驳回起诉，终结审理。

本案一审法院即采取后一种处理方式，认为被告是否适格构成该起诉条件是否成立的前提。其论证的逻辑在于：因个人作为特许人签订特许经营合同不符合法律法规的相关规定，在第三方公司对涉案合同表示认可的情况下，本案的被告理应为关某背后的第三方公司，进而认为关某作为本案被告不具有适格性，最终裁定驳回李某对关某的起诉。

二审法院对“明确的被告”是否指向被告系本案权利义务关系主体这一问题并未论证，而是直接论证了本案自然人作为特许人是否影响被告主体适格。二审法院认为：在无证据表明关某签订涉案合同的意思表示不真实的情况下，关某作为涉案合同的签订主体，其被告主体是适格的，李某因涉案合同引起的民事纠纷将关某列为被告提起诉讼未违反法律规定的起诉条件。

尽管根据《商业特许经营管理条例》的相关规定，“企业以外的其他单位和个人不得作为特许人从事特许经营活动”，但笔者认为：自然人作为特许人签订特许经营合同的意思表示若系真实的，则其有权作为合同签订主体承担合同权利义务。而该特许经营合同因违反《商业特许经营管理条例》的相关规定导致的后果应作用于该合同的效力上，而非其签订人作为被告的主体资格上。

就本案而言，首先，从理解法条的角度来看，《民事诉讼法》（2021年修正）第122条要求“原告与本案有直接利害关系”。笔者认为，所谓直接利害关系，是指请求法院立案受理是因自己的权益受到侵犯，或者与别人发生民事权利义务争执，与争议的诉讼标的在法律上具有利害关系，即原告需要“适格”，而对于被告的用词却为“明确”，二者的表述存在明显的区别。故是否被告“明确”即等同于被告“适格”，有待进一步研究。

其次，一审法院认定关某作为本案被告不具有适格性的逻辑存在本末倒置之嫌。本案涉案合同为特许经营合同，该合同签订仍然要尊重意思自治原则。在意思表示真实的情况下，即使其内容或形式不符合法律规定，那也仅是判断该合同是否符合有效的条件。关于这一点，法院的生效裁判亦有相关认定。在广东省高级人民法院（2020）粤民终1533号“上诉人许某某与上诉人李某某特许经营合同纠纷案”中，第一，双方当事人均为自然人，法院并未否认自然人作为特许人的被告主体资格。第二，广东省高级人民法院在本案判决书中认为“双方约定的内容以及实际履行情况符合《商业特许经营管理条例》第3条第1款‘特许经营’的基本特征，故本案双方当事人应属于特许经营合同关系”，故其亦并未因特许人为自然人即否定双方的特许经营关系。第三，上述生效判决书认定“由于李某某以及李某某曾经营的个体工商户并非属于企业，李某某亦未能证明涉案减肥手法为其专有技术，且其为消费者提供的减肥服务拥有成熟的经营模式，故原审法院据此认定双方签订的上述协议无效，有事实和法律依据，本院予以维持”。从上述认定可以看出，对于违反应由企业作为特许人相关规定的情形，该法院根据本案情况认定了合同无效。当然，笔者认为，是否违反该条规定必然导致合同无效，目前亦无定论，但至少该情形仅应系判断合同有效性的依据，而非主体适格的条件。一审法院仅根据关某没有相关的特许资格，即认为本案的适格被告应为关某作为法定代表人的公司，从而认定关某作为本案被告不具有适格性，该论证过程缺乏依据。

最后，本案从证据规则的角度看，涉案合同的签订主体以及后续双方往来沟通记录等均未有任何记载指向第三方公司。在此情况下，即使第三方公司在合同签订后出具相关的确认书，确认其法定代表人之前签订合同的行为系代表公司，但由于涉案合同签订时，以及涉案合同签订后的履行过程中，并无第三方公司参与，在涉案合同相对人不认可的情况下，该合同的权利义务不应由上述公司承担。

综上，李某因特许经营合同纠纷将关某列为被告提起诉讼符合法律规定，一审法院应对本案实体问题即涉案合同是否应认定无效以及若合同无效的法律后果等问题进行审理。

恶意提起知识产权损害赔偿责任纠纷适格原告的认定标准

——中国青年出版总社有限公司、北京中青文文化传媒有限公司与马某某知识产权与竞争纠纷案

【裁判要旨】

如何判断原告是否适格，应当从作为诉讼标的之法律关系在当事人之间予以解决是否适当且有无意义来作出判断，如适当且有意义，则具有直接利害关系，属适格原告。因而当事人适格也是一个基于解决纠纷之必要性与实效性角度予以考虑的概念，即需要综合考虑原告、被告及法院三者的利益。限于纠纷解决的必要性和实效性，恶意提起知识产权诉讼损害责任纠纷案的适格原告应当限于被指称恶意知识产权诉讼的诉讼参与人。

【案件基本信息】

● **案号**

一审：北京市东城区人民法院（2018）京 0101 民初 9217 号之一

二审：北京知识产权法院（2019）京 73 民终 2704 号民事裁定书

● **案由**

知识产权与竞争纠纷

● **当事人**

上诉人（原审原告）：中国青年出版总社有限公司（以下简称中青社）

上诉人（原审原告）：北京中青文文化传媒有限公司（以下简称中青文

公司）

被上诉人（原审被告）：马某某

【基本案情】

中青社、中青文公司向一审法院提出诉讼请求：①判令马某某赔偿因恶意提起知识产权诉讼给中青社、中青文公司造成的损失 8 万元；②判令马某某承担本案诉讼费用。事实和理由：《彼得·林奇点评版〈股票作手回忆录〉》于 2012 年 1 月首次由中青社出版，中青文公司发行。在此之前，马某某与黄某一同与中青社就该书签署“图书授权翻译合同”。在中青社、中青文公司历次出版发行的该书版权页中均印有马某某姓名，从未侵犯过马某某的署名权。但马某某在明知上述事实的情况下，以署名权受到侵害为由，滥用诉权，将中青社诉至北京市东城区人民法院，意图通过诉讼形式取得不当利益并损害中青社、中青文公司的合法权益。中青社、中青文公司认为：马某某出于非法目的向法院提起署名权纠纷诉讼，通过诉讼谋取不正当利益，导致中青社、中青文公司聘请律师并指派专人负责造成严重误工，其行为已经给中青社、中青文公司造成了经济损失，马某某应当予以赔偿。故诉至法院，望判如所请。

经审查，（2018）京 0101 民初 4302 号案件中，当事人分别为原告中青社，被告马某某以及第三人黄某。

【案件焦点】

中青文公司是否为恶意提起知识产权诉讼损害责任纠纷案的适格原告。

【裁判理由】

北京知识产权法院经审理认为：《民事诉讼法》（2017 年修正）第 119 条①规定：“起诉必须符合下列条件：（一）原告是与本案有直接利害关系的公民、法人和其他组织；……”该规定要求提起诉讼方必须为适格原告，如

① 相关内容现规定在《民事诉讼法》（2021 年修正）第 122 条中。

何判断原告是否适格，应当从作为诉讼标的之法律关系在当事人之间予以解决是否适当且有无意义来作出判断，如适当且有意义，则具有直接利害关系，属适格原告，反之则不是适格原告。因而当事人适格也是一个基于解决纠纷之必要性与实效性角度予以考虑的概念，即需要综合考虑原告、被告及法院三者的利益。具体到本案，中青社、中青文公司主张的马某某侵权行为具体是指在原审法院受理的（2018）京0101民初4302号案件中，马某某以侵害作品署名权为由将中青社诉至原审法院。中青社、中青文公司认为马某某在上述案件中的起诉行为系以获取不正当利益为目的而故意提起一个在事实上和法律上无根据的诉讼，构成恶意诉讼，侵犯了中青社、中青文公司的合法权益。限于纠纷解决的必要性和实效性，恶意提起知识产权诉讼损害责任纠纷案的适格原告应当限于被指称恶意知识产权诉讼的诉讼参与人。经审查，（2018）京0101民初4302号案件中，当事人分别为原告中青社，被告马某某以及第三人黄某，中青文公司并非上述案件的诉讼参与人，且没有其他证据表明其与本案有直接利害关系。因此，中青文公司并非本案的适格原告。

一审法院依照《民事诉讼法》（2017年修正）第119条、第154条第1款第3项①、《民事诉讼法司法解释》第208条第3款规定，裁定：驳回北京中青文文化传媒有限公司的起诉。

一审裁定后，中青文公司提起上诉，北京知识产权法院二审驳回其上诉，维持原裁定。

【法官评析】

本案的主要争议点在于恶意提起知识产权诉讼损害责任纠纷案的适格原告的判断标准，所谓恶意诉讼，通常是指当事人以获取非法或不正当利益为目的而故意提起一个在事实上和法律上无根据之诉，并致使相对人在诉讼中遭受损失的行为。《民事诉讼法》（2017年修正）第119条提出“直接利害关系”标准，但该标准在实践中仍存在一定争议，因此有必要回到当事人适

① 相关内容现规定在《民事诉讼法》（2021年修正）第157条第1款第3项中。

格问题的概念和理论原点予以考察分析。

1. 当事人适格的概念

当事人适格也可以理解为，“为了使纷争有效且适当地获得解决而应在何人之间进行诉讼”的问题，而为了解决该纠纷，适当地被选出的当事人就具有当事人适格。① 当事人适格也被表述为正当当事人或诉讼实施权。也就是说，一个诉讼案件的当事人是否适格，应当从作为诉讼标的之法律关系的在当事人之间予以解决是否适当且有无意义来作出确定。因而当事人适格也是一个基于解决纠纷之必要性与实效性角度予以考虑的概念，其与诉的利益概念的考量因素有某种意义上的重合②，即需要综合考虑原告、被告及法院三者的利益。

2. 学说观点

关于当事人适格的判断问题，我国学者对此有一定程度的研究，但大多数是借鉴外国学说观点，现将具有代表性的观点介绍如下：

（1）实质二元说③。德国亨克尔以诉的利益和处分权共同作为当事人适格的基础。其认为：当事人适格应当以当事人的利益与处分权限共同决定，处分权和诉的利益同为诉讼实施权的基础。其理由是：第一，要保护当事人正当利益，所以要赋予当事人的诉权，在诉讼实施权只赋予发生争执的法律关系主体，当事人对争执的纠纷有法律上的利益是当事人适格的前提条件；第三，判决可以产生类似于实体上处分权的效力，所以，正当的当事人必须对审判的利益具有处分权。④

（2）主张二元说。日本民事诉讼法第一代领军人物兼子一教授认为：应

① 高桥宏志：《民事诉讼法——制度与理论的深层分析》，林剑锋译，法律出版社2003年版，第206页。

② 当然，有的学者认为“诉的利益”应当作为当事人适格基础的观点。参见江伟主编：《民事诉讼法（第二版）》，高等教育出版社2004年版，第92页。但笔者认为，上述分析视角存在混淆诉的利益与当事人适格二个概念的问题，不如认为诉的利益是从纠纷解决的必要性和实效性的请求客观层面予以考虑的概念，而是从当事人主观层面予以把握之概念更为有利于民事诉讼理论的建构和具体分析。

③ 二元说与一元说的区别主要是判断当事人适格与否的基础究竟以诉的利益和处分权共同作为标准，还是以单一的诉的利益作为其标准。

④ 肖建华：《正当当事人理论的现代阐释》，载《比较法研究》2000年第4期。

将当事人定位于“主观的诉权利益”，强调将“主观的诉权利益”作为当事人适格的基础。在一般情况下，就当事人适格问题的判断采纳“主张说”，在诉讼担当的情况下，以诉讼管理权作为判断适格与否的标准。该说在日本获得了通说的地位。[①]我国学者李龙也持此观点。[②]

（3）一元说。该说建立在批判管理权和诉的利益共同作为诉讼实施权基础学说的前提上，认为二元说具有诸多问题，主张应当着重于将“诉讼结果所涉及的利益”作为当事人适格的唯一基础。一般而言，只要原告具有通过本案判决除去现已存在的危险和不安的法律上的利益，就享有受判断保护的实体法利益。[③]

3. 笔者观点

无论一元说抑或二元说，都是建立在德国传统的大陆法系民事诉讼制度基础上的产物，但对于我国民事诉讼法，上述理论明显存在着“水土不服”。就恶意提起知识产权诉讼损害责任纠纷的原告适格问题，存在两种观点：一种是中青文公司所持有的，认为原告适格系只要存在与在先的知识产权诉讼存有影响的相关主体，可将其归纳为“影响主体说”；另一种观点为一审法院所采纳的，应当为在先知识产权诉讼的案件当事人为适格原告，即“前诉当事人说”。关于上述二种观点，我们认可第二种观点。主要理由有二。一是从诉的利益考虑，非前案的当事人不应属于恶意提起知识产权诉讼损害责任纠纷的适格原告。囿于恶意提起知识产权诉讼损害责任纠纷的的前提是存在在先的知识产权诉讼，因此如何判断原告适格就非常有必要通过诉的利益来对此进行调整。总而言之，只有当原告的权利或法律上的地位现实地处于不安之状态，而且作为消除这种不安方法（恶意提起知识产权诉讼损害责任纠纷）的“在原被告之间对作为该诉讼标的之权利或法律关系存在与否作出判决”对于纠纷的解决而言是有效且合适之时，法律才认可其诉的利益，并

① 参见高桥宏志：《民事诉讼法——制度与理论的深层分析》，林剑锋译，法律出版社2003年版，第207~215页。

② 参见李龙：《民事诉讼当事人适格刍议》，载《现代法学》2000年第8期。

③ 福永有利：《当事者适格理论的再构成》转引自肖建华：《正当当事人理论的现代阐释》，载《比较法研究》2000年第4期。

由此进一步确定恶意提起知识产权诉讼损害赔偿责任之诉的原告适格。当非前诉的当事人作为原告提起该诉时，对于解决原被告之间的恶意提起知识产权诉讼损害赔偿责任纠纷而言，难以认定前案的非案件当事人享有相关的诉讼利益以及其恶意提起知识产权诉讼损害责任纠纷系有效且适当的手段。二是从最高人民法院的相关规定分析，恶意提起知识产权诉讼损害赔偿责任纠纷应为前案当事人。2011 年修正的《民事案件案由规定》将“因恶意提起知识产权诉讼损害责任纠纷”列为新增案由的同时，认为“当事人为获取非法或不正当利益为目的而故意提起的在法律上或事实上无依据的诉讼，即构成恶意诉讼。”根据最高人民法院的相关界定，恶意诉讼的主体为当事人。综合上述两点，可以得出中青文公司并非前述案件的诉讼参与人，其并非本案的适格原告。

（二）请求合并问题

原告可以基于两个以上关联性较强的特许经营合同针对同一被告提起诉讼并请求合并审理

——毛某某与北京壹食一餐饮管理有限公司特许经营合同纠纷案

【裁判要旨】

在特许经营合同纠纷中，如果原告主张的并非仅一个涉案合同，那么首先要依据关联性对涉案合同整体是否构成特许经营合同进行综合判断，如特许经营关系成立，在原告坚持基于两个以上关联性较强的合同针对同一被告提起诉讼并请求合并审理时，法院应予准许。

【案件基本信息】

● **案号**

一审：北京市东城区人民法院（2020）京 0101 民初 1027 号之一民事裁定书

二审：北京知识产权法院（2020）京 73 民终 2973 号民事裁定书

● **案由**

特许经营合同纠纷

● **当事人**

上诉人（一审原告）：毛某某

被上诉人（一审被告）：北京壹食一餐饮管理有限公司（以下简称壹食

一公司）

【基本案情】

毛某某向一审法院起诉称：2018 年 3 月 31 日，毛某某、壹食一公司就毛某某在河北省廊坊市进行“壹食一”合作事宜签订“代理定金合同书”，毛某某于当日交纳了定金。2018 年 4 月 14 日，毛某某与壹食一公司签订了“代理合作合同书”。该合同约定：壹食一公司将拥有自主开发经营建立的“壹食一”品牌为代表的独有经营体系和资源授权毛某某在授权区域和代理合作期限内按照约定的方式使用，授权毛某某进行市场代理开发，并向毛某某提供经营、管理、开发政策的支持。2018 年 4 月 14 日，毛某某与壹食一公司另签订了“单店合作合同书”，壹食一公司授权毛某某在河北省廊坊市经营“壹食一”品牌产品并使用壹食一公司经营技术资产。合同还约定“代理合作合同书”签订起 6 个月内毛某某必须开出一个标准型自营门店，否则壹食一公司有权解除代理合同。毛某某认为“单店合作合同书”与“代理合作合同书”共同构成特许经营法律关系，涉案合同均符合解除条件，故请求解除两个合同，并返还合同费用。

一审法院经审理查明：2018 年 3 月 31 日，毛某某、壹食一公司就毛某某在河北省廊坊市进行“壹食一”合作事宜签订“代理定金合同书”，约定壹食一公司自收到毛某某全部定金款后为其保留在上述区域内的合作签约权至本合同约定期限届满之日。毛某某于当日交纳了定金 42 000 元，该定金在合作合同签订后冲抵部分合同款项，剩余合同尾款 238 000 元应在合作合同签订时交给壹食一公司。

2018 年 4 月 14 日，壹食一公司作为甲方与作为乙方的毛某某签订涉案“代理合作书”，载明：“一、（一）代理合作项目：甲方将拥有自主开发经营建立的‘壹食一’品牌为代表的独有经营体系和资源授权乙方在授权区域和代理合作期限内依照约定方式使用，授权乙方进行市场代理开发，并向乙方提供经营、管理、开发政策支持。乙方应当依照本合同约定缴纳各项费用，按照甲方要求开办自营店、积极拓展第三方合作经营店（单店），执行甲方统一管理体系，使用甲方配送的专门物品，专门销售、经营、发展甲方品牌产品。一、（二）代理合作方式：1. 本合同签订后，乙方在授权区域和代理合作期限内享有独有经营资源使用权，有权自己开设自营店，有权在授权区域内依照甲方标准寻找适格客户并向甲方推荐缔约。……一、（六）乙方与乙方所开设自营店法律关系：乙方应至少开设壹家以上自营店作为区域标准店，该自营店应与甲方另行签订‘单店合作经营合同书’后方能开设。乙方设立的自营店及乙方应对本合同及‘单店经营合作合同书’互相承担连带法律责任。二、（一）代理合作资源：本合同所称的代理合作资源是甲方经营壹食一全部商业要素，包括甲方所拥有的商标权、商业秘密及其他经营技术资产等，其中：……2. 经营技术资产是指专属商业标识、店面装饰风格、合作经营政策体系、培训体系、营运体系、财会体系、进货渠道和配送体系、商品生产体系、广告宣传及促销体系、信息网络系统、专有技术系统、客户信息等经营管理体系；3. 商业秘密是指上述经营资源中甲方列入保密信息清单、采取保密措施或具有商业价值的资源。”

同日，双方就毛某某开设自营店事宜签订“单店合作合同书”。约定：“第一条合同总则：1. ‘壹食一’是由甲方运营的餐饮配套产品销售和餐饮技术服务项目，该项目的一切商标所有权、餐饮技术、经营管理规范、企业标识的相关产品等知识产权均归品牌方或甲方所有。2. 乙方认同并接受甲方的运营模式、管理规范、产品技术及品牌体系，自愿合作‘壹食一’品牌，经甲方授权后可在合同指定区域内经营该项目。第二条合作经营范围：1. 在乙方认同并接受甲方的经营管理统一规范的基础上，甲方授权乙方在河北省廊坊市经营‘壹食一’品牌产品并使用甲方经营技术资产。2. 自本合同生效且乙方实际付清本合同项下全部费用之日起，乙方即获得甲方‘壹食一’商标及相关企业标识的使用权。第三条合作经营费用：1. 合作经营费用包括以下内容：甲方的品牌、技术、培训、资料、咨询服务的使用。……”

2020 年 6 月 4 日，一审法院针对本案壹食一公司提出的管辖异议作出（2020）京 0101 民初 1027 号民事裁定，该裁定认定“原告、被告签订的《代理合作合同书》符合商业特许经营的基本特征，涉案“代理合作合同书”系特许经营合同”等。壹食一公司不服该裁定提起上诉，二审法院经审理亦认定涉案“代理合作合同书”符合商业特许经营合同的特征，属于特许经营合同，最终对上述裁定予以维持。

之后，一审法院经实体审理认为涉案两份合同法律关系性质不同，一并审理没有法律依据，故裁定驳回毛某某的起诉。

北京知识产权法院经审理，最终撤销一审裁定，并指令一审法院审理本案。

【案件焦点】

涉案“代理合作合同书”以及“单店合作合同书”是否为不同法律关系性质的合同，是否可以合并进行审理。

【裁判理由】

一审法院经审查认为：毛某某在本案中诉争的为“代理合作合同书”与“单店合作合同书”。“代理合作合同书”约定的代理合作方式为毛某某在授权区域和代理合作期限内享有独有经营资源使用权，有权自己开设自营店，有权在授权区域内依照壹食一公司标准寻找适格客户向壹食一公司推荐缔约；但是否与第三方合作经营店缔约由壹食一公司决定；独有经营资源授权亦应当由壹食一公司出具，毛某某无权将独有经营资源直接许可给第三方；双方代理合作关系为毛某某仅有权为壹食一公司提供与第三方缔约机会并获得壹食一公司相应奖励，但是否与第三方合作经营商签订合同由壹食一公司决定。“单店合作合同书”所约定的为毛某某认同并接受壹食一公司的运营模式、管理规范、产品技术及品牌体系，自愿合作“壹食一”品牌，经壹食一公司授权后可在合同指定区域内经营该项目；合作经营费用包括壹食一公司的品牌、技术、培训、资料、咨询服务的使用，支付方式约定品牌使用费每年4000元；毛某某的权利义务包括享有壹食一公司商标及VI的使用权以及合同约定内的其他权利，毛某某装修必须按照壹食一公司统一规定的标准进行，毛某某应当保证以自身作为营业执照中的经营主体以及该主体完全接受本合同的约束。而合同作为当事人之间设立、变更、终止民事法律关系的协议，应当根据各份合同的具体内容确定当事人之间法律关系的性质。根据本案涉案合同的内容，毛某某所诉的两个合同为不同法律关系性质的合同，二者虽然主体相同，但所约定的权利义务均独立存在，当事人在各合同所约定的内容范围内受该合同的约束。起诉必须有具体的诉讼请求和事实理由，毛某某在本案中主张该两份不同性质法律关系的合同一并审理没有法律依据。经一审法院释明，毛某某仍坚持本案所诉，不作选择，故毛某某提起本案合同之诉，缺乏依据，应予驳回。

北京知识产权法院经审理认为：本案中，双方签订的“代理合作合同书”已经生效裁定认定为特许经营合同，应予以确认。从“单店合作合同书”的内容来看，壹食一公司拥有包括商标权、企业标志、经营模式等“壹食一”全部商业经营资源，并授权毛某某在区域内经营使用，毛某某据此支付一定对价。上述内容已符合商业特许经营的基本特征，故“单店合作合同书”亦构成特许经营合同。因此，上述“代理合作合同书”与“单店合作合同书”均为特许经营合同，一审法院关于二者为不同法律关系性质的合同的认定有误，应予以纠正。

关于涉案两合同是否可以在本案中一并审理的问题，首先，基于前述分析，二者均为特许经营合同关系。其次，“代理合作合同书”中明确约定“乙方应至少开设壹家以上自营店作为区域标准店，该自营店应与甲方另行签订“单店合作经营合同书”后方能开设。乙方设立的自营店及乙方应对本合同及“单店经营合作合同书”互相承担连带法律责任。”故“单店经营合作合同书”系履行“代理合作合同书”约定的内容，二者有较强的关联性。最后，“代理合作合同书”与“单店合作合同书”于同日签订，二者主体相同，当事人对代理及开店经营的合作事项系整体的意思表示，且付款时亦未进行区分。综上，涉案“代理合作合同书”与“单店合作合同书”系具有密切关联性的特许经营合同，可以在本案中一并审理，故本案起诉并未违反《民事诉讼法》（2017 年修正）第 119 条①规定，一审法院相关认定有误，应予以纠正。

① 相关内容现规定在《民事诉讼法》（2021 年修正）第 122 条中。

【法官评析】

本案事实上要解决的问题有三点：第一，涉案两合同的法律关系性质是否一致；第二，若涉案合同法律关系性质相同，原告基于两合同主张的请求合并是否能够成立，即法院是否可以对此一并审理；第三，若涉案合同法律关系性质不同，在原告坚持一并审理的情况下，法院是否应当裁定驳回原告的起诉。

关于涉案两合同的性质。首先，在本案中，因在管辖异议阶段一审法院已对“代理合作合同书”的法律性质认定为特许经营合同，且该认定已经二审法院生效裁定确认。其次，“代理合作合同书”中明确约定“甲方将拥有自主开发经营建立的‘壹食一’品牌为代表的独有经营体系和资源授权乙方在授权区域和代理合作期限内依照约定方式使用。乙方应当依照本合同约定缴纳各项费用，按照甲方要求开办自营店、积极拓展第三方合作经营店（单店），执行甲方统一管理体系，使用甲方配送的专门物品，专门销售、经营、发展甲方品牌产品”等。“单店合作合同书”约定了壹食一公司拥有包括商标权、企业标志、经营模式等“壹食一”全部商业经营资源，并授权毛某某在区域内经营使用，毛某某据此支付一定对价。上述约定内容均已符合商业特许经营的基本特征，故上述“代理合作合同书”与“单店合作合同书”均为特许经营合同，其性质相同。

关于请求合并的问题。在一个诉讼程序中，法院审判一个原告向一个被告提出的多个请求之现象，被称为诉的合并。最高人民法院曾在（2017）最高法行申 7760 号行政裁定书中论述“诉讼请求固然应当具体特定，但从诉讼经济原则出发，法律并不排除请求的合并，也就是，同一原告可以在一个诉讼程序中向同一被告提出数个诉讼请求……只要各类诉讼请求相关联，不互相矛盾，就应当予以准许”。本案中，原告虽然系针对不同的两个合同分别主张解除及返还，但基于前述分析：首先，涉案两合同整体上符合特许经营合同特征，法律关系性质相同，且与本案案由相符。其次，从内容上看，“代理合作合同书”中约定“乙方（即毛某某）应至少开设壹家以上自营店作为区域标准店，该自营店应与甲方另行签订“单店合作经营合同书”后方能开设”，由此可以看出，毛某某在同日签订“单店合作合同书”系“代理合作合同书”签订的必要条件，“代理合作合同书”中约定的毛某某有权为壹食一公司提供与第三方缔约机会并获得壹食一公司相应奖励以及一并相关的合同权利义务均以“单店合作合同书”的签订为基础。因此，涉案两合同具有紧密关联性。最后，从缔约行为及意思表示来看，“代理合作合同书”与“单店合作合同书”于同日签订，当事人对代理及开店经营的合作事项系整体的意思表示，且付款时亦未进行区分。综合上述分析，原告基于涉案两合同提出的诉讼请求关联性较强，内容亦不矛盾，一并审理更方便当事人诉讼，也符合诉讼经济原则，故应当予以准许。

因涉案两合同法律关系性质一致，故前述第三个问题在本案并无论述必要。但该问题仍然有讨论研究的价值，即若原告主张的两合同并非同一性质的法律关系，法院是否应当于原告在释明后仍坚持主张的情况下，裁定驳回其起诉。

关于原告起诉的条件，《民事诉讼法》（2017 年修正）第 119 条规定，起诉必须符合下列条件：①原告是与本案有直接利害关系的公民、法人和其他组织；②有明确的被告；③有具体的诉讼请求和事实、理由；④属于人民法院受理民事诉讼的范围和受诉人民法院管辖。《民事诉讼法司法解释》（2015 年）第 208 条第 3 款规定，立案后发现不符合起诉条件或者属于民事诉讼法第 124 条[①]规定情形的，裁定驳回起诉。

若案件系基于不同性质的合同关系而起诉，首先亦应判断是否违反了上述法律规定的起诉条件。笔者认为，即使本案涉案合同之一不构成特许经营合同，一审法院驳回其起诉仍然不妥。理由为：在此情况下，该起诉并未违反《民事诉讼法》（2017 年修正）第 119 条及第 124 条之规定。最高人民法院（2010）民二终字第 85 号裁定书中亦持类似观点，即“同一原告对同一被告基于不同民事法律关系提出的诉讼请求，如果都属于受诉人民法院管辖且适用同一诉讼程序审理的，人民法院可以合并审理”。退一步讲，即使法院认为因案由不同不宜合并审理，亦应当将非特许经营合同部分裁定驳回，而不宜整体裁定驳回原告的起诉。

---

① 相关内容现规定在《民事诉讼法》（2021 年修正）第 127 条中。

（三）诉的利益与起诉要件

确认不侵犯著作权的构成要件审查标准

——谱瑞兰特国际影视文化传媒（北京）有限公司与张某某确认不侵害著作权纠纷案

【裁判要旨】

原告提起确认不侵害著作权纠纷，必须符合原被告之间存在实质争议，即原告必须证明其现实的行为可能会构成侵权或者采取确切的步骤意图实施这样的行为；原告应当证明权利人采取明确的威胁及相关行为，从而使其对可能陷入侵权诉讼产生“合理的担忧”。

【案件基本信息】

- **案号**

一审：北京市朝阳区人民法院（2019）京 0105 民初 86426 号民事裁定书

二审：北京知识产权法院（2020）京 73 民终 1832 号民事裁定书

- **案由**

确认不侵害著作权纠纷

- **当事人**

上诉人（原审原告）：谱瑞兰特国际影视文化传媒（北京）有限公司（本文以下简称谱瑞兰特公司）

被上诉人（原审被告）：张某某

【基本案情】

谱瑞兰特公司向原审法院提出诉讼请求：判令我公司享有的电视剧《中国大船》剧本不侵犯张某某就该电视剧撰写的大纲著作权。事实和理由：2019 年 6 月，我公司从案外人马某某处获得《中国大船》剧本及大纲使用权。2019 年 8 月至 9 月，张某某通过微信朋友圈、微信公众号主张马某某侵占其剧本大纲劳动成果，该行为使得各方对我公司享有著作权的剧本大纲产生误解，故我公司向张某某发出“律师函”要求其撤回对《中国大船》剧本大纲的权利主张或提起诉讼，但张某某始终没有撤回权利主张也没有提起诉讼。故我公司提起本案诉讼，请求判如所请。

经查明，2019 年 6 月 3 日，马某某与谱瑞兰特公司签订“著作权许可使用合同”，约定马某某将《中国大船》电视剧剧本的全部著作权财产权许可谱瑞兰特公司使用，谱瑞兰特公司有权将授权作品拍摄成电视剧以及宣传或开发衍生品。

2019 年 8 月，张某某在朋友圈中发文称：“尽可能规避掉第一轮编剧的东西，先拆后建，好的不好的通通砸了再说，实在砸不烂拆不掉的也要掐头去尾改头换面伪装隐蔽了再继续前行，以求达到帮制片方彻底抹去第一轮编剧创作痕迹之目的。于是，剧本就成了四不像。”在微信公众号上发布的《马某某、刘某某夫妇行骗记》一文中载有：“原来这是一个并不新鲜的骗大纲套路。前期找人在不签合同情况下写出人物设置、大纲、分集。等差不多了就踢人，不走也行，压低稿酬。走了更好，找人接盘，反正分集已经出来了，花很少的钱就能码出全部剧本。”“在我的判断里，开机了，刘某某总该联系我结清我的创作酬劳和确定署名情况。”“我从网上查看到了招募演员时的人物介绍，基本还是我的人物设置。我也知道了部分剧情，大为惊讶，里面既有我的分集的影子”“尽量抹去我的创作痕迹，但是有些人设和情节是抹不去的。于是，剧本就成了四不像。”

谱瑞兰特公司委托律师于 2019 年 9 月 9 日向张某某发送“律师函”：本律师受谱瑞兰特公司委托就你侵犯我委托人名誉权一事向你发送律师函。相关事实为：2017 年 9 月，你主动要求加入《砥砺前行》编剧团队，并曾撰写该剧大纲。经剧组审核，你所提交的剧本大纲完全无法满足该剧所要呈现的艺术效果，需要重新修改。而在修改阶段，你突然提出因自身原因无法继续参与采访及剧本撰写工作，故向该剧主创人员提出退出剧本撰写工作，导致该剧主创人员只能聘请新的编剧，重新撰写剧本。由于你的突然退出，造成了整个创作组工作进度的严重延误，已经使我委托人遭受了巨大的经济损失。新聘请的编剧重新编写、完成剧本后，你自 2018 年年底，又多次通过电话、微信、朋友圈等方式主张我委托人侵犯你剧本大纲著作权及相关权益，并对该剧及主创人员进行了毫无根据的污蔑和攻击。依据相关法律规定，本律师代表委托人提出以下要求：请你于收到本函之日起，立即停止散布不实消息并向我委托人以及该剧主创人员公开道歉、恢复名誉；请你于收到本函起三日内，删除恶意攻击、诋毁之相关内容；若你坚持认为我委托人侵犯你著作权等相关权益，请你向有管辖权的人民法院提起诉讼。谱瑞兰特公司主张张某某于 2019 年 9 月 11 日收到上述“律师函”。

2020 年 4 月 11 日，鼎丽国际影视文化传媒（深圳）有限公司向原审法院出具声明，记载有：电视剧《蓝海梦》系我公司与谱瑞兰特公司合作项目，该剧剧本《中国大船》来源于马某某对谱瑞兰特公司的授权许可。2020 年 1 月，我公司已就电视剧《蓝海梦》申报国家立项并获审批公示。

谱瑞兰特公司 2020 年 4 月 13 日变更一审诉讼请求：判令我公司的电视剧《中国大船》剧本大纲不侵犯张某某就该电视剧执笔的大纲著作权。原审法院收到谱瑞兰特公司诉状日期为 2019 年 9 月 2 日，立案日期为 2019 年 11 月 4 日。

一审审理期间，谱瑞兰特公司提交了张某某 2017 年 12 月 31 日提交的最后一稿大纲和 30 集电视连续剧《中国大船》分季故事大纲，用于比对。张某某对于 30 集电视连续剧《中国大船》分季故事大纲的真实性、合法性、关联性均不予认可。

就涉案电视剧剧本大纲，（2020）京 0102 民初 2490 号张某某诉刘某某、马某某、中国人民解放军文化艺术中心委托创作合同纠纷于 2020 年 1 月 7 日在北京市西城区人民法院立案。张某某方主张其从未提出过对方剧本侵犯其著作权，仅主张对方应支付其稿酬，并提起合同纠纷主张稿酬。本案正在审理过程中。

【案件焦点】

谱瑞兰特公司是否符合提起确认不侵害知识产权之诉的条件。

【裁判理由】

一审法院经审查认为：提起确认不侵害知识产权之诉应当符合起诉条件。谱瑞兰特公司提起确认不侵害著作权之诉是否符合起诉条件，应当参照《最高人民法院关于审理侵犯专利权纠纷案件应用法律若干问题的解释》第 18 条的规定进行审查。该司法解释规定："权利人向他人发出侵犯专利权的警告，被警告人或者利害关系人经书面催告权利人行使诉权，自权利人收到该书面催告之日起一个月内或者自书面催告发出之日起二个月内，权利人不撤回警告也不提起诉讼，被警告人或者利害关系人向人民法院提起请求确认其行为不侵犯专利权的诉讼的，人民法院应当受理。"据此，权利人发出侵害著作权的警告是确认不侵害著作权纠纷的起诉或受理条件。

本案中，谱瑞兰特公司表示张某某做出的著作权受到侵害的指称为以下内容：一是 2019 年 8 月张某某在朋友圈中发文称："尽可能规避掉第一轮编剧的东西，先拆后建，好的不好的通通砸了再说，实在砸不烂拆不掉的也要掐头去尾改头换面伪装隐蔽了再继续前行，以求达到帮制片方彻底抹去第一轮编剧创作痕迹之目的。于是，剧本就成了四不像。"二是张某某在微信公众号上发布的《马某某、刘某某夫妇行骗记》一文中载有："原来这是一个并不新鲜的骗大纲套路。前期找人在不签合同情况下写出人物设置、大纲、分集。等差不多了就踢人，不走也行，压低稿酬。走了更好，找人接盘，反正分集已经出来了，花很少的钱就能码出全部剧本。""我从网上查看到了招募演员时的人物介绍，基本还是我的人物设置。我也知道了部分剧情，大为惊讶，里面既有我的分集的影子""尽量抹去我的创作痕迹，但是有些人设和情节是抹不去的。于是，剧本就成了四不像。"然而，张某某在上述文字中表达的主要是第二轮剧本在创作内容上对第一轮剧本的改变和延续使用以及对稿酬支付的异议，并未提及对著作权的侵害，更无法构成"侵害著作权的警告”。故本案作为确认不侵害著作权纠纷的起诉或受理条件并未成就，谱瑞兰特公司提起的本案诉讼请求不符合法律规定，不应当受理。裁定驳回谱瑞兰特公司的起诉。

一审裁定后，谱瑞兰特公司提起上诉。

北京知识产权法院经审理认为：确认不侵害著作权之诉除具需要具备《民事诉讼法》（2017 年修正）第 119 条①规定的一般起诉条件外，还应当具备以下特定条件：一是提起诉讼方（被警告方或者利害关系人）收到来自权利人的侵权警告或者侵权威胁；二是被警告人或者利害关系人经书面催告权利人行使诉权或撤回警告；三是权利人未在合理期限内依法实质性地撤回警告或启动纠纷解决程序，使双方的侵权法律关系持续地处于不确定状态。

（1）关于提起诉讼方（被警告方或者利害关系人）收到来自权利人的侵权警告要件问题。结合张某某提出的对方“尽可能规避掉第一轮编剧的东西”“以求达到帮制片方彻底抹去第一轮编剧创作痕迹之目的”“剧本就成了四不像”“ 实在砸不烂拆不掉的也要掐头去尾改头换面伪装隐蔽了再继续前行”“刘某某总该联系我结清我的创作酬劳和确定署名情况”等表述，已经符合主张对方侵害著作权的警告内容，已不仅仅是情绪表达的范畴，上述指称符合侵权警告要件。

（2）关于被警告人或者利害关系人经书面催告权利人行使诉权或撤回警告的要件。该要件可以进而分为两个要件：一是原告（起诉人）应为被警告人或者利害关系人；二是上述主体经书面催告权利人行使诉权或撤回警告。根据在案证据显示：谱瑞兰特公司与马某某签订“著作权许可使用合同”，按照合同约定，马某某许可谱瑞兰特公司使用其系唯一著作权人的《中国大船》电视剧剧本。谱瑞兰特公司亦与鼎丽国际影视文化传媒（深圳）有限公司就该《中国大船》电视剧剧本拍摄制作电视剧进行了合作。因此，谱瑞兰特公司属于涉案电视剧剧本大纲的利害关系人。谱瑞兰特公司得知张某某发出了侵权警告之后，向张某某发送了“律师函”，要求张某某撤回侵权警告或者提起诉讼。谱瑞兰特公司的上述行为符合经书面催告权利人行使诉权或

---

① 相关内容现规定在《民事诉讼法》（2021 年修正）第 122 条中。

撤回警告的要件。

（3）关于权利人未在合理期限内依法实质性地撤回警告或启动纠纷解决程序，使双方的侵权法律关系持续地处于不确定状态的要件。根据在案证据显示：张某某并未在合理期限内实质性地撤回警告或启动纠纷解决程序，其虽向北京市西城区人民法院提起委托创作合同纠纷，但该案的立案时间亦晚于本案，也超过了法律规定的反警告后的合理期限范围，不能视为其在合理期限内依法实质性地撤回警告或启动纠纷解决程序。因张某某在网络上的公开表述，并结合涉案剧本大纲系为拍摄制作电视剧而创作，会使作为利害关系人的谱瑞兰特公司可能陷入侵权诉讼而产生合理的担忧。

综上所述，本案的起诉符合《最高人民法院关于审理侵犯专利权纠纷案件应用法律若干问题的解释》第 18 条的规定。原审法院对此认定错误，北京知识产权法院二审予以纠正。故裁定撤销一审裁定，指定一审法院审理。

【法官评析】

本案系确认不侵害著作权纠纷，属于确认不侵害知识产权纠纷的下级案由。确认不侵害知识产权纠纷是指利益受到特定知识产权影响的行为人，以该知识产权权利人为被告提起的，请求确认有关行为不侵犯该知识产权的诉讼。所谓受到“特定知识产权影响”，是指行为人受到了来自特定知识产权权利人的侵权警告或者侵权威胁，但权利人并未在合理期限内依照法定程序请求法院解决有关争议。关于确认不侵害专利权纠纷的起诉或受理条件，《最高人民法院关于审理侵犯专利权纠纷案件应用法律若干问题的解释》第 18 条规定：“权利人向他人发出侵犯专利权的警告，被警告人或者利害关系人经书面催告权利人行使诉权，自权利人收到该书面催告之日起一个月内或者自书面催告发出之日起二个月内，权利人不撤回警告也不提起诉讼，被警告人或者利害关系人向人民法院提起请求确认其行为不侵犯专利权的诉讼的，人民法院应当受理。”《最高人民法院民事案件案由规定理解与适用》一书中明确了对于涉及其他类型的知识产权所提起的确认不侵害知识产权纠纷，均应参照该条的规定。参照该规定，确认不侵害著作权之诉除具需要具备《民事诉讼法》（2017 年修正）第 119 条规定的一般起诉条件外，还应当具备以下特定条件：一是提起诉讼方（被警告方或者利害关系人）收到来自权利人的侵权警告或者侵权威胁；二是被警告人或者利害关系人经书面催告权利人行使诉权或撤回警告；三是权利人未在合理期限内依法实质性地撤回警告或启动纠纷解决程序，使双方的侵权法律关系持续地处于不确定状态。只有在符合上述条件时，被警告方或者利害关系人才具有诉的必要性，即诉的利益，获得诉权。进言之，原告提起确认不侵害著作权纠纷，必须符合原被告之间存在实质争议，即原告必须证明其现实的行为可能会构成侵权或者采取确切的步骤意图实施这样的行为；原告应当证明权利人采取明确的威胁及相关行为，从而使其对可能陷入侵权诉讼产生“合理的担忧”。

（1）关于提起诉讼方（被警告方或者利害关系人）收到来自权利人的侵权警告要件的理解问题。张某某认为其在朋友圈或公众号的发文仅为要求对方给付稿酬和情绪的发泄，并不构成侵权警告。谱瑞兰特公司认为张某某公开表述已经构成明确的侵犯著作权警告。该问题首先需要厘定著作权侵权警告要件的内涵及外延。著作权侵权警告是指，权利人对其或被警告人的交易相对人或潜在交易相对人，以警告函、敬告函、律师函、公开信、广告启事及其他足以使其或被警告人的交易相对人或潜在交易相对人知悉的书面形式，散发被警告人侵害其自身所有著作权的行为。《著作权法》（2020 年修正）第 52 条明确规定了侵犯著作权的情形：“……（四）歪曲、篡改他人作品的；（五）剽窃他人作品的；（六）未经著作权人许可，以展览、摄制电影和以类似摄制电影的方法使用作品，或者以改编、翻译、注释等方式使用作品的，本法另有规定的除外。……”依据上述法律规定并结合著作权侵权警告的概念，张某某在网络上的上述公开表述，符合著作权侵权警告的要件，已经构成侵犯著作权警告。一是符合形式要件：以公开信或其他足以使其自身或被警告人的交易相对人或潜在交易相对人知悉的书面形式；二是符合对象要件：张某某在公开网络上向不特定的社会公众传播，接受对象明显会覆盖张某某、马某某、谱瑞兰特公司以及其他涉及涉案电视剧剧本大纲的交易相对人或潜在交易相对人；三是符合行为要件：散发了马某某、刘某某的行为侵害了张某某自身所有的涉案电视剧剧本大纲著作权的内容。关于张某某提出的其所发文字均是对其与马某某、刘某某之间合同纠纷相关事宜的事实与情绪的表达，与著作权侵权警告无关的抗辩意见，结合张某某提出的对方“尽可能规避掉第一轮编剧的东西”“以求达到帮制片方彻底抹去第一轮编剧创作痕迹之目的”“剧本就成了四不像”“实在砸不烂拆不掉的也要掐头去尾改头换面伪装隐蔽了再继续前行”“刘某某总该联系我结清我的创作酬劳和确定署名情况”等表述，符合主张对方侵害著作权的警告内容，已经不仅是情绪表达的范畴。

（2）关于被警告人或者利害关系人经书面催告权利人行使诉权或撤回警告的要件。该要件可以进而分为两个要件：一是原告（起诉人）应为被警告人或者利害关系人；二是上述主体经书面催告权利人行使诉权或撤回警告。

①关于谱瑞兰特公司是否为被警告人或者利害关系人的问题。根据在案证据显示，谱瑞兰特公司与马某某签订“著作权许可使用合同”。按照合同约定，马某某许可谱瑞兰特公司使用其系唯一著作权人的《中国大船》电视剧剧本。谱瑞兰特公司亦与鼎丽国际影视文化传媒（深圳）有限公司就该《中国大船》电视剧剧本拍摄制作电视剧进行了合作。因此，谱瑞兰特公司属于涉案电视剧剧本大纲的利害关系人。关于张某某提出的谱瑞兰特公司自始未能提供充分有效的证据证明其就是涉案电视剧剧本的著作权权利人的问题，因其并未提举相反证据，且张某某公开表述“马某某、刘某某夫妇行骗记”、并结合马某某的对外授权行为、电视剧《蓝海梦》的拍摄制作等事实可以得出谱瑞兰特公司系涉案电视剧大纲的利害关系人。②关于被警告人或者利害关系人经书面催告权利人行使诉权或撤回警告的问题。本案中，谱瑞兰特公司得知张某某发出了侵权警告之后，委托律师向张某某发送了“律师函”，要求张某某撤回侵权警告或者提起诉讼。谱瑞兰特公司的上述行为符合经书面催告权利人行使诉权或撤回警告的要件。张某某提出的谱瑞兰特公司系基于侵害名誉权发送的律师函，不符合反警告要件的抗辩。在谱瑞兰特公司发送给张某某的律师函中，明确提出要求张某某删除相关内容，如坚持认为侵害其著作权应向法院起诉的诉求，上述函件内容符合反警告的要件。

（3）关于权利人未在合理期限内依法实质性地撤回警告或启动纠纷解决程序，使双方的侵权法律关系持续地处于不确定状态的要件。根据在案证据显示，张某某并未在合理期限内实质性地撤回警告或启动纠纷解决程序，其虽向北京市西城区人民法院提起委托创作合同纠纷，但该案的立案时间亦晚于本案，也超过了法律规定的反警告后的合理期限范围，不能视为其在合理期限内依法实质性地撤回警告或启动纠纷解决程序。因张某某在网络上的公开表述，并结合涉案剧本大纲系为拍摄制作电视剧而创作，会使作为利害关系人的谱瑞兰特公司可能陷入侵权诉讼而产生合理的担忧。关于张某某提出的谱瑞兰特公司依据涉嫌伪造的律师函提起诉讼，不符合确认不侵害著作权纠纷的时间要件的抗辩意见，根据在案证据显示谱瑞兰特公司于2019年9月9日向张某某发送律师函，迟至2019年11月4日本案正式立案前，张某某未启动纠纷解决程序。

综上，北京知识产权法院作出了前述裁定。

无争议的确认之诉应通过诉的利益审查其诉讼要件是否完备

——北京大神圈文化科技有限公司与北京乐宣互动文化传播有限公司重庆分公司等著作权合同纠纷案

【裁判要旨】

确认之诉囿于确认的对象在性质上并无限定，故有必要通过诉的利益来对此进行调整。进言之，只有当原告的权利或法律上地位现实地处于不安之状态，而且作为消除这种不安方法的“在原被告之间对作为该诉讼标的之权利或法律关系存在与否作出判决”对于纠纷的解决而言是有效且适当之时，法律才认可确认的利益。具体的判断标准是解决手段是否妥当、确认对象选择是否妥当、即时解决的必要性与原告所选择的被告对于解决纠纷而言是否是有效且妥当的。无争议的合同效力确认之诉要重点审查其是否具有确认利益。

【案件基本信息】

• **案号**

一审：北京市海淀区人民法院（2019）京 0108 民初 14450 号民事判决书

二审：北京知识产权法院（2019）京 73 民终 3110 号民事裁定书

• **案由**

著作权合同纠纷

• **当事人**

上诉人（原审原告）：北京大神圈文化科技有限公司（以下简称大神圈

公司）

被上诉人（原审被告）：上海腾讯企鹅影视文化传播有限公司（以下简称企鹅公司）

被上诉人（原审第三人）：李某

被上诉人（原审第三人）：北京乐宣互动文化传播有限公司（以下简称乐宣公司）

被上诉人（原审第三人）：北京乐宣互动文化传播有限公司重庆分公司（以下简称乐宣重庆分公司）

【基本案情】

第三人李某，系网络文学作家，《元尊》是李某继《大主宰》之后的作品。2016 年 1 月 5 日，乐宣公司出具“授权委托书”，将李某独立创作且拥有独立著作权益之作品《元尊》的影视剧改编权和影视剧摄制权、维权权及转授权权独家授权乐宣重庆分公司。许可使用期为 7 年，自该作品发表之日起计，授权性质为专有许可使用权。

2016 年 3 月 23 日，大神圈公司（甲方）与乐宣重庆分公司（乙方）签订“代理合同”，其中约定：乙方授予甲方独家代理李某继《大主宰》后创作的第一部长篇连载文字作品《××新书》进行影视改编权和摄制权授权事宜。甲方代理乙方作品的影视改编权和摄制权授权权限范围，甲方依据本合同对外签署合同时应得到乙方书面许可。并应将乙方作为第三方共同签署；乙方在甲方履行本合同的过程中，享有参与权、知情权，并有权向甲方提出合理的建议和意见。双方还在该合同中约定了保密责任、变更和解除的条件等事宜。

2017 年 10 月 30 日，乐宣公司发给大神圈公司的“关于贵司停止对外代理授权的告知函”。2017 年 10 月 31 日，大神圈公司（甲方）与企鹅公司（乙方）签订“授权许可合同”，其中约定：鉴于①鉴于乐宣公司与著作权人李某就名为《元尊》的小说于 2015 年 11 月 25 日签订了“新书著作权授权协议”，从而获得独家授权成为合法授权方，并享有授权第三方基于授权作品开发、制作、发行和运营授权作品相关的影视作品（电视剧、网络剧、电影及动画作品）的权利和授权，权利证明文件见附件一。②甲方为授权作品影视剧改编权、摄制权授权事宜的独家代理方，受乐宣重庆分公司委托独家代理授权作品的影视剧改编权、摄制权授权许可事宜。甲方有权依法直接行使代理合同赋予的独家代理权，与第三方签订授权合同。现乙方拟获得授权作品的影视改编权及本合同中的其他权利。授权作品为《元尊》。授权性质：独占性。第 4 条授权权利 4.1 甲方同意授权乙方在本合同授权期限及授权地域内独占性行使授权作品的影视剧改编权、摄制权。该合同附件一为前述“新书著作权授权协议”“代理合同”，附件二为大神圈公司单方出具的“授权书”。北京仲裁委员会已经于 2018 年 8 月 7 日依法作出仲裁裁决，认定大神圈公司无权单方擅自与企鹅公司签署“授权许可合同”，大神圈公司单方对外签约的行为构成违约。该“裁决书”已经生效，大神圈公司向北京市第二中级人民法院提出不予执行仲裁裁决的申请，2018 年 11 月 9 日，“执行裁定书”裁定驳回大神圈公司的不予执行申请。

大神圈公司一审诉讼请求为：①依法确认大神圈公司与企鹅公司于 2017 年 10 月 31 日签订的关于《元尊》影视剧“授权许可合同”有效；②依法确认《授权许可合同》第 4.1 条有效。企鹅公司经一审法院合法传唤，拒不到庭参加诉讼，其提交“情况说明”，称涉案的“授权许可合同”是否有效以及是否约束企鹅公司，请一审法院依法裁决，企鹅公司对此无意见。

一审庭审中，乐宣重庆分公司明确表示对“授权许可合同”不予追认，并述称其一直不认可，在大神圈公司与企鹅公司签约之前，其已经表示不同意。

【案件焦点】

大神圈公司以企鹅公司为被告提起确认“授权许可合同”效力之诉是否应当进入实体审理。

【裁判理由】

一审法院经审查依职权追加了第三人参加诉讼，并实体审理认为涉案“授权许可合同”为委托代理合同，进而认为大神圈公司超越其代理权，与企鹅公司签订“授权许可合同”的行为应认定为无权代理，在被代理人未追认的情况下，涉案“授权许可合同”应属无效。

北京知识产权法院经审理认为：首先，原告大神圈公司对“授权许可合同”及其第4.1条提出有效性的请求，囿于合同的相对性，作为合同的相对方企鹅公司并未提出实质性争议。其次，大神圈公司的诉讼请求为单纯的确认之诉。就确认之诉而言，囿于确认的对象在性质上并无限定，故有必要通过诉的利益来对此进行调整。进言之，只有当原告的权利或法律上地位现实地处于不安之状态，而且作为消除这种不安方法的“在原被告之间对作为该诉讼标的之权利或法律关系存在与否作出判决”对于纠纷的解决而言是有效且适当之时，法律才认可确认的利益。具体的判断标准是解决手段是否妥当、确认对象选择是否妥当、即时解决的必要性与原告所选择的被告对于解决纠纷而言是否是有效且妥当的。对于本案之纠纷，结合上述已查明的事实和原审原被告的诉辩主张，大神圈公司以企鹅公司为被告提起合同效力确认之诉难谓有效且适当。进而，本案确认之诉缺乏诉的利益。据此认定，本案的诉讼请求缺乏实质性争议和诉的利益，一审法院作出实体判决不妥，裁定驳回起诉。

【法官评析】

诉，是指原告针对法院要求审判之申请。法院审判权必须存在着具体的争讼性。如果被提起的诉并不是具有这种具体争讼性，法院应当以欠缺诉讼要件为由驳回起诉。界定其范围可以根据每个具体请求的内容，考量是否有作出裁判的必要性和实效性，即判断是否具有诉的利益。当认为不存在这种必要性及实效性时，该请求就不存在要求获得法院裁判之利益。诉的利益是指，当事人所提起的诉求中应具有的、法院对当事人诉讼请求作出判断的必要性和实效性。诉的利益是基于解决纠纷之必要性与实效性角度来考虑的概念①。并非所有的争议都能够凭借主体的起诉行为而当然地进入国家司法评价的领域，而是在制度上预先设置一道关口，仅使那些符合某种要求的诉请

① 参见新堂幸司：《新民事诉讼法》，林剑锋译，法律出版社2008年版，第187页。

得到法院的确定判决。[①] 前述的“关口”就是诉的利益。根据德、日等国的通说观点[②]，诉的利益同时蕴含着国家利益和当事人利益，并具有消极和积极功能，应当属于诉讼要件，属于法院职权审查事项[③]。如原告的起诉不具有诉的利益，法院不应受理其起诉，如业已受理，则法院应在发现之时作出驳回起诉的裁定，继续进行本案审理程序则是不合法的。

确认之诉在域外的历史演进过程决定了其具有补充性、预防性和反转性的特征，需要予以限缩。[④] 确认之诉，也叫宣告之诉，是通过请求法院对一定的权利或法律关系的存否以判决确认的诉讼类型。[⑤] 确认判决不具有执行力。[⑥] 民事诉讼所要解决和调整的是现在的法律上的纠纷，因此最为直接有效的处理方式是对现在的权利或法律关系的存在与否进行确认。如仅对作为其前提的过去事实或法律关系之存在与否做出确认，一般意义上属于迂回的纠纷解决方式。此种确认因为不靠其后法律关系的变动因而无助于现在纠纷的解决。[⑦] 另外，关于确认诉讼标的之限制，实际上涉及法院任务的实现以及当事人间的利益保护。如果就确认诉讼的对象不作任何限制，则本来利用一次法院程序即可以解决的纠纷，可能要分几次向法院请求裁判，浪费司法资源，并且不符合诉讼经济和程序利益保护的原则。然而，如果采取过于严格的限制，则可能使法院不能及时排除争执不明确的状态，使当事人不能够有效率的预防纷争，或者以确认判决为基础，寻求法院外自主性地解决纷争。为了平衡法院、原告、被告三者在确认之诉中的利益，诉讼法理论中明确了

---

① 常怡、黄娟：《司法裁判供给中的利益衡量：一种诉的利益观》，载《中国法学》2003 年第 4 期。

② 指的是本案判决请求权说。

③ 邵明：《论诉的利益》，载《中国人民大学学报》2000 年第 4 期。

④ 刘哲玮：《确认之诉的限缩及其路径》，载《法学研究》2018 年第 1 期。

⑤ 罗森贝克、施瓦布、戈特瓦尔德：《德国民事诉讼法（下）》，李大雪译，中国法律出版社 2007 年版，第 655 页。

⑥ 对于确认之诉，《德国民事诉讼法》直接规定以诉的利益为提起的要件。《德国民事诉讼法》第 256 条第 1 款规定，确定法律关系成立与否的诉讼，承认证书的诉讼，或确定证书真伪的诉讼，只在法律关系的成立与否、证书的真伪由法院裁判并即时确定、对于原告有法律上的利益时，原告才可以提起。

⑦ 参见新堂幸司：《新民事诉讼法》，林剑锋译，法律出版社 2008 年版，第 197 页。除了这一观点之外，还有意见认为对于过去之事实关系进行确认通常会缺乏证据，且此前一直未被认可的身份关系因突然被承认而有可能对第三人造成不可预料的冲击。

对于确认之诉的提起必须具备确认的利益。总而言之，只有当原告的权利或法律上的地位现实地处于不安之状态，而且作为消除这种不安方法的“在原被告之间对作为该诉讼标的之权利或法律关系存在与否作出判决”对于纠纷的解决而言是有效且合适之时，法律才认可其确认利益，进而确认之诉的提起方认为是适法的。

就确认之诉而言，囿于确认的对象在性质上并无限定，因为就非常有必要通过诉的利益来对此进行调整。具体而言，判断确认利益应当从如下几个视角来进行：第一，解决手段是否妥当。对于解决原被告之间的具体纠纷而言，确认诉讼是否是有效且适当的手段。作为本案判断的程序性问题如代理权之有无的确认等，原则上不需要另诉确认。原告可以提起给付之诉的，原则上也不应启动确认之诉。第二，确认对象选择是否妥当。过去的事实或过去的法律关系原则上不能作为确认的对象，且作为诉讼标的的权利或者法律关系与原告所追求的安定的状态之间所存在的因果关系应当是法律上而非情感上获得确定。第三，即时解决的必要性问题。这里要说明的是原告法的地位不安，通常产生于被告否定原告法律地位，或者被告主张与原告地位不相容的地位，且原告消除该种不安的地位或利益是现实的。例如遗嘱人在其健在期间针对受遗赠人提起的确认遗嘱无效的请求，就不具有诉的利益。第四，原告所选择的被告对于解决纠纷而言是否是有效且妥当的。因为确认之诉具有很强的对世性，如果原告所选择的被告并非“能够对纠纷进行最认真且彻底地争执之人”，则可能出现原被告之间串通骗取判决的情况，在这种情况下可以确认被告不适格，确认之诉不具有确认利益。

本案就是非常常见的无争议合同效力确认纠纷，该类纠纷的目的旨在通过无争议诉讼的方式为后续的诉讼增添“砝码”。对于该类案件，审判人员通常感觉非常困惑，不知道应该以何种理由驳回其起诉。对于该类问题，笔者认为，应当通过对《民事诉讼法》（2021 年修正）第 122 条进行解释的方式，将确认利益嵌入该规定进行处理。具体分析如下：

《民事诉讼法》（2021 年修正）第 122 条规定的起诉要件，包括：①原告是与本案有直接利害关系的公民、法人和其他组织；②有明确的被告；③有具体的诉讼请求和事实、理由；④属于人民法院受理民事诉讼的范围和受诉人民法院管辖。一审法院审查后，认为符合起诉要件的即立案，不符合起诉要件的则作出不予受理裁定或裁定驳回起诉。但起诉要件中未规定极为重要的诉的利益，且对于判断原告适格与否的“直接利害关系”的概念和内涵语焉不详，导致了司法实践中的巨大困惑。特别是确认之诉中，因为我国《民事诉讼法》没有明文规定提起确认之诉必须具有确认利益，如果当事人对于任何事情均可请求予以确认，法院将因此不堪重负而不能发挥其应有的司法功能。为避免法院陷入确认之诉的“泥沼”中无法自拔，大陆法系各国民事诉讼法对于确认之诉之提起均限于“原告有即受判决之法律上利益”[①]，如我国台湾地区所谓的“民事诉讼法”第 247 条第 1 项规定：“确认法律关系之诉，非原告有即受确认判决之法律上利益者，不得提起之；确认证书真伪或为法律关系基础事实存否之诉，亦同。”

为防止一些不应起诉的确认之诉进入审判程序，浪费审判资源，增加当事人诉累，降低司法公信力，我国民事诉讼法虽未规定需要具备确认利益方可提起确认之诉，但法院可对《民事诉讼法》（2021 年修正）第 122 条第 1 款进行文义解释、体系解释和目的解释以明确“直接利害关系”的内涵和外延，将确认利益引入到起诉要件中。详言之，《民事诉讼法》（2021 年修正）第 122 条第 1 款规定：“原告是与本案有直接利害关系的公民、法人和其他组织。”对于该规定，首先，从文义解释角度看，在确认之诉中，“直接利害关系”应当是确认利益的“代名词”，原告具备确认利益则符合“直接利害关系”的起诉要件，反之，则该起诉因缺乏起诉要件被不予受理或是裁定驳回起诉。例如，股东会决议效力确认之诉中，不具备股东资格的人提起该诉，会因主体不适格被驳回起诉。其次，从体系解释角度看，《民事诉讼法》（2021 年修正）第 122 条第 1 款系起诉要件之规定，其对于原告采适格当事人的实质判断标准，就确认之诉的原告适格存在与否的判断，在很大程度上被确认利益有无的判断所吸收，而且确认利益的有无是判断确认之诉中原告是否适格的重要标准。是故，将直接利害关系解释为需具备确认利益，也是

---

① 如《德国民事诉讼法》第 256 条第 1 项、《奥地利民事诉讼法》第 228 条。《日本民事诉讼法》第 134 条虽未规定该条件，但学界通说认定应将确认之诉的提起限定于即受判决法律上利益。

符合《民事诉讼法》(2021 年修正)第 122 条第 1 款的体系定位的。从目的解释角度看,我国现行《民事诉讼法》及有关司法解释对原告、被告分别采取不同的标准,即确立原告地位采用的是“适格说”标准,确立被告地位则采取的是“表示说”标准。这些规定符合我国现实情况且立法者系继受苏联民事诉讼法关于起诉要件规定的结果。从立法目的和立法旨意看,在我国法律体系不够完善、公民法律知识水平和实践能力不高、司法资源有限的情况下,如果按照程序当事人的理论,片面强调保护当事人的诉权,而不对其主体资格进行审查,极易造成“诉讼爆炸”,现有司法资源不堪负重,导致当事人讼累增加,进而影响司法的公正与效率。故《民事诉讼法》(2021 年修正)第 122 条第 1 款对原告采适格说,要求在审查确认之诉的原告资格时,应当将确认利益作为判断原告是否适格的标准。

综上,通过对《民事诉讼法》(2021 年修正)第 122 条第 1 款之规定的法律解释,可以将确认利益引入起诉要件,作为判断确认之诉原告适格与否的标准。具体到本案的事实可知,确认之诉需有诉的利益,在原被告对于诉争合同的有效性均无异议,且诉争合同的实质争议已经仲裁认定大神圈公司无权单方擅自与企鹅公司签署“授权许可合同”,大神圈公司单方对外签约的行为构成违约的情况下,大神圈公司以企鹅公司为被告提起合同效力确认之诉不具有诉的利益,应予驳回。

（四）“一事不再理原则”的适用范围

适用“一事不再理原则”的要件审查

——浙江现代新能源有限公司与杭州京东惠景贸易有限公司、北京京东叁佰陆拾度电子商务有限公司侵害商标权及不正当竞争纠纷案

【裁判要旨】

“一事不再理原则”是司法审查是否构成重复起诉适用的基本原则。对“一事不再理原则”的适用，应当严格按照《最高人民法院关于适用〈中华人民共和国民事诉讼法〉的解释》第 247 条，从后诉与前诉的当事人、诉讼标的、诉讼请求三个方面是否具有同一性严格审查。避免滥用“一事不再理原则”剥夺当事人诉讼权利的情形。

【案件基本信息】

- **案号**

一审：北京市西城区人民法院（2019）京 0102 民初 47129 号民事裁定

二审：北京知识产权法院（2020）京 73 民终 1936 号民事裁定

- **案由**

侵害商标权及不正当竞争纠纷

- **当事人**

上诉人（一审原告）：浙江现代新能源有限公司（以下简称新能源公司）

被上诉人（一审被告）：杭州京东惠景贸易有限公司（以下简称惠景公

司）

被上诉人（一审被告）：北京京东叁佰陆拾度电子商务有限公司（以下简称京东公司）

【基本案情】

2016 年 11 月 3 日，新能源公司以惠景公司、京东公司、慈溪市百力电器有限公司（以下简称百力公司）为被告，以侵害商标权纠纷为由向杭州铁路运输法院提起诉讼。在本案诉讼中，新能源公司向原审法院提出诉讼请求：判令京东公司、惠景公司、百力公司：①立即停止在京东商城（www. jd. com）等网站及其经营场所销售、宣传广告中使用第 11 类第 828600 号、第 4764181 号、第 7392264 号、第 6231931 号、第 12724977 号核定商品饮水机、电热水瓶注册商标“现代”字样和相近似注册商标标识的侵权行为，并下架停止销售上述侵权饮水机及类似商品，同时责令百力公司停止生产上述侵权饮水机及类似产品；②在京东商城（www. jd. com）等网站首页上的显著位置，同时在浙江省的《钱江晚报》或《都市快报》等媒体上刊登五分之一版面发表停止上述侵权声明以消除影响（若不履行，将判决内容公布于《钱江晚报》或《都市快报》上五分之一版面消除侵权影响，所需费用由京东公司、惠景公司、百力公司负担）；③共同赔偿新能源公司经济损失及制止侵权行为所支付的合理费用合计 80 万元；④承担本案诉讼费。理由是第 11 类第 828600 号、第 4764181 号、第 7392264 号、第 6231931 号、第 12724977 号核定商品饮水机、电热水瓶注册商标“现代”中文商标已为原告合法持有，百力公司、京东公司、惠景公司对被控侵权标识的使用行为构成侵权行为。该院经审理于 2017 年 4 月 18 日作出（2016）浙 8601 民初 701 号民事判决书，认定百力公司、京东公司、惠景公司对被控侵权标识的使用并不容易导致消费者将由百力公司提供的饮水机认为系新能源公司提供，或认为与新能源公司存在特定联系，即不易导致混淆的发生。对浙江现代新能源有限公司的指控行为不予支持，驳回原告的全部诉讼请求。

新能源公司不服（2016）浙 8601 民初 701 号民事判决书，向浙江省杭州市中级人民法院提起上诉。2018 年 2 月 22 日，浙江省杭州市中级人民法院作出（2017）浙01民终3890号民事判决书驳回上诉，维持原判。该判决认为：①饮水机与消毒和净化设备在功能和用途上存在显著的不同，决定了二者在生产、销售渠道和销售群体等方面差异明显，相关公众不易认为二者存在特定联系从而造成混淆，被指控侵权使用的商标商品和原告的商标商品不属于类似商品；②根据新能源公司和百力公司生产销售的饮水机产品的持续时间、方式及实际状况可以认定新能源公司和百力公司生产销售饮水机产品各自在一定程度上已形成既定市场格局，百力公司和京东公司、惠景公司对被控侵权标识的使用不容易构成混淆；③百力公司和京东公司、惠景公司无需对新能源公司承担侵害其注册商标专用权民事责任。

新能源公司不服浙江省杭州市中级人民法院（2016）浙8601民初701号民事判决书，向浙江省高级人民法院提出申诉。2019年6月14日，浙江省高级人民法院审理作出（2018）浙民申3086号民事裁定书，驳回新能源公司的再审申请。

本案中，新能源公司向一审法院提出诉讼请求：①判令被告惠景公司停止侵犯第7392264号、第4764181号、第828600号及第6231931号注册商标专用权及不正当竞争的行为（包括停止销售、推广侵权商品，删除侵权链接）；②判令被告京东公司立即停止在京东商城（www. jd. com）销售、推广侵权商品，删除侵权链接；③判令被告惠景公司和被告京东公司共同赔偿原告经济损失以及原告为制止被告侵权行为所支付的调查取证费、公证费、律师费等维权费用合计1 000 000元（包含公证费、调查取证费及律师费）；④本案的诉讼费用由二被告共同承担。事实和理由：原告是一家从事生产销饮水机、热水器等家电设备的国内知名企业，已享有第7392264号、第4764181号、第828600号、第6231931号商标注册证书。其中，“现代”品牌作为原告成功向国家商标局注册申请的商标，已经包含“饮水机、饮水过滤器、消毒和净化设备”等商品。原告经过常年经营，已经将上述商品广泛推广至销售市场，具有较高知名度并深受消费者喜爱。2019年6月14日，（2018）浙民申3086号民事裁决书也认同本案“现代”中文商标已为原告合法持有。故未经原告允许，被告惠景公司不得在本案商品中直接使用该中文标识。但经原告调查发现，被告惠景公司在被告京东公司的销售平台中开设

“HYUNDAI 饮水机京东自营旗舰店”店铺，并不断推广、销售与本案“现代”商标具备相同中文标识的商品。原告认为，被告惠景公司未经原告许可，在其推广、销售过程中仍然突出使用本案“现代”商标的核心中文标识，已经构成商标性使用并属于恶意侵权。上述行为，不仅侵害了原告的商标专用权还同时构成不正当竞争。本案被告京东公司作为专业的网络经销平台未尽到合理注意义务，应和被告惠景公司承担连带责任。

北京知识产权法院二审另查明，本案与（2016）浙 8601 民初 701 号案件事实有以下不同：

（1）新能源公司向一审法院主张注册商标专用权的商标为第 7392264 号、第 4764181 号、第 828600 号及第 6231931 号注册商标，在（2016）浙 8601 民初 701 号案件中新能源公司主张注册商标专用权的商标为第 828600 号、第 4764181 号、第 7392264 号注册商标。

（2）本案一审被告为惠景公司和京东公司，（2016）浙 8601 民初 701 号案件中，新能源公司以惠景公司、京东公司、百力公司为被告。

（3）本案和（2016）浙 8601 民初 701 号案件中原告公证销售的商品型号不同。

（4）本案案由为侵害商标权及不正当竞争纠纷，（2016）浙 8601 民初 701 号案件为侵害商标权纠纷。

另外，（2016）浙 8601 民初 701 号判决书“本院认为”部分指出，对于外文商标，其权利主体欲将其翻译成中文进行商标性使用，理应对已经获得注册的中文商标予以尊重和合理避让，一般不得将其外文商标翻译成与已有中文注册商标标识相同或近似的标识，在相同或类似商品上进行使用。否则，不仅不利于避免混淆可能性的发生，亦有悖于我国商标权注册取得制度。就本案而言，京东公司、惠景公司、百力公司应当尽可能减少乃至避免对“现代”中文汉字的直接使用，降低对“现代”中文汉字的依赖，更多地借助其享有使用权的“HYUNDAI”商标发挥商品来源识别作用，并不断增强这一商标的显著性和识别力，以使“现代”中文商标与“HYUNDAI”英文商标之间保持清晰的权利边界。

本案二审、再审均维持了一审判决。

【案件焦点】

新能源公司在本案中的起诉是否构成重复诉讼。

【裁判理由】

北京知识产权法院经审查认为：本案与（2016）浙8601民初701号案件存在四点事实上的不同，基于上述事实，不能认定本案与（2016）浙8601民初701号案件当事人、诉讼标的、诉讼请求相同，并且（2016）浙8601民初701号案件要求被告回避使用“现代”二字在饮水机等商品上作为商标使用。新能源公司本次诉讼请求中，主张（2016）浙8601民初701号案件生效后，惠景公司仍然使用“现代”字样进行商标性使用。该事实理由的审查认定显然已超出前案审理范围，故一审法院认定本案构成重复诉讼有误，应当撤销一审裁定，指定一审法院审理。

【法官评析】

“一事不再理原则”是民事诉讼司法实践中普遍适用的规则。现代诉讼法上的“一事不再理原则”起源于罗马法上的“一案不二讼”制度。即对同一诉权或请求权，不允许二次诉讼系属。[①] 一事不再理原则规定的目的，是在前诉未决之前，阻止相同的当事人再行提起相同诉讼；或者在前诉裁判确定后，根据前诉裁判的既判力，阻止相同当事人针对相同的诉讼对象再次提起诉讼。

《民事诉讼法》（2021年修正）第127条第5项规定：“对判决、裁定、调解书已经发生法律效力的案件，当事人又起诉的，告知当事人申请再审，但人民法院准许撤诉的裁定除外。”上述规定是我国关于“一事不再理原则”的法律规定。但是实践中，对何为“当事人又起诉”，如何判断前诉与后诉构成重复起诉等，不同裁判者的法律理解并不相同，导致裁判标准不统一。

---

① 最高人民法院修改后民事诉讼法贯彻实施工作领导小组：《最高人民法院民事诉讼法司法解释理解与适用》，人民法院出版社2015年版，第632页。

故《最高人民法院关于适用〈中华人民共和国民事诉讼法〉的解释》第247条针对“一事不再理原则”的判断标准，专门作了详细的规定。

《最高人民法院关于适用〈中华人民共和国民事诉讼法〉的解释》第247条规定：“当事人就已经提起诉讼的事项在诉讼过程中或者裁判生效后再次起诉，同时符合下列条件的，构成重复起诉：（一）后诉与前诉的当事人相同；（二）后诉与前诉的诉讼标的相同；（三）后诉与前诉的诉讼请求相同，或者后诉的诉讼请求实质上否定前诉的裁判结果。当事人重复起诉的，裁定不予受理；已经受理的，裁定驳回起诉，但法律、司法解释另有规定的除外。”根据上述司法解释的规定，后诉与前诉相比构成重复诉讼，应当满足下列三个“相同”：

第一，当事人相同。后诉与前诉的当事人相同，不仅包括原被告相同，还包括原被告之外的第三人。对于有独立请求权的第三人，因其针对案件诉讼有独立的诉讼主张，诉讼中相当于原告或者被告，故应当受到“一事不再理原则”的约束。对于无独立请求权的第三人，如果其参与诉讼仅是辅助查明事实，“一事不再理原则”对其不具有拘束力。如果其独立参加诉讼，作用相当于当事人，则应受到“一事不再理原则”的约束。除此之外，因自然人死亡而承受诉讼标的权利义务的人、因法人或非法人团体合并等承受诉讼标的权利义务的法人或非法人组织，也应当受到“一事不再理原则”的约束。

第二，诉讼标的相同。诉讼标的是指法院在民事诉讼中审理和判断的对象。[①] 由于理论界关于诉讼标的的学说众多，不同理论对于诉讼标的内容的理解不同，亦影响“一事不再理原则”的适用范围。为了司法裁判的统一，笔者认为宜采纳《最高人民法院民事诉讼法司法解释理解与适用》一书观点，将诉讼标的理解为当事人在实体法上的权利义务或法律关系。[②] 原告在起诉时，诉状上应当列明其主张的权利或者被告应当履行的义务，或者双方

---

① 最高人民法院修改后民事诉讼法贯彻实施工作领导小组：《最高人民法院民事诉讼法司法解释理解与适用》，人民法院出版社2015年版，第634页。

② 最高人民法院修改后民事诉讼法贯彻实施工作领导小组：《最高人民法院民事诉讼法司法解释理解与适用》，人民法院出版社2015年版，第635页。

法律关系，该权利义务或者法律关系即为诉讼标的。前诉的诉讼标的为生效裁判所羁束，若后诉仍主张相同的诉讼标的，则有可能受到“一事不再理原则”的约束。强调的是形式上的相同还是实质上的相同，这也是之前产生分歧的一个点，可以明确一下。

第三，诉讼请求相同。诉讼请求是建立在诉讼标的上的具体声明。[①] 诉讼请求是原告权利主张的直观具体体现，具有一目了然的作用。从诉讼请求入手，更容易判断后诉与前诉是否构成重复诉讼。

《最高人民法院关于适用〈中华人民共和国民事诉讼法〉的解释》第248条规定：“裁判发生法律效力后，发生新的事实，当事人再次提起诉讼的，人民法院应当受理。”

人民法院的生效裁判效力范围及于主观范围、客观范围和时间范围。[②] 从时间范围来讲，人民法院生效裁判是对特定时间当事人之间法律关系的判断，该特定时间是“法庭辩论终结时”。法庭辩论终结时，当事人之间法律关系的状态，人民法院通过生效裁判予以认定。该裁判生效后，当事人之间发生了新的事实和法律关系变化、产生了新的法律关系，应当允许当事人通过新的诉讼予以解决。当事人基于该事实再次提起诉讼，不适用“一事不再理原则”。

本案中，新能源公司起诉的被告为惠景公司和京东公司，（2016）浙8601民初701号案件中，新能源公司以惠景公司、京东公司、百力公司为被告；本案中，新能源公司向一审法院主张注册商标专用权的商标为第7392264号、第4764181号、第828600号及第6231931号注册商标，在（2016）浙8601民初701号案件中新能源公司主张注册商标专用权的商标为第828600号、第4764181号、第7392264号注册商标；本案和（2016）浙8601民初701号案件中原告公证销售的商品型号不同；本案案由为侵害商标权及不正当竞争纠纷，（2016）浙8601民初701号案件为侵害商标权纠纷。

① 最高人民法院修改后民事诉讼法贯彻实施工作领导小组：《最高人民法院民事诉讼法司法解释理解与适用》，人民法院出版社2015年版，第635页。

② 最高人民法院修改后民事诉讼法贯彻实施工作领导小组：《最高人民法院民事诉讼法司法解释理解与适用》，人民法院出版社2015年版，第637页。

基于上述事实可以认定：本案的当事人、诉讼标的和诉讼请求均与（2016）浙8601民初701号案件不同，新能源公司针对本案的诉讼并未违反“一事不再理原则”，不构成重复诉讼。

同时，北京知识产权法院二审中注意到，（2016）浙8601民初701号判决书“本院认为”部分指出：对于外文商标，其权利主体欲将其翻译成中文进行商标性使用，理应对已经获得注册的中文商标予以尊重和合理避让，一般不得将其外文商标翻译成与已有中文注册商标标识相同或近似的标识，在相同或类似商品上进行使用。否则，不仅不利于避免混淆可能性的发生，亦有悖于我国商标权注册取得制度。就本案而言，京东公司、惠景公司、百力公司应当尽可能减少乃至避免对“现代”中文汉字的直接使用，降低对“现代”中文汉字的依赖，更多地借助其享有使用权的“HYUNDAI”商标发挥商品来源识别作用，并不断增强这一商标的显著性和识别力，以使现代中文商标与HYUNDAI英文商标之间保持清晰的权利边界。

该判决的上述论述，系对京东公司、惠景公司、百力公司在该判决生效后所负有法定义务的阐述。尽管（2016）浙8601民初701号判决书并未认定京东公司、惠景公司、百力公司在饮水机商品上使用“现代”中文汉字构成侵权，但是京东公司、惠景公司、百力公司在判决生效后，应当尽量发挥“HYUNDAI”英文商标识别商品来源的作用，避免对“HYUNDAI”中文翻译词语“现代”的商标性使用。新能源公司本次诉讼请求中，主张（2016）浙8601民初701号案件生效后，惠景公司仍然使用“现代”字样进行商标性使用。该事实理由的审查认定显然已超出前案审理范围，故一审法院认定本案构成重复诉讼有误，应当撤销一审裁定，指定一审法院审理。

第二部分

著 作 权

被控侵权作品与权利作品一致性的认定

——北京雷客天地科技有限公司与安徽一二一网络科技股份有限公司、北京易达信开科技有限公司、北京空宇数联信息技术有限公司侵害录音制作者权纠纷案

【裁判要旨】

当被控侵权行为所提供作品与主张权利作品类型不同时，不能简单凭借被控侵权作品与权利作品存在一定的一致性即认定被控侵权人构成侵权。如果被控侵权人取得了其所提供作品的权利人的合法授权，并在授权范围内提供作品，那么被控侵权的合法抗辩即成立，其不构成侵权。

【案件基本信息】

- **案号**

一审：北京市海淀区人民法院（2019）京0108民初54709号民事判决书

二审：北京知识产权法院（2020）京73民终320号民事判决书

- **案由**

侵害录音制作者权纠纷

- **当事人**

上诉人（一审被告）：北京雷客天地科技有限公司（以下简称雷客公司）

被上诉人（原审原告）：安徽一二一网络科技股份有限公司（以下简称安徽一二一公司）

被上诉人（原审被告）：北京易达信开科技有限公司（以下简称易达信开公司）

被上诉人（原审被告）：北京空宇数联信息技术有限公司（以下简称空宇数联公司）

【基本案情】

恒大音乐有限公司（以下简称恒大公司）是周子琰演唱的《路过青春》专辑中《风起来的时光》《我懂你》《立秋》《信》*The World Is Love*《红绿灯》《疯了》《喜欢》（以下简称涉案录音制品）的录音制作者，享有录音制作者权。安徽一二一公司依法获得涉案录音制品在大陆地区（不含香港、澳门、台湾地区）的专有信息网络传播权、复制权等权利，并有转授权和维权权利。

安徽一二一公司对侵权行为进行公证，公证内容显示产品品牌为麦乐迪的KTV家用点歌机的产品销售商为京东商城中麦乐迪旗舰店的经营者空宇数联公司。该商品外包装上写明：制造厂商：雷客公司，推广机构易达信开公司。将此设备连接网络，回到点歌页面，在“歌星”中选择“周子琰”，在歌单中选择《风起来的时光》《我懂你》《立秋》三首歌曲均直接显示在右下角的待唱歌中，点击《信》*The World Is Love*《红绿灯》《疯了》《喜欢》五首歌曲，均在页面右上角的“下载图标”中显示正在下载，且该五首歌曲在歌单中左下角均标有“云端”字样。据此，安徽一二一公司主张针对《风起来的时光》《我懂你》《立秋》三首歌曲，系雷客公司内置在该设备中，侵犯了其依法享有的复制权。针对《信》*The World Is Love*《红绿灯》《疯了》《喜欢》五首歌曲，雷客公司实施了信息网络传播行为，侵犯了安徽一二一公司依法享有的信息网络传播权。故起诉要求易达信开公司、空宇数联公司、雷客公司立即停止侵权并赔偿安徽一二一公司经济损失及合理支出共计40 000元。

一审法院认为：根据在案证据，安徽一二一公司经涉案录音制品制作者恒大公司的授权取得了涉案录音制品的录音制作者权利，有权提起本案诉讼。

雷客公司系涉案设备的生产商，易达信开公司、空宇数联公司系涉案录音制品的销售商，其与雷客公司在未经安徽一二一公司许可的情况下，在涉案设备中擅自使用安徽一二一公司享有权利的录音制品，易达信开公司、空宇数联公司、雷客公司未提供涉案录音制品的合法来源，亦未对涉案侵权行为作出合理解释，易达信开公司、空宇数联公司、雷客公司还通过向用户销售涉案设备获利，该行为已经侵害安徽一二一公司的录音制作者权，依法应当共同承担停止侵权、赔偿经济损失的法律责任。

一审判决后，雷客公司向二审法院提出上诉，要求撤销一审判决。其理由除坚持主张涉案设备系经他人改装后销售，雷客公司并非涉案设备的生产者之外，雷客公司另提出新的上诉理由，即雷客公司获得了音集协对于涉案作品 MV 的授权，安徽一二一公司无权以录音制品权利人的身份直接要求类电作品的使用者付费。根据安徽一二一公司提供的专辑，如果恒大公司就是 MV 制片者，恒大公司已经将相关权利授权给了音集协管理，音集协也已经授权给雷客公司使用，则雷客公司不存在侵权行为；如果恒大公司不是涉案类电作品的制片者，则适格的原告也应该是涉案类电作品的真正制作人，而非安徽一二一公司。

二审另查明，涉案八首歌曲在涉案设备中播放时均为音乐录影（MTV）作品形式，其中《我懂你》《风起来的时光》《信》*The World Is Love*《红绿灯》在播放过程中，部分画面右上角显示有"恒大音乐"标识，《立秋》在播放过程中部分画面右上角显示有"BOOSOO"标识，《疯了》《喜欢》在播放过程中未显示任何标识。

【案件焦点】

雷客公司在涉案设备中提供 MTV 作品的播放是否构成对安徽一二一公司享有录音制作者权的音频作品信息网络传播权和复制权的侵犯，即雷客公司被控侵权行为所提供的作品与安徽一二一公司享有录音制作权的音频作品是否具有同一性。

【裁判理由】

关于雷客公司在涉案设备中提供 MTV 作品的播放是否构成对安徽一二一公司就其音频作品享有的录音制作者权利的侵犯。根据安徽一二一公司在一审程序中提供的公证书所附光盘资料的显示，涉案设备中播放的涉案八首歌曲均系 MTV 作品，上述作品中均有相应的情节设置、表演者的表演，并由一系列有伴音或者无伴音的画面组成，符合法律规定的以类似摄制电影的方法创作的作品（以下简称类电作品）的条件，应认定为类电作品。按照著作权法的规定，类电作品的著作权归属制作人。雷客公司据此主张，雷客公司通过音集协取得了作为上述 MTV 制作人的恒大公司的授权，而安徽一二一公司取得是相关音频作品的录音制作者权，雷客公司播放 MTV 作品的行为是基于权利人的合法授权，并未侵犯安徽一二一公司的权利。对此二审法院认为：涉案八首歌曲的 MTV 中有五首歌曲（包括《我懂你》《风起来的时光》《信》*The World Is Love*《红绿灯》）播放中画面显示有“恒大音乐”的标识，可以作为认定恒大公司为上述 MTV 制作者并享有作品著作权的初步证据。但根据雷客公司在一审程序中提交的“音像著作权授权合同”“声明”和“授权书”的记载，恒大公司将其依法拥有的 MTV 作品的复制权、放映权信托音集协管理，亦明确所授权的 MTV 作品在合同有效期内由音集协提供给卡拉 OK 经营者在 KTV 中以 MTV 卡拉 OK 作品的形式使用；同时，音集协授权雷客公司在其设备和系统中使用音乐电视作品制作卡拉 OK 曲库，向实体卡拉 OK 歌厅发放。由此可见，恒大公司授权音集协及音集协授权雷客公司使用其 MTV 作品的权利仅限于复制权、放映权；授权范围仅限于作为卡拉 OK 经营者的实体歌厅以卡拉 OK 作品的形式使用。而本案中，雷客公司在其生产制造的设备中提供上述五首歌曲 MTV 作品的播放，其中《信》*The World Is Love*《红绿灯》三首歌曲的 MTV 系通过信息网络传播的方式提供，但雷客公司并未获得上述作品的信息网络传播权授权；另外两首歌曲《我懂你》《风起来的时光》的 MTV 雷客公司虽取得了放映权、复制权的授权，但因涉案设备系向卡拉 OK 消费者之外的公众销售，超出了雷客公司获得的仅允许卡拉 OK 实体歌厅使用作品的授权范围，故此不能认定雷客公司在涉案设备中播放上述五首歌曲 MTV 作品的行为获得了合法授权。另外，歌曲《立秋》MTV 的播放中标有“BOOSOO”标识，歌曲《疯了》《喜欢》MTV 的播放中未标有任何标识，雷客公司未提供证据证明其获得了该三首歌曲 MTV 制作人的授权。

综上，雷客公司提供的证据不能证明其在涉案设备中播放涉案作品的行为系获得了合法的授权。在雷客公司对其权利来源合法抗辩不能成立的情况下，因其在提供 MTV 作品播放的同时一并播放了安徽一二一公司享有录音制作者权利的音频作品，故应当认定雷客公司侵犯了安徽一二一公司的相关著作权，应承担相应的侵权责任。

二审结果：驳回上诉，维持原判。

【法官评析】

本案的典型意义在于：当被控侵权行为所提供作品与主张权利作品类型不同时，不能简单凭借被控侵权作品与权利作品存在一定的一致性即认定被控侵权人构成侵权。如果被控侵权人取得了其所提供作品的权利人的合法授权，并在授权范围内提供作品，那么被控侵权的合法抗辩即成立，其不构成侵权。

另外，著作权的授权范围应结合个案予以审查。被控侵权人在提供涉案作品时，即使取得了权利人的授权，若被控侵权人使用作品的方式超出了授权的范围，亦有可能构成对他人权利的侵犯。

本案二审虽维持一审判决，但在认定上二审与一审存在出入。一审认为：雷客公司在其生产的设备中提供了涉案歌曲的播放服务，构成侵权。但雷客公司主张其播放的是涉案歌曲的 MTV 作品形式，而安徽一二一公司主张的权利作品是音频形式，所以雷客公司并未侵犯安徽一二一公司的权利。一审认为虽然涉案设备中播放的是涉案歌曲的 MTV，但因为该 MTV 作品中含有涉案歌曲的音频，所以雷客公司仍构成侵权。但二审认为：MTV 作品应认定为类电作品，其著作权由制作人享有，该作品类型不同于没有画面的单纯音频作品。如果雷客公司取得了涉案 MTV 作品制作人的授权，则其播放不构成侵权。本案中，雷客公司虽以初步证据证明其取得了部分涉案 MTV 制作人恒大公司的授权，但二审注意到其通过音集协取得的授权范围仅限于卡拉 OK 经营场所的播放，而不包括通过涉案设备向家庭用户，个人用户提供涉案作品，即本案中的情况。故此，应认定雷客公司在涉案设备中提供涉案 MTV 作品的播放未获得合法授权，其在播放 MTV 作品的同时一并播放了安徽一二一公司享有录音制作者权利的音频作品，仍然构成对安徽一二一公司信息网络传播权及复制权的侵犯。

信息存储空间服务提供者收到侵权通知后所采取的措施是否合理的认定

——湖南快乐阳光互动娱乐传媒有限公司、上海内聚网络科技有限公司与北京百度网讯科技有限公司侵害作品信息网络传播权纠纷案

【裁判要旨】

信息存储空间服务提供者在收到权利人的侵权通知后应当采取删除、屏蔽等措施制止侵权行为，但其所采取的措施是否足以达到制止侵权的目的应结合其所提供服务的性质、方式、引发侵权可能性的大小以及其所具备的信息管理能力予以综合判断。

【案件基本信息】

● 案号

一审：北京互联网法院（2019）京0491民初2826号民事判决书

二审：北京知识产权法院（2020）京73民终1680号民事判决书

● 案由

侵害作品信息网络传播权纠纷

● 当事人

上诉人（原审原告）：湖南快乐阳光互动娱乐传媒有限公司（以下简称快乐阳光公司）

上诉人（原审被告）：上海内聚网络科技有限公司（以下简称内聚公司）

被上诉人（原审被告）：北京百度网讯科技有限公司（以下简称厚度公司）

【基本案情】

快乐阳光公司经转让取得涉案节目《歌手 2019》的信息网络传播权。内聚公司是盘多多网站（www. panduoduo. net）的运营主体，百度公司是百度网盘的运营主体。快乐阳光公司在公证取证过程中，点击进入盘多多网站（www. panduoduo. net），在弹出的页面搜索框中输入“歌手 2019”，点击“找资源”，出现搜索结果列表，点击其中一条搜索结果，进入盘多多网盘落地页，该页面右侧显示“相关百度云盘资源推荐”，其下有推荐列表，内容均与搜索关键词相关。再点击“点击去百度云盘下载资源”，进入百度网盘资源分享页面，点击涉案视频，可播放涉案视频片头，登录百度网盘后点击“保存到网盘”，可完整播放涉案视频，点击下载后提示“安装最新版网盘客户端”，安装完成后，打开“百度网盘”登录后可对涉案视频文件进行下载，保存至“我的网盘”后，点击分享，可创建无提取码的分享链接，复制该分享链接并粘贴至浏览器地址栏，可播放上述视频文件。

一审法院经审理认为：百度公司所提供的百度网盘服务的本质特征是私密性和封闭性，该网络服务的主要目的不是公开和分享，故百度网盘不具备《信息网络传播权保护条例》第 22 条规定的信息存储空间服务的本质特征，在认定百度公司是否侵权时，不应适用该法律法规进行调整。按照《侵权责任法》的规定，百度公司作为网络服务提供者尽到了其应尽的注意义务及采取合理措施的义务，故依法不应承担赔偿责任。而内聚公司针对搜索结果的网盘资源链接进行了推荐、选择和编辑，客观上汇总了侵权链接，导致侵权方位进一步扩大的法律后果。故内聚公司的涉案行为构成帮助侵权，应当承担侵权责任。

二审程序中，双方当事人的争议焦点集中在百度公司应否承担侵权责任。快乐阳光公司主张百度公司是信息存储空间服务提供者，一审法院适用法律错误。百度公司亦认可其是信息存储空间服务提供者，但其主张涉案作品系由用户上传，且百度公司在收到本案的诉讼材料后已经删除了分享用户分享的链接，同时对快乐阳光公司公证取证中涉及的分享用户全部进行了封禁处理，即禁止上述用户的对外分享功能。对此快乐阳光公司主张，百度公司提供的证据仅能证明涉案作品的分享用户，并不能证明涉案作品的最初上传用户。因为公证取证中涉及的用户均是通过创建分享链接的方式传播涉案作品，并不是涉案作品的原始上传用户，故不排除百度公司自行上传作品，向公众提供的可能。另外，百度公司所采取的措施不足以制止侵权行为的继续和避免损失的再次发生及进一步扩大。因为百度公司具备通过对涉案作品的内容识别对其存储空间内的涉案作品进行准确定位的信息管理能力，从而应当对涉案作品进行定位删除，否则仍存在网络用户对涉案作品创建分享链接在网络空间内传播的可能。故百度公司应当采取定位删除的措施从根本上制止侵权行为的再次发生。而百度公司未采取上述措施，应当认定其对侵权行为的实施和损失的发生负有过错，其应当承担相应的赔偿责任。

【案件焦点】

百度公司作为涉案作品的信息存储空间服务提供者，如果已举证证明涉案作品系由用户上传并分享，其在收到侵权通知后所采取的删除分享链接并禁止用户分享的措施是否足以制止侵权，从而符合法律规定的认定信息存储空间服务提供者依法不承担侵权责任的法定情形，应当根据其所提供服务的性质、方式、引发侵权可能性的大小以及其所具备的信息管理能力予以综合判断。

【裁判理由】

根据《信息网络传播权保护条例》第22条规定，信息存储空间服务是指网络服务提供者为服务对象提供信息存储空间，供服务对象通过信息网络向公众提供作品、表演、录音录像制品。根据上述规定，判断网络服务提供者提供了信息存储空间的网络技术服务，应当满足以下条件：第一，服务是指网络服务提供者为服务对象提供信息存储空间；第二，该信息存储空间供服务对象通过信息网络向公众提供作品、表演、录音录像制品。互联互通是互联网的基本特性，《信息网络传播权保护条例》第22条所规定的信息存储空间服务，不仅是提供信息存储的功能，而是通过提供信息存储服务，实现网络用户通过网络向公众分享传播作品、表演、录音录像制品的目的。本案中，基于百度网盘的云存储功能，用户可以将自己的文件上传至网盘中进行网络存储，并可跨终端查看。百度网盘的云存储功能具有一定的封闭性和私密性。但同时百度网盘的分享功能使网络用户可以将其存储在百度网盘中的作品、表演、录音录像制品，通过点击分享键，分享到微博、微信朋友圈等社交网络平台，微博、微信朋友圈均为面向不特定公众的网络平台，公众可以在前述网络平台中随时随地浏览获取网络用户通过百度网盘分享的作品、表演、录音录像制品。因涉案链接可以在百度网盘用户与不特定公众之间进行传播，故百度网盘所提供的分享功能不仅是"私密分享"，事实上具备了《信息网络传播权保护条例》第22条所规定的信息存储空间服务的特征，故应当认定百度公司为信息存储空间服务提供者。百度网盘用户在本案中的涉案行为已构成信息网络传播行为。本案应当适用《信息网络传播权保护条例》予以调整。

《最高人民法院关于审理侵害信息网络传播权民事纠纷案件适用法律若干问题的规定》第6条规定，原告有初步证据证明网络服务提供者提供了相关作品、表演、录音录像制品，但网络服务提供者能够证明其仅提供网络服务，且无过错的，人民法院不应认定为构成侵权。《信息网络传播权保护条例》第22条规定，网络服务提供者为服务对象提供信息存储空间，供服务对象通过信息网络向公众提供作品、表演、录音录像制品，并具备下列条件的，不承担赔偿责任：①明确标示该信息存储空间是为服务对象所提供，并公开网络服务提供者的名称、联系人、网络地址；②未改变服务对象所提供的作品、表演、录音录像制品；③不知道也没有合理的理由应当知道服务对象提供的作品、表演、录音录像制品侵权；④未从服务对象提供作品、表演、录音录像制品中直接获得经济利益；⑤在接到权利人的通知书后，根据本条例规定删除权利人认为侵权的作品、表演、录音录像制品。

本案中，百度公司作为信息存储空间服务提供者主张涉案作品系特定用户上传，其仅提供网络服务，并无过错。对此百度公司应提供充分的证据予以证明。二审程序中，百度公司提供了用户后台信息截图及当庭展示结果，显示快乐阳光公司侵权取证中涉及的分享涉案作品用户的姓名、联系方式、注册时间、注册 IP 等，结合快乐阳光公司认可用户参与分享涉案作品，可以认定百度公司提供的证据能够证明涉案作品系由特定用户上传并分享，百度公司针对涉案作品的传播仅提供信息存储空间服务，百度公司依法不承担直接侵权责任。快乐阳光公司主张即使涉案作品系由特定用户上传分享，百度公司未能提供涉案作品原始上传者的信息且未实现对涉案作品在百度网盘空间内的定位删除，故不能认定百度公司针对侵权行为采取了合理的必要措施。因快乐阳光公司取证的侵权链接系由特定用户分享，用户分享涉案作品的前提是首先实现作品在自己网盘空间的上传，故分享用户亦为涉案作品的上传用户。而快乐阳光公司主张涉案作品的原始上传主体不明，涉案作品有可能系由百度公司自行上传，对此快乐阳光公司应负有举证证明责任。在快乐阳光公司未提供证据对此予以证明的情形下，其要求百度公司提供原始上传者信息既于法无据，亦缺乏现实合理性。

至于百度公司是否应当采取定位删除的措施制止侵权，因百度网盘空间内存储作品、表演、录音录像制品并非均系未经权利人许可，在用户经授权或以合法渠道获得作品、表演、录音录像制品并上传至百度网盘空间的情形下，要求百度公司定位删除作品、表演、录音录像制品极有可能对用户的合法权利造成损害。按照法律规定，网络服务提供者应基于其所提供服务的性质、方式、引发侵权可能性的大小以及其所具备的信息管理能力积极采取合理措施制止侵权。本案中，百度公司针对快乐阳光公司主张的分享侵权链接的用户采取了限制分享的措施，即通过屏蔽的方式禁止用户利用百度网盘创建链接对外分享，已有效制止了本案被诉侵权行为的再次发生，应认定百度公司针对侵权行为采取了合理的必要措施，尽到了其应尽的义务。

二审结果：驳回上诉，维持原判。

【法官评析】

在收到权利人通知后及时断开侵权链接是网络服务提供者免于承担侵权责任的必要条件，但是网络服务提供者应采取的必要措施不应局限于断开链接这一项。除此之外，网络服务提供者还应基于其所提供服务的性质、方式、引发侵权可能性的大小以及其所具备的信息管理能力积极采取其他合理措施制止侵权的持续发生和损失的进一步扩大。本案中，百度公司在删除涉案的侵权分享链接后，对涉案分享用户采取了禁止分享的措施，应当说已经针对涉案的侵权行为采取了必要的合理措施，也能避免涉案侵权行为的持续发生，应当认定百度公司的措施符合法律规定的必要条件。至于百度公司是否应当采取定位删除的措施对涉案作品进行彻底的删除，在不能排除部分用户经合法授权或出于个人学习、研究、欣赏等目的而依法使用作品的情况下，一概阻止用户或要求百度公司删除已有的相关文件，有可能不合理地影响、限制部分用户对涉案作品的合法、正当使用，损害相关公众的利益。因此，对于权利人快乐阳光公司所提出的要求百度公司对涉案作品进行定位删除的主张，不应予以支持。

出版物侵权出版者合理注意义务的审查和认定

——山东画报出版社有限公司与北京宏集浩天文化发展有限公司及北京当当网信息技术有限公司著作权侵权纠纷案

【裁判要旨】

出版物侵犯他人著作权的，出版者应当根据其过错、侵权程度及损害后果等承担民事赔偿责任。作为专业的图书出版公司的出版社，在出版图书前理应知晓如何通过正规渠道获得图书权利人的合法授权，并对授权人是否为图书真实权利人尽到相应的注意义务。出版社未尽到上述义务，则应当承担相应的赔偿责任。

【案件基本信息】

• 案号

一审：北京市朝阳区人民法院（2020）京 0105 民初 11524 号民事判决书

二审：北京知识产权法院（2020）京 73 民终 3535 号民事判决书

• 案由

著作权侵权纠纷

• 当事人

上诉人（原审被告）：山东画报出版社有限公司（以下简称山东画报出版社）

被上诉人（原审原告）：北京宏集浩天文化发展有限公司（以下简称宏

集浩天公司）

原审被告：北京当当网信息技术有限公司（以下简称当当公司）

【基本案情】

宏集浩天公司与徐某华、杨某亮分别签订劳动合同，约定宏集浩天公司聘请徐某华为公司初级编辑、聘请杨某亮为公司编辑，徐某华、杨某亮在工作期间所完成的工作内容，包括书稿、选题、策划案、工作总结等所有成果，其著作权及相关权利均为宏集浩天公司永久性持有。2013 年 1 月 17 日，宏集浩天公司授权团结出版社出版、发行了权利图书，图书署名某华、某亮编著，字数 140 千字，定价 19.8 元。

2013 年 4 月 20 日，杨某武、罗某、郑某义三人签署“股东合作书”，就通过宏集浩天公司共同出资出版图书达成合作。后因公司经营不善，杨某武、罗某、郑某义三人于 2014 年 1 月 19 日至 2014 年 6 月 12 日期间签署“股东解散协议”，同意解除原三方在宏集浩天公司合作期间的合作协议并就剩余资产按各自所占比例进行分配。根据山东画报出版社提交的“解散协议”及“图书版权及知识产权分配明细”，权利图书分配给罗某，对此宏集浩天公司不予认可。“股东解散协议”签署后，宏集浩天公司并未实际成立清算组织进入后期清算程序。

2014 年 2 月 10 日，罗某出具授权书，称“罗某将本人拥有独立版权图书‘新时期青少年爱国主义教育读本’系列共 64 本授权李某国在山东画报出版社出版。”2014 年 2 月 13 日，李某国与山东画报出版社签订“山东画报出版社有限公司协作出版合同”（以下简称出版合同），将“新时期青少年爱国主义教育读本”丛书（64 种）授权山东画报出版社出版。2014 年 3 月，被诉侵权图书第 1 版作为“青少年爱国主义教育读本——共和国英模系列”图书的一册由山东泰安新华印务有限责任公司（以下简称新华印务公司）印刷、由山东画报出版社出版发行，定价 19.8 元。同年 6 月，被诉侵权图书第 2 版作为“新时期青少年爱国主义教育读本——共和国英模系列”图书的一册由北京盛兰兄弟印刷装订有限公司（以下简称盛兰兄弟公司）印刷、由山东画报出版社出版发行，定价 29.8 元。经对比，两个版次被诉侵权图书均为某华、某亮编著，封底均载明“图书策划　宏集浩天”，其中第 1 版被诉侵权图书的内容与权利图书相同，第 2 版被诉侵权图书删减了少部分章节。

2015 年 1 月 29 日，宏集浩天公司通过当当公司经营的当当网购买了“青少年爱国主义教育读本”系列图书，支出 995.9 元。经查，当当公司已于 2017 年 3 月 22 日将被诉侵权图书下架。

【案件焦点】

山东画报出版社作为图书出版者出版、发行被诉侵权图书时，其对图书权利人宏集浩天公司股东罗某的授权手续审查是否可以认定山东画报出版社尽到了其应尽的注意义务，是否可以免除其作为图书出版者的法律责任。

【裁判理由】

一审法院经审查认为：按照法律规定，股东会或者股东大会决议解散的，公司解散，解散事由出现之日起 15 日内公司成立清算组，开始清算。清算期间，公司存续，但不得开展与清算无关的经营活动。公司财产在未依照前款规定清偿前，不得分配给股东。本案中，宏集浩天公司股东虽然签署了“股东解散协议”，但并无证据证明公司实际进行了清算，因而股东无权分配公司财产。权利图书的著作权仍归宏集浩天公司所有，宏集浩天公司有权提起本案诉讼。

罗某对外授权权利图书出版发行的行为系无权处分，且未经宏集浩天公司追认，该处分行为无效。山东画报出版社未经宏集浩天公司许可出版、发行两个版次的被诉侵权图书，且经对比两个版次被诉侵权图书与权利图书大部分内容均完全相同，故山东画报出版社侵犯了宏集浩天公司对权利图书所享有的复制权、发行权，应当承担停止侵权的法律责任。山东画报出版社在出版、发行被诉侵权图书时，虽然审查了股东罗某对权利图书的授权手续，但作为专业的图书出版公司，山东画报出版社应当知道在宏集浩天公司清算完毕前其股东不得私自分配公司财产。对被诉侵权图书的出版，山东画报出版社存在主观过错，应当承担赔偿损失的法律责任。

二审结果：驳回上诉，维持原判。

【法官评析】

《最高人民法院关于审理著作权民事纠纷案件适用法律若干问题的解释》第 20 条规定，出版物侵害他人著作权的，出版者应当根据其过错、侵权程度及损害后果等承担赔偿损失的责任。出版者对其出版行为的授权、稿件来源和署名、所编辑出版物的内容等未尽到合理注意义务的，依据《著作权法》第 48 条第 1 项、《计算机软件保护条例》第 24 条第 1 项的规定承担民事责任。上述司法解释明确规定了出版者在从事出版、发行行为时应承担侵权责任的情形及其是否具有过错的审查标准。司法实践中，出版者的注意义务应体现在哪些方面以及应尽到何种程度，应结合案件具体情况予以审查判断。

本案中，山东画报出版社主张其出版、发行被诉侵权图书前审查了相关的授权手续，不存在主观过错，不应承担侵权责任。但是，山东画报出版社作为专业的图书出版公司在出版图书前理应知晓如何通过正规渠道获得图书权利人的合法授权，并进行出版、发行。被诉侵权图书在山东画报出版社出版、发行前曾由团结出版社出版、发行。山东画报出版社通过正版图书的署名及相关权利信息有能力知晓，同时也有义务知晓被控侵权图书的真实权利人。而山东画报出版社在被控侵权图书的真实权利人宏集浩天公司合法存续的情形下，仅凭该公司股东之一罗某提供的“股东解散协议”即认定罗某取得了涉案权利图书的著作权，而未向宏集浩天公司核实图书权属状态，不应认定山东画报出版社尽到了其应尽的注意义务，更不能认定山东画报出版社取得了权利图书出版发行的合法授权。故山东画报出版社出版、发行被控侵权图书的行为符合法律规定的未尽到相应注意义务，应当承担民事责任的法律情形，依法应当承担民事责任。

培训机构以“借阅”否认发行行为时发行权侵权的认定

——北京元真时代教育科技有限公司、北京元真时代教育科技有限公司大兴分公司与经济科学出版社侵害作品发行权纠纷案

【裁判要旨】

主张发行权被侵犯的一方应当有证据证明被诉侵权方实施了侵害发行权的行为，即向公众提供了作品的原件或者复制件。在被控侵权人作为培训机构主张其所存储的侵权图书仅为借阅的情形下，其是否存在可控侵权图书的销售或赠与行为是认定其行为是否构成发行权侵权的关键，对此应当结合案件事实及民事诉讼证据规则予以综合审查认定。

【案件基本信息】

● **案号**

一审：北京市西城区人民法院（2020）京 0102 民初 17568 号民事判决书

二审：北京知识产权法院（2020）京 73 民终 3018 号民事判决书

● **案由**

侵害作品发行权纠纷

● **当事人**

上诉人（原审被告）：北京元真时代教育科技有限公司（以下简称元真时代公司）

上诉人（原审被告）：北京元真时代教育科技有限公司大兴分公司（以下简称元真时代大兴分公司）

被上诉人（原审原告）：经济科学出版社

【基本案情】

经济科学出版社提交的涉案图书封面载明，该书系财政部会计资格评价中心编。2018 年 3 月 26 日，财政部会计资格评价中心与经济科学出版社就涉案图书签订“版权许可备忘录”，约定经济科学出版社享有涉案图书的专有出版权和信息网络传播权，期限 5 年，授权自涉案图书出版之日起生效。对于上述授权，经济科学出版社能够以自己的名义对任何侵权行为独立进行维权。

经济科学出版社提供的（兴）文执罚〔2019〕第 3105 号行政处罚决定书复印件、（兴）文扣字〔2019〕第 3005 号扣押决定书复印件、物品清单、现场检查（勘验）笔录复印件显示：2019 年 5 月 31 日，相关部门接群众举报对元真时代大兴分公司进行检查时发现该单位于 2019 年 4 月 29 日至 5 月 31 日期间在经营场所内存储涉案图书等 10 种图书共计 40 册。经北京市新闻出版局鉴定为非法出版物。现场检查（勘验）笔录显示，该单位陈列、附送的《中级会计实务》《财务管理》等图书共计 10 种、40 册，现场不能提供合法进货手续，涉嫌附送其他非法出版物。现场查获涉案图书 1 册。另外，经济科学出版社曾因元真时代公司其他校区侵害发行权的情况进行诉讼，石景山区人民法院判决元真时代公司及其分公司、关联公司承担停止侵权、赔偿责任的情况。取证录像显示：元真时代公司相关门店工作人员表示交纳的报名费含图书、辅导资料的费用。元真时代公司、元真时代大兴分公司表示该部分证据仅显示元真时代大兴分公司有储存图书的行为，并无经济科学出版社所述向学员赠送图书的行为。行政机关最终认定元真时代公司、元真时代大兴分公司有存储行为，未涉及发行行为。录像中的赠送教材并非常规经营模式，经济科学出版社的委托诉讼代理人当时强烈要求赠送教材才报名，所以工作人员才同意赠书，经济科学出版社属钓鱼取证，且所取证店铺并非本案被告。对此，经济科学出版社回应表示，元真时代公司海淀、朝阳校区

2018 年就因出售盗版书被行政处罚过。

【案件焦点】

主张发行权被侵犯的一方应当有证据证明被诉侵权方实施了侵害发行权的行为，即向公众提供了作品的原件或者复制件。在被控侵权人作为培训机构主张其所存储的侵权图书仅为借阅的情形下，如何认定其构成发行权侵权是本案需要探讨和研究的问题。

【裁判理由】

一审法院经审查认为：元真时代公司、元真时代大兴分公司侵犯经济科学出版社发行权的行为成立，应当承担侵权责任。元真时代公司及其大兴分公司称被查获的盗版图书仅为向学员展示的意见与常理不符，对其抗辩意见不予采纳。一审法院判决元真时代公司及其大兴分公司立即停止侵犯经济科学出版社发行权的行为并共同赔偿经济科学出版社经济损失 4 万元、维权合理费用 5050 元。

二审程序中，经济科学出版社经释明补充提供公证书、判决书、图书销售协议、企业信息等证据用以证明经济科学出版社于 2019 年 1 月 6 日对“元真会计”大兴校区进行公证取证代理人报名课程获赠经济科学出版社于 2018 年 11 月出版的 2019 版《初级会计实务》《经济法基础教材》的盗版书。公证书报名登记表中写有“教材赠送”以及含有教材单价栏，“元真会计”大兴校区的经营模式为报班送教材，或教材单独购买，另案中已认定侵害发行权的事实。元真时代公司于 2019 年 3 月 29 日以码洋 7.5 折的价格购进正版图书 400 余册，并分发给各校区，如果仅用于借阅则 2019 年 4 月 29 日元真时代大兴分公司再次从自然人处以码洋 3 折的低价进货盗版图书，不合常理。“元真会计”多家校区工商主体的股东、负责人相同，各校区经营模式统一，即报班送教材。元真时代公司大兴分公司坚持主张其系购买正版图书赠与学员，其所购买的盗版图书仅用于借阅。

二审法院认为：本案中，经济科学出版社虽未提供直接证据证明元真时代大兴分公司以出售或赠与的方式向公众提供了被诉图书，但经济科学出版社提供的公证书、判决书等证据可以证明元真时代大兴分公司于2019年1月在培训活动中向报名学员赠与或出售与本案涉案教材类同的盗版图书，元真时代公司其他校区亦存在学员报名赠送盗版教材的事实，结合元真时代大兴分公司负责人在他案中所作的陈诉——本案被诉图书系其他校区一并购买用于教学经营活动——可以认定元真时代公司部分校区存在统一模式经营的可能性较大。另外，元真时代大兴分公司在本案中既陈述购买盗版教材系公司职员缺乏辨识能力而误购，又陈述其购买正版教材用于赠与、购买盗版教材用于借阅，其所陈诉的意见既自相矛盾，又缺乏合理性。综合上述情形，北京知识产权法院认定：元真时代大兴分公司购买被诉图书用于学员报名时赠与或出售给学员的事实具有高度盖然性，可以认定该事实存在。元真时代大兴分公司主张其仅有被诉图书的存储行为，并无赠送或者出售行为，既缺乏事实及法律依据，亦与常理不符，本院不予支持。

二审结果：驳回上诉，维持原判。

【法官评析】

根据我国《著作权法》的规定，发行权是指著作权人享有的以出售或者赠与方式向公众提供作品的原件或者复制件的权利。因此，发行权侵权行为的构成应当以面向公众提供作品的原件或者复制件为要件，即应当以转移作品有形物质载体所有权的方式提供作品的原件或复制件。

本案中，经济科学出版社主张元真时代大兴分公司侵犯其发行权，但其举证内容仅限于行政机关对元真时代大兴分公司存储盗版图书的相关行为进行行政处罚。通常情形下，仅凭上述证据是不足以认定发行权侵权行为成立的，因为“存储”不必然“出售”，而元真时代大兴分公司辩称其所存储的盗版图书用于向学员免费借阅也具有现实可能性。故上述证据不能证明元真时代大兴分公司以转移有形载体所有权的方式向公众提供了作品的复制件，难以以此认定其侵犯发行权。本案中认定其发行权侵权行为成立的依据是经济科学出版社补充提供的元真时代大兴分公司曾有存储盗版图书用于出售的行为被认定侵权并接受行政处罚和民事责任承担，而其负责人在本案的行政处罚案件中也曾表示本案涉案侵权图书系由其他校区购买并运送至该校区用于教学经营活动，其他校区也因发行盗版图书涉诉。同时，元真时代大兴分公司对其购买正版图书用于赠与，购买盗版图书用于借阅的解释，与其庭审中陈述的工作人员在购买盗版图书当时系不知晓图书的误购明显矛盾。综合上述情况，可以适用民事诉讼证据规则中认定事实存在的高度盖然性原则，认定元真时代大兴分公司购买被控侵权图书用于销售或赠与的事实存在，进而认定其侵害发行权的侵权行为成立，应当承担相应的侵权责任。

商标侵权类案件中"带照租赁"出租人的侵权责任认定

——北京李老爹鱼头火锅有限公司菜市口分公司与北京鲍才胜餐饮管理有限公司侵害商标权纠纷案

【裁判要旨】

在"带照租赁"合同关系中，如果承租人以出租人名义从事经营活动，并构成商标侵权时，法院通常根据承租人的行为外观、出租人的主观过错、出租人是否履行了监督审查义务等多种因素判断"带照租赁"中的出租人是否应当承担侵权责任。

【案件基本信息】

• 案号

一审：北京市西城区人民法院（2019）京 0102 民初 23572 号民事判决书

二审：北京知识产权法院（2020）京 73 民终 8 号民事判决书

• 案由

侵害商标权纠纷

• 当事人

上诉人（一审被告）：北京李老爹鱼头火锅有限公司菜市口分公司（以下简称李老爹公司）

被上诉人（一审原告）：北京鲍某胜餐饮管理有限公司（以下简称鲍某胜公司）

【基本案情】

2014 年 9 月 28 日，彭某丽经国家工商行政管理总局商标局核准注册第 12484211 号“鲍师傅”商标，核定使用商品为第 30 类：糕点；蛋糕；面包；饼干；布丁；麻花；月饼；酥皮蛋糕；果子面包；馅饼（点心）（截止）。注册有效期限自 2014 年 9 月 28 日至 2024 年 9 月 27 日。

2017 年 3 月 20 日，经国家工商行政管理总局商标局核准，彭某丽将第 12484211 号“鲍师傅”商标转让给本案鲍某胜公司。

本案李老爹公司成立于 2002 年 3 月 4 日，住所地北京市西城区宣武门外大街 25 号 6、7、8、9 幢，经营范围：餐饮服务；零售酒水、国产卷烟、国产雪茄烟。

2019 年 3 月 18 日，经鲍某胜公司的委托诉讼代理人朱某申请，北京市求是公证处就涉案店铺的外观及购买相关商品的行为进行证据保全公证。2019 年 3 月 21 日，在公证人员的监督下，朱某来到北京市西城区宣武门外大街西侧“李老爹香辣蟹”旁的“鲍师傅糕点”店，由朱某在放置有“鲍师傅糕点”招牌和“北京李老爹鱼头火锅有限公司菜市口分公司”营业执照的店铺购买了“紫菜核桃糕”“鲜花饼”食品，并使用微信支付了人民币 12.60 元后，当场取得购物凭证一张。随后，公证人员对所购商品及购物小票进行拍照封存，并于 2019 年 4 月 4 日出具（2019）京求是内经证字第 296 号公证书。根据公证书所附照片显示，上述店铺招牌为：“鲍师傅糕点”，展示柜中摆放的糕点前方有价格标签及产品名称。展示柜橱窗玻璃下方显示：“鲍师傅糕点”。微信支付交易记录上显示商品：鲍师傅糕点（宣武门店）。商品包装袋上有“鲍师傅”字样。

鲍某胜公司据此认为：李老爹公司未经鲍某胜公司授权或许可，在与鲍某胜公司相同的糕点产品上使用“鲍师傅”，包括但不限于在其店面招牌、商品柜台、商品包装袋、收银小票等多处使用“鲍师傅”商标，该等商标使用行为已经导致消费者混淆，构成侵害鲍某胜公司商标专用权，李老爹公司侵害了鲍某胜公司的合法权益，应当承担停止侵权、消除影响、赔偿经济损失的责任，故根据我国法律规定提起诉讼。

李老爹公司则认为其并非实际侵权的主体，实际的侵权主体是承租人徐某华，李老爹公司是带照租赁给了徐某华，徐某华利用房屋和营业执照从事了侵犯鲍某胜公司商标权的行为。李老爹公司只是收取徐某华的租金。

之后，一审法院经实体审理认为：李老爹公司在其经营的店铺招牌、门头、展示柜、销售的涉案商品包装袋上使用涉案商标“鲍师傅”的行为，侵害了鲍某胜公司享有的第 12484211 号注册商标专用权，应当承担停止侵权、赔偿损失和消除影响的法律责任，故判决李老爹公司停止侵权并赔偿损失。

二审法院经审理，最终驳回上诉，维持原判。

【案件焦点】

李老爹公司是否为本案适格诉讼主体，是否需承担侵犯商标专用权的侵权责任。

【裁判理由】

一审法院经审理认为：李老爹公司在其经营的店铺招牌、门头、展示柜上突出使用“鲍师傅”三个字，在其销售的涉案商品的包装盒、包装袋上标有“鲍师傅”糕点字样，上述行为显然具有标示商品来源以达到使相关公众区分商品提供者的目的，构成商标法意义上的使用。李老爹公司未经鲍某胜公司的许可，在涉案商品上使用与鲍某胜公司享有注册商标专用权的相同的“鲍师傅”商标，且该涉案商品属于第 12484211 号“鲍师傅”商标核定使用的商品范围，容易使相关公众对商品的来源产生误认。故一审法院认定李老爹公司的行为属于侵害鲍某胜公司第 12484211 号“鲍师傅”注册商标专用权的行为。

关于李老爹公司辩称其非实际侵权人，而是将涉案侵权场所带照租赁给案外人徐某华，侵权人应为徐某华，与被告李老爹公司无关的意见，一审法院认为：首先，李老爹公司并未提供有效证据证明其与案外人徐某华之间存在有效的“带照租赁”合同关系；其次，即便存在“带照租赁”情形，因承租人是以出租人名义从事经营活动，从行为外观上就是出租人在出售侵权商品，故由出租人承担相应侵权责任是合理的；再次，从主观过错来考察，结合本案租赁合同，在其约定中明令禁止承租人事实利用房屋之便进行非法活动，且作为场地的出租人，既然同意承租人以自己名义进行经营，就应该对承租人的经营行为进行监督，并对销售商品的种类以及日常规范等方面进行管理，而其没有尽到相应的监督审查义务，承租人主观上仍有过错，其应当对侵权行为承担连带责任；最后，如在“带照租赁”的情形下，鲍某胜公司作为被侵权方，其有权选择任何一方承担相应赔偿责任，出租人亦可根据租赁合同向承租人主张权利。

二审法院经审查认为：虽然李老爹公司提交的租赁合同形式上存在一定瑕疵，付款凭证上的打款人亦非徐某华，但该合同骑缝处加盖了李老爹公司的公章，且打款日期与金额及收款账户均能与该租赁合同相吻合。同时，考虑到个人及小企业在经营活动中的法律意识淡薄以及交易习惯等，二审法院认为上述证据已可以形成优势证据，证明该租赁关系真实的可能性较高。但根据李老爹公司自认其“带照租赁”的情况以及涉案公证书中记载的档口悬挂李老爹公司营业执照的事实，可以认定承租人是以出租人名义在从事经营活动。在此种情况下，出租人应有义务对承租人的经营行为进行监督。本案中，承租人未经鲍某胜公司的许可，在相同类似商品上使用与鲍某胜公司享有注册商标专用权的相同的“鲍师傅”商标，已构成商标侵权行为。而李老爹公司作为出租人及营业执照载明的主体，未尽到合理注意及监督义务，应与承租人作为共同侵权人承担连带侵权责任。同时，鲍某胜公司作为涉案商标权利人，其有权选择共同侵权人中的任何一方承担侵权责任，故李老爹公司关于其主体不适格，不应承担侵权责任的上诉主张不能成立。

【法官评析】

本案事实上要解决的问题有两点：第一，李老爹公司是否带照租赁给了本案案外人徐某华；第二，李老爹公司作为带照租赁方应当承担怎样的侵权责任。

关于“带照租赁”关系是否真实。根据《民事诉讼法司法解释》第 108 条第 1 款之规定，对负有举证证明责任的当事人提供的证据，人民法院经审查并结合相关事实，确信待证事实的存在具有高度可能性的，应当认定该事实存在。首先，从本案的具体复杂程度来看，本案事实并不复杂，且李老爹公司属于从事餐饮服务的小微企业，故在认定本案事实时，尽管在案证据对于本案的租赁事实无法达到事实清楚、证据确凿的程度，但从案件的复杂程度以及小微企业的交易习惯出发也不宜对其苛以过重的举证标准。其次，从当事人的举证情况来看，鲍某胜公司并未提供任何反证对于本案租赁合同关系是否存在这一待证事实进行举证，故从本证与反证之间的对抗来看，对于上述待证事实，法院亦无法直接予以否认。最后，本案涉案合同骑缝处加盖了李老爹公司的公章，且打款日期与金额及收款账户均能与该租赁合同相吻合，因此上诉人提交的证据虽有瑕疵但亦能互相印证。综合全案证据情况，本案租赁合同关系存在这一事实已符合高度盖然性标准，应予以认可。

关于李老爹公司作为“带照租赁”方应当承担怎样的侵权责任。所谓“带照租赁”，即出租人将租赁的房屋及以租赁房屋为经营场所办理的营业执照一并出租给承租人。

关于营业执照能否进行租赁，我国法律法规具有明确规定。《中华人民共和国企业法人登记管理条例》第 25 条第 3 款规定，《企业法人营业执照》、《企业法人营业执照》副本，不得伪造、涂改、出租、出借、转让、出卖和擅自复印。《中华人民共和国公司登记管理条例》第 59 条第 1 款规定，任何单位和个人不得伪造、涂改、出租、出借、转让营业执照。《最高人民法院关于审理劳动争议案件适用法律若干问题的解释（三）》第 5 条规定，未办理营业执照、营业执照被吊销或者营业期限届满仍继续经营的用人单位，以挂靠等方式借用他人营业执照经营的，应当将用人单位和营业执照出借方列为当事人。

在我国，营业执照租赁在法律和行政法规中被明确禁止，但关于“带照租赁”合同的效力问题却始终存在争议。上述法律法规虽禁止营业执照租赁，但却并非效力性强制性规定。因此，如果“带照租赁”合同中约定租赁的营业执照并非是由于国家对于涉及国计民生、国家利益、社会公共利益等的项目设置了限制经营和特许经营制度而颁发的营业执照，则不能轻易地据此否定“带照租赁”合同的效力。

本案中，承租方在承租李老爹公司房屋的同时使用了李老爹公司的营业执照，在此种情况下，判断“带照租赁”出租人的侵权责任应当从以下因素进行考虑：

首先，从行为外观上来看，在“带照租赁”的情况下，承租人是借用李老爹公司的营业执照进行的经营活动，并同时构成了商标侵权。相关消费者与商标被侵权人鲍某胜公司均无法从外部知晓承租人与李老爹公司之间存在“带照租赁”合同这一情况，因此，无论是普通消费者还是商标被侵权人鲍某胜公司均有理由相信本案李老爹公司即为涉案商标侵权行为的实施主体。

其次，从经济利益的角度来看，本案“带照租赁”合同中约定的租金尽管未具体明确，却包括了租赁房屋的租金以及租赁营业执照的租金，李老爹公司通过租赁营业执照获取了部分经济利益。因此，李老爹公司对于本案承租人在使用其营业执照过程中的行为应当负有更高的监督义务。

再次，从主观过错的角度来看，李老爹公司在本案租赁合同中明确约定，禁止承租人利用房屋之便进行非法活动，且在李老爹公司负有更高的监督义务的情况下，李老爹公司并未就承租人的经营活动进行监督管理，李老爹公司主观方面存在过错。

最后，从责任分担的角度来看，我国法律法规并未明确“带照租赁”过程中发生商标侵权纠纷应当如何承担责任，但《中华人民共和国消费者权益保护法》第 42 条规定，使用他人营业执照的违法经营者提供商品或者服务，损害消费者合法权益的，消费者可以向其要求赔偿，也可以向营业执照的持有人要求赔偿。本案中，可以参照上述法律规定，亦应当明确承租人与“带照租赁”的出租人李老爹公司构成对于鲍某胜公司所享有的商标专用权的共同侵权。鲍某胜公司有权选择共同侵权人中的任何一方承担侵权责任。

综上所述，可以认定“带照租赁”合同履行过程中，承租人是以出租人名义在从事经营活动，如果承租人在经营活动中侵犯他人商标专用权等权利，出租人并未履行监督管理义务，应与承租人承担连带赔偿责任。

ICP 备案主体是否应对网站侵权行为承担侵权责任的判断

——资阳蜀乡文化传媒有限公司与北京华视聚合文化传媒有限公司侵害作品信息网络传播权纠纷案

【裁判要旨】

网站登记备案信息载明的主体为网站经营者，通常情况下，网站经营者应当对其网站中发生的侵权行为承担侵权责任。因网站登记备案信息具有较高公信力，故备案主体若否认其为网站实际经营者，应当负有充分举证的义务。当其举证不足以推翻备案信息时，其应当承担相应的法律责任。

【案件基本信息】

• **案号**

一审：北京互联网法院（2019）京 0491 民初 57 号民事判决书

二审：北京知识产权法院（2020）京 73 民终 3378 号民事判决书

• **案由**

侵害作品信息网络传播权纠纷

• **当事人**

上诉人（一审被告）：资阳蜀乡文化传媒有限公司（以下简称资阳蜀乡文化公司）

被上诉人（一审原告）：北京华视聚合文化传媒有限公司（以下简称华视聚合公司）

【基本案情】

1. 华视聚合公司的诉讼主张

华视聚合公司认为：其经合法授权取得涉案影视作品的信息网络传播权，性质为独占专有，并享有以自己的名义依法维权的权利。资阳蜀乡文化公司未经合法授权，提供上述影视作品的在线播放服务，极大地侵害了华视聚合公司对该影视作品享有的专有独占性信息网络传播权，给华视聚合公司造成了极大的经济损失，并且华视聚合公司为了维权支付了相应的合理费用，故请求法院判令资阳蜀乡文化公司停止侵权并赔偿经济损失5万元及合理支出4500元。

2. 一审法院查明的相关事实

（1）关于权属相关事实。影视作品《缝纫机乐队》片头署名出品单位为上海他城影业有限公司（以下简称他城公司）、上海儒意影视制作有限公司（以下简称儒意公司）、霍尔果斯青春光线影业有限公司（以下简称青春光线公司），联合出品单位为万达影视传媒有限公司（以下简称万达公司）、北京乐合影业文化传媒有限公司（以下简称乐合公司）。

2017年8月30日，他城公司、青春光线公司、万达公司、乐合公司分别出具“授权书”，将涉案影视作品在全球的影院/院线发行权、互联网传播（即信息网络传播）、电视播映、航空播映、公共交通播放平台播映、复制、翻译、录音录像制品制售等权利授予儒意公司。2017年8月31日，儒意公司出具“授权书”，将其对涉案影视作品享有的权利以独占专有的形式授予霍尔果斯捷成华视网聚文化传媒有限公司（以下简称捷成公司）。同日，捷成公司向捷成华视网聚（常州）文化传媒有限公司（以下简称捷成常州公司）出具“授权书”，授权内容与儒意公司出具的上述“授权书”一致。2018年10月1日，捷成常州公司向华视聚合公司出具“授权书”，授权权利、性质与区域与捷成公司出具的“授权书”一致，授权期限为自2018年10月1日起至2027年9月29日止。

电影《缝纫机乐队》的全国院线上线日期为：2017年9月29日。新媒体上线时间为：2017年12月8日16:00之后。

（2）关于被诉侵权行为相关事实。2018年10月24日，华视聚合公司代理人打开电脑浏览器，输入641499. com，显示“小狐TV”，点击其中的“缝纫机乐队”影片，可正常完整播放，播放页面停留在上述地址，未显示链接跳转。

根据2017年11月7日通过审核的ICP备案信息显示，资阳蜀乡文化公司为www. 641499. com网站的主办单位。

资阳蜀乡文化公司提供邮件截屏，用以证明涉案网站域名于2014年11月23日即不再由其所有。

2018年10月24日，华视聚合公司登录“CBO中国票房”网，查询涉案影视作品累计票房为45 671. 3万。2018年12月18日，华视聚合公司通过“电影风云榜－热门电影在线视频排行榜－爱奇艺风云榜”查询涉案影视作品在“播放指数榜”上排名50，播放指数为9. 6万。华视聚合公司通过爱奇艺网站查询涉案影视作品“热度”为1922，“热度峰值”为6620。涉案影视作品曾获第21届上海国际电影节（2018）亚洲新人奖最佳导演（提名）、最佳男主角（提名）、最佳女主角（提名），第25届北京大学生电影节（2018）最佳编剧奖（提名）、最受大学生欢迎男演员，第4届豆瓣电影年度榜单（2017）10月最受关注电影（提名）。

3. 一审裁判结果及二审审理情况

一审法院经审理后，判决资阳蜀乡文化公司赔偿华视聚合公司经济损失30 000元及律师费3000元。

资阳蜀乡文化公司提起上诉，并向二审法院补充提交了以下证据材料：①“调取证据通知书”，载明资阳市公安局于2019年7月31日向资阳蜀乡文化公司发出上述调取证据通知，要求其提供域名为641499. com的注册相关信息，未载明本案件具体情况。②（2019）粤0115刑初447号判决书。该判决书载明：“公诉机关指控：自2018年1月开始，被告人阳其波使用在广州市南沙区设立的广州韦龙蛇贸易有限公司作为ICP备案登记人，创建并经营‘小狐TV’网站”等。该判决书未附生效证明。③涉案域名信息查询、西部数码公司账号信息、邮件截图，用以证明涉案域名的注册商为西部数码公司，该公司已通过邮件证明资阳蜀乡文化公司对涉案域名的注册续费至2014年11月23日截止，并据此申请法院调查该公司的域名购买人信息、解析记录等。④资阳蜀乡文化公司备案域名查询，用以证明资阳蜀乡文化公司已于

2018 年 12 月 7 日更新了域名备案，备案域名不再包含涉案域名。

二审结果：驳回上诉，维持原判。

【案件焦点】

资阳蜀乡文化公司提交的证据是否足以推翻其网站域名备案信息以及是否应当为涉案网站的侵权行为承担侵权责任。

【裁判理由】

一审法院认为：在涉案网站中点击涉案作品的搜索结果，页面上方的播放框直接进行了涉案作品的自动播放，播放过程没有出现任何缓冲界面显示或者抓取第三方链接或者跳转链接到第三方过程的表现形式，故应认定该网站实施了提供涉案作品的行为，该行为已构成侵害作品信息网络传播权。

涉案网站的域名备案信息显示资阳蜀乡文化公司为该网站经营主体，资阳蜀乡文化公司以域名不归其所有为由主张其并非涉案网站经营者，但在其声称域名停止使用日期之后，仍通过该域名的 ICP 备案审核，故上述抗辩事实不足以推翻其为涉案网站经营者的事实认定。资阳蜀乡文化公司未就其合法授权或合理使用进行举证，故其行为侵犯了华视聚合公司就涉案作品享有的信息网络传播权，应当承担相应的侵权责任。

二审法院认为：第一，网站登记备案信息载明的经营者是网站经营者，有相反证据足以推翻的除外。涉案侵权行为发生之时，涉案网站登记备案信息载明的主体为资阳蜀乡文化公司。第二，资阳蜀乡文化公司否认其为涉案网站的实际经营者，但其提交的邮件截图等无发件人身份证明等文件，真实性无法核实，二审法院不予采信；“调取证据通知书”未载明案件情况，无法证明资阳蜀乡文化公司与涉案网站的经营无关；另案刑事判决书中涉及的备案主体与本案不同，网站名称虽有相似之处，但不足以证明该刑事判决中的被告与本案涉案域名的关联性。因此，上述证据均不足以构成推翻前述 ICP 备案效力的相反证据。第三，关于调查取证申请的问题，二审法院认为，资阳蜀乡文化公司作为涉案网站的备案主体，其有能力提交证据证明涉案域名在其控制下的时间和状态，但提交的证据均不足以证明其主张，故其申请不符合法院应当调查取证的情形，一审法院未予准许并无不当，二审法院予以认可。第四，ICP 备案具有公示效力，公众仅能通过 ICP 备案获取网站经营主体的信息，故作为涉案网站的备案主体，如否认其为实际经营者，应当负有较高的举证义务。现资阳蜀乡文化公司未能尽其举证义务证明其与涉案网站的经营无关，应当承担举证不能的不利后果。因此，资阳蜀乡文化公司应当为涉案网站中发生的涉案侵权行为承担侵权责任。

【法官评析】

本案的争议焦点问题并非侵权行为的构成问题，而是侵权主体认定问题，即被告主体是否适格。根据相关法律规定，网站的经营者应当为其网站中发生的侵权行为承担侵权责任。通常来说，原告会通过“ICP 信息备案管理系统”对侵权网站进行查询，并以结果显示的该网站“主办单位”为被告提起诉讼。司法实践中，经常会有被告辩称其非该网站实际经营者，从而拒绝承担侵权责任。对此，法院应当如何判断及认定？

首先，关于“ICP 备案”的性质和效力问题。ICP，即互联网信息服务提供者，通常简称为“网络服务商”。根据国务院 2000 年颁布的《互联网信息服务管理办法》规定，按照服务性质不同将 ICP 分为经营性和非经营性两类。国家对经营性互联网信息服务实行许可制度，对非经营性互联网信息服务实行备案制度，未取得许可或未履行备案手续的，不得从事互联网信息服务。从事非经营性互联网信息服务，应当向省、自治区、直辖市电信管理机构或者国务院信息产业主管部门办理备案手续。办理备案时，应当提交主办单位和网站负责人的基本情况、网站网址和服务项目等；应当按照备案项目提供服务，在其网站主页的显著位置标明其备案编号，未经履行变更手续不得超出经备案的项目提供服务、从事有偿服务、变更网站网址；未履行备案手续提供非经营性互联网信息服务的，由住所地省通信管理局责令限期改正，并处罚款，拒不改正的，关闭网站。由此可以看出，备案虽然并非行政许可，但备案主体提供的相关资料应当是真实有效的信息，且行政主管机关对备案主体提交的信息进行了核验，故上述登记备案的内容，可推定为真实。因此，ICP 备案信息具有较高的公信力，该信息载明的主体应推定为网站经营者，除非有相反证据足以推翻该事实。

其次，关于备案主体的证明责任。如前所述，因 ICP 备案信息具有较高公信力，原告据此举证证明该信息载明的主体为网站经营者，已完成其举证义务。故被告若否认上述登记备案信息载明的事实，应当充分举证予以证明。本案中，被告提交的邮件往来信息无法证明邮件收发人主体信息，故其内容真实性无法核实。同时，其提交的“调取证据通知书”未载明案件情况、判决书中所涉网站备案主体与本案亦不相同，均不足以证明本案涉案网站与其备案主体之间已毫无关联性。本案中，被告亦向法院申请调查取证。依据相关法律规定，当事人有义务对其主张进行举证，且应当穷尽其举证能力，仅当待证事实存在可能性较大且该证据系当事人无法自行取得之时，法院经审查可以依申请予以调取。而本案中，被告作为涉案网站的备案主体，其应当有能力提交初步证据证明涉案域名在其控制下的时间和状态，但提交的证据明显远未达到其举证能力，在此情况下，其申请调查取证不符合法律规定，法院未予准许并无不当。

最后，确定网站经营者的综合判断标准。虽然 ICP 备案信息具有较高的公信力，但其推定力在证据充分的情况下依然可以被推翻（如“葛洲坝”案）。因此，对网站经营主体的判断要根据个案情况进行综合分析。第一，ICP 备案信息。该内容已在前面进行了阐述，这里不再赘述。第二，网站标注信息。《非经营性互联网信息服务备案管理办法》第 13 条规定，非经营性 ICP 应当在其网站主页底部标明其备案编号。同时，网站内容中设置的“关于我们”“联系我们”等版块或者网站底部的“版权声明”等信息，亦可以提供判断的依据。第三，网络服务商提供的证据材料。从事域名注册或域名解析服务的主体，对该域名的流转、解析、服务器等信息掌握较为详细的资料，若该服务商提交了相关域名的信息，可为进一步查明侵权网站的经营者提供依据和帮助。

未经清洁检查的公证行为是否具有证明力
——北京创意美好文化有限公司与上海东方网股份有限公司著作权权属、侵权纠纷案

【裁判要旨】

著作权侵权案件中，当事人通常会通过公证程序固定侵权人侵权行为的证据。在此类案件中，公证书的效力要结合我国相关法律法规对于公证程序的规定以及案件的具体情况进行综合判断，尽量避免机械判断。

【案件基本信息】

• **案号**

一审：北京互联网法院（2019）京 0491 民初 16833 号民事判决书

二审：北京知识产权法院（2020）京 73 民终 1694 号民事判决书

• **案由**

著作权权属、侵权纠纷

• **当事人**

上诉人（一审原告）：北京创意美好文化有限公司（以下简称创意美好公司）

上诉人（一审被告）：上海东方网股份有限公司（以下简称东方网公司）

【基本案情】

创意美好公司依法享有本案 9 幅涉案作品的著作权，东方网公司在其《东方网》（www. eastday. com）相关栏目中未经创意美好公司许可使用了创

意美好公司享有著作权的9幅摄影作品，2018年5月31日，北京市国信公证处出具的（2018）京国信内经证字第04994号公证书中显示，对下述操作进行了证据保全：……㊳在上述页面的搜狗浏览器地址栏中输入 http://photo. eastday. com/slideshow/20080523_ 2/index2. html，回车，显示相关页面，对以上所显示的页面进行拷屏打印，结果见所附打印稿的第131～132页；㊴在上述页面的搜狗浏览器地址栏中输入 http://photo. eastday. com/slideshow/20080523_ 2/index3. html，回车，显示相关页面，对以上所显示的页面进行拷屏打印，结果见所附打印稿的第133～134页；㊵在上述页面的搜狗浏览器地址栏中输入 http://photo. eastday. com/slideshow/20080523_ 2/index4. html，回车，显示相关页面，对以上所显示的页面进行拷屏打印，结果见所附打印稿的第135～136页；㊶在上述页面的搜狗浏览器地址栏中输入 http://citynews. eastday. com/hyk/html/2009－04/30/content_ 13640. htm，回车，显示相关页面，对以上所显示的页面进行拷屏打印，结果见所附打印稿的第137～142页；㊷在上述页面的搜狗浏览器地址栏中输入 http://xinwen. eastday. com/a/170107161239661－3. html，回车，显示相关页面，对以上所显示的页面进行拷屏打印，结果见所附打印稿的第143～148页；㊸关闭上述页面，结束本次操作。

此外，涉案（2018）京国信内经证字第04994号公证书记载："本公证员与本公证处公证人员裴胤哲及委托代理人张源源于二〇一八年五月二十五日一同在本公证处办公室办理该项保全证据公证。公证人员查看本公证处计算机与打印机的使用连接及网络连接情况，经检查均处于正常使用状态。在公证人员的现场监督下，张源源使用本公证处电脑进行如下操作等。"

东方网公司认为其并未使用编号017－0727的作品，并且认为电脑在未做安全性、清洁性及host文件检查的情况下，有可能显示实际不存在的页面，创意美好公司对此未提交进一步证据证明侵权事实的存在。

创意美好公司提交了北京市国信公证处出具的"法律意见书"，该意见书载明：《办理保全互联网电子证据公证的指导意见》第7条规定，公证机构办理保全互联网电子证据公证应当在公证机构的办公场所内，使用公证机构的计算机和公证机构的网络接口接入互联网，否则应当对所使用的计算机进行清洁性检查等。创意美好公司据此坚持认为东方网公司相关行为侵犯了创意美好公司的信息网络传播权、获得报酬权等合法权益，故诉至法院。

【案件焦点】

公证书的效力问题。当公证书未做清洁检查时，是否一定导致公证书的效力难以被确认。

【裁判理由】

一审法院经审理，在对9幅涉案作品进行公证的过程中，有1幅涉案作品在创意美好公司提交的公证书中未显示对计算机进行清洁性检查，故一审法院对创意美好公司主张东方网公司对该作品存在侵权行为的主张不予支持。创意美好公司不服，向北京知识产权法院提起上诉。

二审法院认为，《民事诉讼法》（2017 年修正）第 69 条①规定，经过法定程序公证证明的法律事实和文书，人民法院应当作为认定事实的根据，但有相反证据足以推翻公证证明的除外。

第一，公证机构系依法设立的行使公证职能的机构，其行为受《公证法》《公证程序规则》等的约束。本案公证过程系发生于公证机构的办公场所内，使用公证机构的计算机和公证机构的网络接口接入互联网，该过程已能够确保保全证据使用的设备及网络的清洁性、安全性，避免当事人在自行提供的设备或网络中提前做出影响证据、真实性、客观性的更改。第二，关于是否存在自行更改 HOST 文件设置的问题。二审法院认为：如前所述，本案网页公证过程系代理人在公证人员的现场监督下在公证处办公场所使用公证设备和网络接口接入的互联网，在没有证据证明公证人员存在违反公证程序规则等失职行为的情况下，涉案公证书的效力不足以被推翻。因此，二审法院认为，涉案公证程序未违反法律法规相关规定，内容合法有效。一审法院对此认定有误，二审法院予以纠正。

① 相关内容现规定在《民事诉讼法》（2021 年修正）第 72 条中。

【法官评析】

本案涉及公证书的效力问题，本案涉及的公证前未对计算机进行清洁性检查具有一定的典型性。当事人在进行证据公证保全时，是否、何时应当对计算机进行清洁性检查，是本案的审理焦点。

《民事诉讼法》（2017 年修正）第 69 条规定，经过法定程序公证证明的法律事实和文书，人民法院应当作为认定事实的根据，但有相反证据足以推翻公证证明的除外。

根据上述规定，在无相反证据的前提下，经过法定程序进行公证证明的法律事实或文书，人民法院应当依法作为认定事实的根据。因此，本案中的公证书效力问题即为判断本案事实的关键。

首先，在公证机构的办公场所内，使用公证机构的计算机和公证机构的网络接口接入互联网办理保全证据公证即为保证电脑和网络的清洁性。公证机构是依法设立，不以营业为目的，依法独立行使公证职能，承担民事责任的证明机构。公证机构在受理业务的过程中，受《公证法》《公证程序规则》的制约，确保公证机构设备网络的清洁性、安全性是公证机构开展公证业务的基本要求。根据中国公证协会《办理保全互联网电子证据公证的指定意见》（公协字〔2012〕049 号）第 7 条之规定，公证机构办理保全互联网电子证据公证应当在公证机构的办公场所内，使用公证机构的计算机和公证机构的网络接口接入互联网，否则应当对所使用的计算机进行清洁性检查。由上述规定可知，在公证机构的办公场所内，使用公证机构的计算机和公证机构的网络接口接入互联网的目的，即确保保全证据使用的设备及网络的清洁性、安全性，避免当事人在自行提供的设备或网络中提前做出影响证据真实性、客观性的更改。本案涉案公证书，系创意美好公司代理人在公证员的现场监督下在本案公证处办公室办理，公证书中亦载明本次公证使用的是公证机构的计算机和公证机构的网络接口接入互联网。上述操作程序符合上述法律法规、指导意见的相关规定，不属于“应当对所使用的计算机进行清洁性检查”的情况。

其次，公证人员不存在违反法律法规的失职行为。东方网公司提供的公证书展示的内容得出的“公证过程采用直接输入网址的方式，并且未做电脑安全性、清洁性及 host 文件检查的情况下，有显示实际不存在的页面的可能性”的结论，其前提条件必须是人为更改公证处电脑 host 文件设置，仅存在以下途径：①公证员自行更改公证处电脑 host 文件设置后交给当事人使用；②公证员将公证处电脑交给当事人使用后允许当事人更改电脑 host 文件设置；③公证员将公证处电脑交给当事人使用后，公证员未对保全证据过程进行全程监督，当事人私自更改了公证处电脑 host 文件设置。上述情况均为公证人员违反公证程序规则，违反公证人员职业操守，存在主观故意或过失的情况下才可能出现。但本案并无证据证明涉案公证书在形成过程中，公证人员存在上述违反公证程序规则的失职行为，故公证处电脑不存在被人为更改电脑 host 文件设置的可能性，即在本案公证过程中，在未做电脑安全性、清洁性及 host 文件检查的情况下，公证过程采用直接输入网址的方式，也不可能存在显示实际不存在页面的可能性。

最后，东方网公司提供的公证书不足以推翻本案涉案公证书。根据《民事诉讼法》（2017 年修正）第 69 条之规定，东方网公司提供的公证书仅体现了显示虚假网页的可能性，即“在修改了公证处电脑 Windows 下的 host 文件后，在该电脑上可以以实际上不存在的域名或者假冒的其他域名访问已知 IP 下对应的服务器上的内容”，未达到《民事诉讼法》（2017 年修正）第 69 条规定的“有相反证据足以推翻公证证明”的程度。

综上所述，涉案公证书的形成，在使用公证处的计算机及网络的情况下，未进行清洁性检查并未违反公证法定程序，人民法院应当对上述公证程序的效力予以认定。

本案论证了公证书的效力问题，对于公证书是否符合法定程序的判断具有一定参考意义。

网络主播网络直播过程中未经许可使用他人作品的行为不构成侵害著作权人的表演权

——武汉斗鱼网络科技有限公司与北京麒麟童文化传播有限责任公司侵害表演权纠纷案

【裁判要旨】

我国著作权法规定的表演权，规制的是两种类型的行为：①现场表演，自然人对文学艺术等作品面向现场观众进行公开的现场表演；②机械表演，使用录像机、录音机等机器设备将对作品的表演进行公开传播的行为。无论是现场表演，还是机械表演，面向的都是在表演现场的观众，不包括向传播发生现场之外观众传送作品。因网络主播的直播行为在确定的时间进行，公众无法自行选定观看的时间和地点，故不属于我国《著作权法》规定的现场表演、机械表演等表演权控制的范围，故网络主播网络直播过程中未经许可使用他人作品的行为，不构成侵害著作权人的表演权。

【案件基本信息】

● **案号**

一审：北京互联网法院（2019）京0491民初29100号民事判决书

二审：北京知识产权法院（2020）京73民终1255号民事判决书

● **案由**

侵害表演权纠纷

● 当事人

上诉人：武汉斗鱼网络科技有限公司（以下简称斗鱼公司）

被上诉人：北京麒麟童文化传播有限责任公司（以下简称麒麟童公司）

【基本案情】

麒麟童公司经继受取得了涉案歌曲《小跳蛙》的词曲著作权，系涉案歌曲的著作权人。

斗鱼公司是斗鱼直播 App 的著作权人和网络经营者，网络主播可以在斗鱼直播平台注册并按照平台的规定进行直播活动。

2019 年 1 月 5 日，网络主播“鱼子酱啦”在斗鱼公司经营的斗鱼直播平台编号为 5508997 的直播间进行在线直播，其间“鱼子酱啦”播放了涉案歌曲原版伴奏，并演唱了《小跳蛙》。直播结束后，此次直播视频被主播制作并保存在斗鱼直播平台上，观众可以通过登录斗鱼直播平台随时随地播放观看和分享。

麒麟童公司主张网络主播“鱼子酱啦”在直播过程中未经许可使用了其享有著作权的歌曲《小跳蛙》原版伴奏并演唱了歌曲，侵害了麒麟童公司对作品的表演权，斗鱼公司作为斗鱼直播平台的开发运营者提供直播平台和结算、受益系统，应当对网络主播侵害其表演权的行为承担侵权责任。麒麟童公司起诉至一审法院，要求法院判决：①斗鱼公司删除斗鱼直播主播“鱼子酱啦”（斗鱼房间号 5508997）演唱涉案歌曲的相关侵权视频；②斗鱼公司赔偿麒麟童公司经济损失 1.5 万元。

【案件焦点】

（1）网络主播在直播中未经许可使用歌曲《小跳蛙》的行为，是否侵害了麒麟童公司对作品的表演权。

（2）斗鱼公司作为平台经营者是否应当对网络主播的行为承担责任。

【裁判理由】

一审法院认为：作者对其创作的作品享有表演权，即公开表演作品，以及用各种手段公开播送作品的表演的权利。未经著作权人许可表演其作品的，属于侵犯作品著作权的行为。本案中，斗鱼直播平台上存放的涉案视频中存在未经著作权人许可表演歌曲《小跳蛙》的内容，并进行公开播送，此种行为属于侵害著作权人表演权的行为。

新版“斗鱼直播协议”约定：“除非有相反证明，直播方通过斗鱼平台服务直播、上传、发布或者传输的内容即视为相关内容的版权拥有人。”除双方另有约定外，直播方使用斗鱼平台开播、提交、上传或者发布直播、录播、视频剪辑作品的行为即代表你方有权且同意授予斗鱼平台一项在全球范围内的、排他的、不可撤销的、免费的授权许可，斗鱼平台有权使用、传播、复制、修改、再许可、翻译、创建衍生作品、出版、表演及展示此等内容，有权代替直播方追究作品侵权人相关责任，同时，斗鱼平台有权转授第三方使用前述权利。

在新版“斗鱼直播协议”中，虽然约定直播方为相关内容的版权拥有人，但斗鱼公司享有排他的、不可撤销的、免费的授权许可，即一旦上传直播文件，直播方即将知识产权相关权利独家授权给斗鱼公司，根据权利与义务相一致原则，斗鱼公司应对涉案视频中存在的侵权内容承担侵权责任。

鉴于涉案侵权视频已经删除，一审法院判决斗鱼公司赔偿麒麟童公司经济损失800元。

二审法院认为：《著作权法》（2010年修正）第10条第1款第9项规定的表演权，规制的是两种类型的行为：①现场表演，即自然人对文学艺术等作品面向现场观众进行公开的现场表演。②机械表演，即使用录像机、录音机等机器设备将对作品的表演进行公开传播的行为。无论是现场表演，还是机械表演，面向的都是在表演现场的观众，不包括向现场之外的观众传送作品。

本案中，网络主播在斗鱼平台注册，在网络直播的过程中未经著作权人许可播放了歌曲《小跳蛙》的伴奏并演唱了该歌曲，该行为是由网络主播在其选定的固定时间，通过网络直播的方式向不特定公众传播作品，并非通过面对现场观众的现场表演或者机械表演，亦非交互式传播行为，故网络主播网络直播过程中未经许可使用他人作品的行为，不构成侵害著作权人的表演权。斗鱼平台亦不应当承担侵害作品表演权的侵权责任。经二审法院与当事人释法明理，麒麟童公司撤回了一审起诉。

【法官评析】

我国《著作权法》（2010 年修正）第 10 条第 1 款第 9 项规定著作权人享有的“表演权”，是指“公开表演作品，以及用各种手段公开播送作品的表演的权利”。

我国《著作权法》（2010 年修正）中表演权的规定来源于《伯尔尼公约》第 11 条第 1 款，其具体内容为：“戏剧、音乐戏剧和音乐作品的作者，享有下列专有权：（1）授权公开表演和演奏其作品，包括用各种手段或方法公开表演和演奏；（2）授权用各种手段公开播送其作品的表演和演奏。”

仔细比较我国《著作权法》中的表演权与《伯尔尼公约》第 11 条第 1 款，可以看出，两者在字面文字上存在较大的差别。在实践中如何理解和适用，一直是学界和司法实务界争议的难点。

有学者认为，《伯尔尼公约》第 11 条第 1 款（1）“授权公开表演和演奏其作品，包括用各种手段或方法公开表演和演奏”，即为我国《著作权法》关于表演权规定的全部内容。“只有第（i）目规定的才是公开表演权（Right of public performance），包括用各种手段或方式公开表演（including such public performance by any means or process）——即我们通常所说的机械表演”；而第（ii）目规定的是“向公众传播权”（Right of communication to the public of a performance）——即用各种方式向公众传播作品的表演①。因此，如果我国《著作权法》（2010 年修正）第 10 条中规定的表演权中的第二句话是来自《伯尔尼公约》第 11 条第 1 款第（ii）目或者说与第（ii）目的含义一致的话，著作权人也可以通过这个名义上的“表演权”来禁止一系列的“向公众传播”行为。例如，现在我国流行的通过“抖音”短视频直播对他人音乐作品的翻唱行为，就不是《伯尔尼公约》第 11 条第 1 款第（i）目

---

① 张伟君：《广播权与表演权和信息网络传播权的关系辨析》，载《苏州大学学报》（法学版）2020 年 2 月。

所控制的公开表演，而是第（ⅱ）目所控制的向公众传播作品的表演[①]。

上述观点遭到了部分学者的批判。焦和平认为，我国《著作权法》（2001 年修正）表演权中定义后半句“用各种手段公开播送作品的表演的权利”的规定，就是“机械表演权”的国内法依据。我国《著作权法》（2001 年修正）规定的机械表演权的国际法源依据是《伯尔尼公约》第 11 条第 1 款第（2）规定的“授权用各种手段公开播送其作品的表演和演奏”[②]。《伯尔尼公约》第 11 条第 1 款（2）并不是“向公众传播权”的国际法源依据。

尽管学界针对表演权有不同的争议和解释，司法实践中对我国《著作权法》（2010 年修正）第 10 条第 1 款第 9 项表演权专有权控制的行为界定，来源于全国人大常委会法工委编写的《著作权法释义》一书的解释。根据该释义，《伯尔尼公约》第 11 条中戏剧作品、音乐戏剧作品和音乐作品的作者享有的用各种手段公开播送其作品的表演和演奏的权利指的是机械表演[③]。据此，我国《著作权法》（2010 年修正）规定的表演权，限于下列两种行为：①现场表演，即自然人对文学艺术等作品面向现场观众进行公开的现场表演。②机械表演，即使用录像机、录音机等机器设备将对作品的表演进行公开传播的行为。无论是现场表演，还是机械表演，面向的都是在表演现场的观众，公众只能在传播行为发生的空间内近距离地获得作品，不包括向现场之外的观众传送作品。

具体到本案，网络主播在直播间内，通过信息网络向不特定公众传播涉案歌曲，只要是能够接收网络信号的公众，无论距离远近，均可以收看网络直播获得涉案歌曲。网络主播的该传播行为，不符合特定空间内的传播行为，既非现场表演，亦非机械表演。故网络主播的被诉行为，不属于我国《著作权法》规制的“侵害表演权”的行为。

《著作权法》（2020 年修正）最大的成就，是对广播权的定义进行了合

---

① 张伟君：《广播权与表演权和信息网络传播权的关系辨析》，载《苏州大学学报》（法学版）2020 年 2 月。

② 焦和平：《“机械表演权”的法源澄清与立法完善——兼论我国〈著作权法〉第三次修改》，载《知识产权》2014 年第 4 期。

③ 胡康生主编：《中华人民共和国著作权法释义》，法律出版社 2002 年版，第 63 页。

理扩展，修改后的广播权可以控制初始有线传播和网络直播等非交互式传播行为。这使得《著作权法》（2020 年修正）的广播权、信息网络传播权和表演权控制的行为对象更加清晰，也使得《著作权法》（2020 年修正）第 10 条第 1 款第 9 项“表演权——公开表演作品，以及用各种手段公开播送作品的表演的权利”这一专有权范围更加明确，即表演权控制的是现场表演和机械表演行为，除此之外的传播行为，不属于表演权控制的范围。

法官在《著作权法》（2020 年修正）的适用过程中，即应当保持法律概念的连贯性，也应当从整体把握《著作权法》各权项之间的差别，准确判断被诉侵权行为的特征，正确适用法律保护权利人的合法权利。

网络平台与用户合作分成式提供作品属共同侵权

——北京晋江原创网络科技有限公司与北京百度网讯科技有限公司侵害作品信息网络传播权纠纷案

【裁判要旨】

在网络平台与用户通过对收入进行分成的合作模式下，网络平台已不再属于单纯的信息网络存储空间服务提供者，其对用户上传的内容负有较高注意义务。在用户行为存在较大侵权可能性的情况下，网络平台若未尽到合理注意义务，对用户侵权行为构成应知或明知，则可能与用户构成共同侵权，应当与用户共同承担相应的民事责任。

【案件基本信息】

● **案号**

一审：北京市海淀区人民法院（2018）京 0108 民初 52465 号民事判决书

二审：北京知识产权法院（2020）京 73 民终 1889 号民事判决书

● **案由**

侵害作品信息网络传播权纠纷

● **当事人**

上诉人（原审被告）：北京百度网讯科技有限公司（以下简称百度公司）

被上诉人（原审原告）：北京晋江原创网络科技有限公司（以下简称晋江公司）

【基本案情】

作者张某某是文字作品《以貌取人》（以下简称涉案作品）的原创作者，涉案作品于2015年12月13日首发于晋江文学城，2017年3月10日发表完毕，全文共29万字。张某某将涉案作品的信息网络传播权及维权的权利独家、排他授权给晋江公司，授权期限为2014年8月25日至2019年8月24日。

2017年5月10日，晋江公司对侵权行为进行公证。打开“百度阅读”App，在搜索栏输入“以貌取人”，点击“搜索”图标进入涉案作品，点击“免费试读”，浏览并阅读部分章节，随后支付购买该图书。返回“百度阅读”App主界面，查看“书架”界面，随后点击“我的钱包”，点击并查看“交易记录”。返回到浏览器地址栏输入“wap. jjwxc. net”下载并安装客户端，打开“晋江小说阅读”App，登录后在搜索栏搜索“以貌取人”，点击进入并开始阅读，点击“下载”图标对涉案作品进行下载。

百度公司认可“百度阅读”由其经营，但主张涉案作品系由网友上传发布。百度公司提交公证书证明涉案图书上传者为网名“周末爱医”的网友，上传时间为2016年8月27日，下架时间为2017年5月27日。涉案图书购买及获利情况，百度阅读后台记录显示涉案作品销售总流水34. 44元，版权方收入24. 10元，百度收入10. 34元。

一审法院经审理认为：根据“百度阅读”的后台记录，涉案作品销售金额由上传者与百度公司双方按比例分成，由此可见百度公司与网友在提供涉案作品时是以合作分成的模式进行，百度公司在“百度阅读”销售涉案作品时也有获利，应与上传网友承担连带责任。

二审程序中，百度公司主张：涉案作品系由承诺不得侵权并签署相关协议后的用户上传，百度公司仅提供信息网络技术服务，并未对用户上传的内容做任何加工、编辑行为，不构成共同侵权。其收取的费用为技术服务费，系必要成本费用，与用户之间并不存在合作提供作品的行为。

【案件焦点】

百度公司向用户提供技术服务，使用户上传的涉案作品能够在百度阅读平台上被读者付费阅读，并且百度公司从读者阅读所支付的费用中抽取收益的行为，是否构成与用户合作提供作品；在用户提供作品构成侵权的情形下，百度公司是否构成共同侵权。

【裁判理由】

根据《最高人民法院关于审理侵害信息网络传播权民事纠纷案件适用法律若干问题的规定》第 4 条规定，有证据证明网络服务提供者与他人以分工合作等方式共同提供作品、表演、录音录像制品，构成共同侵权行为的，人民法院应当判令其承担连带责任。网络服务提供者能够证明其仅提供自动接入、自动传输、信息存储空间、搜索、链接、文件分享技术等网络服务，主张其不构成共同侵权行为的，人民法院应予支持。《信息网络传播权规定》第 11 条规定，网络服务提供者从网络用户提供的作品、表演、录音录像制品中直接获得经济利益的，人民法院应当认定其对该网络用户侵害信息网络传播权的行为负有较高的注意义务。网络服务提供者针对特定作品、表演、录音录像制品投放广告获取收益，或者获取与其传播的作品、表演、录音录像制品存在其他特定联系的经济利益，应当认定为前款规定的直接获得经济利益。网络服务提供者因提供网络服务而收取一般性广告费、服务费等，不属于本款规定的情形。

本案中，依据百度公司与“百度阅读”App 的个人作者签署的“百度阅读协议”可知，百度公司与上传作品的网络用户之间就作品的合作授权事宜进行了详细明确的约定，包含了对合作模式、收益分成计算标准、结算方式等的内容。合作过程中，先由用户上传作品，读者阅读时向百度阅读平台支付费用，百度阅读则从该费用中按照一定标准抽成。在此过程中，百度公司本身对涉案作品在百度阅读平台的上传、复制和通过信息网络传播等推广宣传事宜亦享有一定自主权，百度公司与用户之间存在深度、密切的利益合作关系。百度公司属于直接从涉案作品的传播推广中获得经济利益的情形，本身即对涉案作品的权属信息和授权状态等权属、侵权问题负有较高的注意义务。百度公司所提交的证据并不足以证明其仅提供网络技术服务，而是在与上传涉案作品的用户之间存在内容提供的分工合作关系前提下，提供一定的网络技术支持和平台服务，且在涉案作品及其作者具有一定知名度的情况下，未对涉案作品的权属信息和授权状态施以更高的审查和注意义务，由此可以推定百度公司应知涉案作品存在高度侵权风险或已经存在实际侵权情形，主观上存在过错，构成帮助侵权行为。关于百度公司与相关用户之间就侵权责任承担所作出的约定本身不能对抗权利人的索赔诉求，属于可另行解决的内部责任分担问题。因此，在本案中，百度公司理应承担相应的侵权责任。

二审结果：驳回上诉，维持原判。

【法官评析】

随着科技的发展，文化作品的传播方式更加多样化。网络平台作为技术服务提供者，其职责与其经营模式、收费模式紧密相关，不同的经营模式与收费模式可能对其需要履行的义务与承担的责任的程度要求也不尽相同。

1. 网络平台与用户之合作模式与共同侵权的认定

在以服务器标准判断是否构成信息网络传播行为时，通常情况下仅提供信息技术服务的网络服务提供者的行为不属于信息网络传播行为；但如果网络服务提供者与网络内容提供者具有内容上的合作关系，则其行为可能构成信息网络传播行为，不再享受避风港的保护。具体到个案中，网络服务提供者是否承担侵权责任及承担何种责任，应取决于其与用户之间的法律关系，以及其在侵权行为实施过程中所起的作用。目前网络服务平台的运营模式下，就网络服务平台与用户的关系，主要有平台服务类、平台雇佣类、合作分成类三大类。

（1）单纯平台服务类不构成侵权。平台服务类主要指网络平台仅提供信息技术服务，用户自行安排、策划其个人行为，即便网络平台按照一定标准向用户收取服务费用，但该费用的金额、收取方式与用户在网络平台中行为的内容、获益缺乏直接联系。在此情形下，网络平台系中立的技术服务提供者，其与用户提供的内容并无直接关系，一般无须承担用户侵权行为所造成的不利后果，除非网络平台对用户的侵权行为存在明知或应知的主观过错。这种模式常见的有微博用户在自己的账号发布的信息侵害他人著作权时，微博作为一个单纯的网络服务提供者，其与用户之间并不存在任何意思联络，且并不从用户的行为中获利，可以适用“避风港原则”，平台无须对用户的行为承担侵权责任。

（2）平台雇佣构成侵权。平台雇佣类主要指网络服务平台与数量有限的用户构成雇佣或深度合作模式，网络服务平台对通过筛选、培养等方式选中特殊的用户，然后实现用户与平台之间工作上的劳务雇佣关系或深度合作模式，并向用户支付报酬。在此情形下，网络服务平台对用户的行为负有较大的责任。常见的有网络服务平台挑选一些用户成为论坛管理员，以活跃热度、金币奖励、给予用户一定的管理权限等方式使用户成为网站的“代言人”在此情形下，用户的行为具有代表平台的作用。如果用户存在侵害他人著作权的行为，则平台构成直接侵权，需要对用户的行为承担侵权责任。

（3）合作分成类是否构成侵权取决于平台与用户的具体关系。合作分成类主要指网络服务平台与用户存在约定的合作模式，这种合作方式并不像第一种合作方式那样紧密，用户对自己的行为有更大的自主权，其在平台中所发布的具体内容可以不受平台的干涉。形式上看，由网络服务提供者提供技术服务；但是在收益分配方面，双方存在按照一定比例进行分成的约定，也就是网络服务平台从用户的行为中直接抽取报酬的行为。在这种情形下，平台与用户的获利与用户行为涉及的内容息息相关。对于平台来说，其获利来源于用户所上传内容，当然也包括其中的侵权内容。因此，应当按照分工合作共同侵权的模式，平台须对侵权行为承担责任。也即本案所涉及的网络平台与用户合作分成式提供作品的行为，属于共同侵权，平台应当承担相应的责任。该种责任承担能够更好地保护权利人的利益。权利人在举证证明侵权行为的实施主体时，在难以证明具体用户的真实信息的情况下，可更快捷搜寻到网络平台主体信息，以对外主张权利、维护自己的合法权利。如果平台在用户所实施的行为中已经尽到合理注意义务且确无可追责理由，由平台证明用户的具体信息以保障权利人能够找到真正的侵权人并向其追偿，或由网络平台向侵权人追偿，都符合加强知识产权保护的初衷。

2. 网络平台向用户收费模式与共同侵权的认定

网络平台在提供技术服务时，向享受服务者收取费用无可厚非，且服务费的收取并不必然导致用户侵权时网络平台需要承担连带责任。网络平台是否承担责任与其收费模式息息相关。

（1）单纯收取技术服务费不构成共同侵权。网络平台如果与用户之间约定在用户的行为之外，按照提供的技术服务类别、服务量进行收费，与用户的行为不存在关联性的情况下，可以认定网络平台系在正常收取服务费用，其主观意图仅为获得自身提供技术服务应获得的报酬。

（2）投入技术服务与用户共享侵权获利构成侵权。网络平台如果与接受服务一方约定，接受服务一方通过利用该服务实施一定的行为获得的利益进行特定比例分成来确定网络平台收取的服务费用时，网络平台的收益方式已经从提供技术获益向从用户获得的收益中抽成的方式转移，网络平台获得的收益与用户获得的收益呈现紧密的关联关系。因此，网络平台在提供服务的过程中其行为、目的、收益均不再是单纯的技术中立者，其对用户的行为开始负有注意义务。本案中涉案作品系图书作品，作者创作一部图书需要花费大量时间、消耗巨大精力，因此作者本人通常不会随意上传整部作品到公开的网络环境中供他人任意获得该作品，一般情况下也不会授权给一般自然人传播其作品。虽然用户在上传涉案作品前阅读或承诺其上传至平台的内容不侵害他人权益，但是此固定格式的条款并不能证明网络平台已尽到注意义务。如果对用户的侵权行为构成应知或明知，则需要与侵权用户共同承担侵权责任。

随着信息技术的发展，网络服务提供者在传播作品、丰富民众精神生活上功不可没，但其对著作权保护中需付出的成本或需要履行的义务亦将随技术水平的提高、商业发达程度的提升而“水涨船高”。因此，网络服务提供者在追求技术创新和商业发展的同时，要善意尽到注意义务，审慎地拓宽业务模式，避免过度追求经济利益而驶出免于责任承担的“避风港”。

可信时间戳证据效力的司法认定

——青州同城网络科技有限公司与北京华视聚合文化传媒有限公司侵害作品信息网络传播权案

【裁判要旨】

本案明确了在缺失取证操作步骤的情况下，通过可信时间戳取得的证据不能作为认定案件事实的依据。当事人对可信时间戳证据真实性提出异议的，法院可以从可信时间戳的服务机构、取证过程、证据形式及内容方面进行审查，判断电子数据生成、收集、存储、传输过程的真实性，从而认定可信时间戳的证据效力。

【案件基本信息】

● 案号

一审：北京互联网法院（2020）京 0491 民初 14941 号民事判决书

二审：北京知识产权法院（2020）京 73 民终 3456 号民事判决书

● 案由

侵害作品信息网络传播权纠纷

● 当事人

上诉人（一审被告）：青州同城网络科技有限公司（以下简称青州同城网络公司）

被上诉人（一审原告）：北京华视聚合文化传媒有限公司（以下简称华视聚合公司）

【基本案情】

华视聚合公司经合法授权，取得涉案影视作品《羞羞的铁拳》在中国大陆地区（不含香港、澳门、台湾地区）的独占专有信息网络传播权、维权权利及转授权权利，授权期限为 2018 年 10 月 1 日起至 2027 年 9 月 29 日止。

授权期间，华视聚合公司发现青州同城网络公司未经其合法授权，提供涉案影视作品《羞羞的铁拳》的在线播放服务，侵害了华视聚合公司就涉案影视作品享有的信息网络传播权。故请求判令青州同城网络公司赔偿经济损失 70 000 元及律师费用 5000 元，合计 75 000 元。华视聚合公司对于被诉侵权事实进行了证据保全。

2019 年 8 月 21 日，华视聚合公司申请了可信时间戳电子证据固化保全，取证手机依据联合信任电子证据服务平台的规定，全程使用“可信时间戳权利卫士 App”进行录像取证。其视频文件及截图显示，以一台华为安卓手机作为操作手机，依次点击手机的设置—系统—重置—恢复出厂设置，提示“此操作将会删除您内存设备中的部分数据，包括：您的账户、系统及应用数据和设置、已安装的应用”，选中“格式化内部存储空间”，下方显示文字“删除内部存储空间上的所有文件，例如音乐和图片”，点击“重置手机”。重启手机，选择简体中文（中国）、协议与条款、服务声明、应用权限开关说明、服务权限说明等，连接网络至“faxiansheng”，设为新设备，跳过“云空间”。打开设置—系统—关于手机，查看设备名称、型号、版本号等信息。点击手机自带浏览器—点击百度搜索—输入北京时间，对时间进行确认。点击手机自带互联网，在搜索栏输入网址“www. qzxiongzhang. cn”，进入相应网页，网页左上方显示“FURIOUS7”的图标，网页首页顶端显示电影、剧集、综艺、动漫、其他、娱乐、搞笑等分类，公告处滚动播出文字“最新、最全、最快全网影视在线观看！视频来自网络如有滚动广告请勿相信!”，页面向下滑动显示各类影片的图片，划到最末显示文字：“本站资源介绍均自动采集，所有资源都是网站 web 链接本站不会保存、复制或传播任何视频文件，也不对本站上任何内容负法律责任本站只做演示请勿支付会员，本站重视知识产权保护，并制定了旨在保护权利人的合法权益的措施和步骤，当权利人发现在本站的内容侵犯其著作权时，请权利人向本站 2078616998@qq.com 发出书面‘权利通知’，本站将依法采取措施移除相关内容或断开相关链接”，页面滑动过程中，最底端显示“搜片、电视、求片、我的”等功能选项，分别点击“电视”“求片”“搜片”进入的界面左上方仍然显示“FURIOUS7”的图标。返回网页首页，在网页搜索栏输入涉案影视作品名称，搜索结果显示有涉案影视作品的海报、名称、年代、地区、演员、导演等信息，以及“来源：资源网”的文字标注。点击“立即播放”进入播放界面，播放框上方显示“更多精彩节目，请关注公众号”，点击该文字后显示二维码。播放框下方显示有如下文字：“公告：最新、最全、最快全网影视在线观看……视频来自网络如有滚动广告请勿相信!”“注意：若播放失败请切换【来源】或者【路线】”“来源：ckm3u8”“来源：资源网”，以及类型、年代、地区、导演、演员和分享、收藏的图标，评论显示是 0 条，屏幕最底端仍显示有“搜片、电视、求片、我的”等功能选项。点击播放影片均能自如播放，且拖动屏幕下方进度条播放不受影响，片头、片尾以及影片均为完整影片，播放过程中并无跳转。播放完 5 部影片后，再点击播放影片，显示“每天可以免费观看 5 次，继续观看请购买会员”。点击购买天数，显示每天 1 元，输入金额，可以点击购买。在网页搜索栏，输入工信部的网址“beian.miit.gov.cn”，在公共查询中点击备案查询，在网站域名输入“www.qzxiongzhang.cn”，显示备案网站名称为“青州同城网络科技有限公司”。点击百度搜索，输入北京时间，再次确认时间。

青州同城网络公司认为华视聚合公司的可信时间戳证据没有按照《可信时间戳互联网电子数据取证及固化保全操作指引（2017.7 版）》（以下简称《可信时间戳操作指引》）的操作步骤进行，没有证明效力，不具有可信力，故在案证据不能证明青州同城网络公司实施了被诉侵权行为。

【案件焦点】

在缺失取证操作步骤的情况下，通过可信时间戳取得的证据是否合法有效。

【裁判理由】

一审法院认为，能够反映案件真实情况、与待证事实相关联、来源和形式符合法律规定的证据，应当作为认定案件事实的根据。华视聚合公司提交的通过时间戳服务系统固定的相关客户端页面作为电子数据类证据，虽未严格按照《可信时间戳操作指引》进行时间戳证据的保全，但该《可信时间戳操作指引》主要针对计算机取证操作流程，对手机取证仅具有参考意义，且青州同城网络公司未能提供充足证据证明该可信时间戳证据不具有真实性，故在没有相反证据的情况下，一审法院对于华视聚合公司提交的通过时间戳服务系统固定的相关客户端页面的真实性予以确认。

根据前述可信时间戳保全证书等在案证据，一审法院认定青州同城网络公司的涉案行为侵害了华视聚合公司就涉案影视作品享有的信息网络传播权，判决青州同城网络公司赔偿华视聚合公司经济损失 15 000 元。青州同城网络公司不服一审判决，向北京知识产权法院提起上诉，主张华视聚合公司未按时间戳取证规则取证，该证据不能作为认定事实的证据，请求撤销一审判决，依法改判驳回被上诉人的全部诉讼请求或发回重审。

对此，北京知识产权法院认为，《最高人民法院关于互联网法院审理案件若干问题的规定》以司法解释形式对哈希值校验、可信时间戳及区块链存证方式进行了法律确认。电子数据证据不同于传统的证据形式，具有真伪的脆弱性、传递的技术性、极强的可复制性等特殊属性，存在在抓取之前已因所处设备或网络环境存有问题而遭受“破坏”的可能性，这类“破坏”包括非真实的网络坏境、定向虚假链接访问、时间来源不明等问题。因此，当事人在用可信时间戳等技术手段采集证据时，应当严格遵守操作流程，确保电子数据的真实性。

《可信时间戳操作指引》系联合信任时间戳服务中心（即北京联合信任技术服务有限公司）出具，作为可信时间戳存证方式的操作规范具有一定指导作用，且本案双方当事人均认可该《可信时间戳操作指引》，故北京知识产权法院将参照该《可信时间戳操作指引》判定操作流程的效力。

《可信时间戳操作指引》的“互联网连接真实性检查”中包括三个关键

步骤：其一，在 IE 浏览器的 Internet 选项下的“连接”中点击“局域网”设置，以保证没有连接代理；其二，在命令窗口输入“ipconfig/all”命令，显示所有网络适配器（网卡、拨号连接等）的完整 TCP/IP 配置信息；其三，在命令窗口输入“tracert 目标网页域名，以确认连接到目标页面网络服务器的路径，保证接入网站的真实性”。以上三个关键步骤的缺失会导致如下问题：首先，没有点击“局域网”设置查看代理情况，存在设置虚拟代理网站的可能；其次，“ipconfig”没有加上“/all”，就不会显示 DNS 等关键信息，无法排除存在虚拟网站的可能；最后，没有执行“tracert 目标网页域名”，无法查看目标页面网络服务器的真实路径，进而无法确定接入网站的真实性。

本案中，2019 年 8 月 21 日的取证录像前置性检查步骤中上述三个关键步骤均缺失，关键步骤的缺失导致华视聚合公司提供的可信时间戳证据存在重大缺陷，不能作为认定案件事实的证据。因此，华视聚合公司提交的证据无法证明青州同城网络公司实施了侵害其信息网络传播权的行为，华视聚合公司基于存在侵权事实要求赔偿损失及合理开支的诉讼请求没有事实依据，法院不予支持。青州同城网络公司的上诉请求成立，北京知识产权法院判决撤销一审判决，驳回华视聚合公司一审全部诉讼请求。

【法官评析】

在互联网时代，电子信息技术得到了广泛应用，随之引发了大量的网络侵权案件，这类案件的举证难问题亟需在司法实践中得到解决。可信时间戳的运用，为解决网络侵权案件的取证问题提供了新思路。可信时间戳是由权威可信的时间戳服务中心（Time-Stamp Authority，TSA）颁发的证明电子文件产生时间及内容未被篡改和伪造的具有法律效力的电子凭证。[①] 中国科学院国家授时中心承担着我国的标准时间的产生、保持和发播任务，是我国唯一权威法定的时间服务机构。中国科学院国家授时中心负责授时和授时保障的联合信任时间戳服务中心将依据接入核准书，向相关软件用户提供可信时

---

① 米佳、卢睿：《可信时间戳动态电子物证取证平台的设计》，载《中国人民公安大学学报（自然科学版）》2011 年第 4 期。

间戳的服务。由此，可信时间戳是由联合信任时间戳服务中心签发的一个电子证书，用于证明电子数据（电子文件）在一个时间点是已经存在且内容保持完整、未被篡改，主要应用于知识产权证明、电子证据固化、电子合同、电子单证、电子票据、电子档案等领域的电子数据原始性认证。①

根据国际电子时间戳标准规范《RFC3161》，可信时间戳服务的本质是将用户的电子数据的 Hash 值和权威时间源绑定，在此基础上通过时间戳服务中心数字签名，产生不可伪造的时间戳文件。可信时间戳通常用于确定电子数据产生的准确时间，除了具有法律有效性外，还具备时间的不可否认和抗抵赖性、易操作性和高效性等特点。

可信时间戳作为电子证据，其证明力和采信度得到了域外国家的普遍认可。20 世纪 60 年代，美国以判例的形式确认了计算机记录可以作为证据采用，美国《电子签章法》也明确了电子签名的过程可以完成公证。1997 年，德国《电子签名法》规定了“数位签章”的内容，将电子文件视为书证对待，即该法认为以电子形式存储或输出的电子文件具有证明力，只要身份被识别，内容被阅读，电子签名得到确认。②

在我国司法实务中，2008 年深圳“利龙湖”案③系国内首例运用时间戳技术的司法应用案例，2015 年“华恒汉方”案④系北京首例使用可信时间戳固定证据的案件，该案认定可信时间戳认证的电子证据是未经篡改的，具有

---

① 2021 年 5 月 10 日起实施的《可信时间戳电子证据取证与证据使用操作指引》V2.0 对可信时间戳进行了定义。《操作指引》V1.0 主要针对计算机取证，《操作指引》V2.0 适用于电脑端、移动端以及现场取证。

② 张怀印、马然：《著作权侵权案件中电子证据“可信时间戳”的合理运用》，载《中国版权》2016 年第 4 期。

③ 参见广东省深圳市龙岗区人民法院（2008）深龙法民初字第 5588 号民事判决书。该案原告以打印浏览网页资料及保存浏览网页数据并加盖可信时间戳的方式固化调查内容，法院最终对于前述网页打印资料的真实性予以确认。

④ 参见北京市昌平区人民法院（2015）昌民（知）初字第 03208 号民事判决书。该案原告通过加盖可信时间戳固化网站内容的方式，证明了 Getty Images 网站上展示有涉案 4 幅图片，并与其他证明相互印证，可以确认 Getty Images 公司有权展示、销售和许可他人使用涉案图片。

真实性。2021 年最高人民法院发布互联网十大典型案例，其中“咪咕”案[①]详细论证了电子数据取证系统按照统一规范固定的证据，具有可追溯性等应予以采信的理由。

立法方面对于可信时间戳也进行了回应。《民事诉讼法》（2012 年修正）第 63 条将“电子数据”列为法定的证据种类，2015 年《民事诉讼法司法解释》第 116 条第 2 款进一步解释：“电子数据是指通过电子邮件、电子数据交换、网上聊天记录、博客、微博客、手机短信、电子签名、域名等形成或者存储在电子介质中的信息。……”2018 年《最高人民法院关于互联网法院审理案件若干问题的规定》第 11 条[②]明确了当事人提交的电子数据，通过电子签名、可信时间戳、哈希值校验、区块链等证据收集、固定和防篡改的技术手段或者通过电子取证存证平台认证，能够证明其真实性的，互联网法院应当确认。

本案被上诉人华视聚合公司在一审中以可信时间戳的方式对相关客户端页面数据进行固定，上诉人青州同城网络公司在二审中主张前述取证未严格按照《可信时间戳操作指引》规定的时间戳证据保全要求进行，因此该证据不能作为认定本案事实的依据，同时，青州同城网络公司在二审中提交了 12 份证据用以证明华视聚合公司取得的时间戳证据来源不合法。《最高人民法院关于互联网法院审理案件若干问题的规定》第 11 条规定，当事人对电子数据真实性提出异议的，互联网法院应当结合质证情况，审查判断电子数据生成、收集、存储、传输过程的真实性。合议庭根据前述规定，结合上诉主张

---

① 参见山东省高级人民法院（2018）鲁民终 1607 号民事判决书，该案原告通过联合信任时间戳服务中心的互联网电子数据系统，对咪咕公司的侵权事实进行了电子数据固定，法院认定涉案网络页面截图、屏幕录像文件以及相关时间戳认定证书等证据形成证据链，对原告以时间戳服务系统固定的涉案网络页面的真实性予以确认。

② 《最高人民法院关于互联网法院审理案件若干问题的规定》第 11 条规定：“当事人对电子数据真实性提出异议的，互联网法院应当结合质证情况，审查判断电子数据生成、收集、存储、传输过程的真实性，并着重审查以下内容：（一）电子数据生成、收集、存储、传输所依赖的计算机系统等硬件、软件环境是否安全、可靠；（二）电子数据的生成主体和时间是否明确，表现内容是否清晰、客观、准确；（三）电子数据的存储、保管介质是否明确，保管方式和手段是否妥当；（四）电子数据提取和固定的主体、工具和方式是否可靠，提取过程是否可以重现；（五）电子数据的内容是否存在增加、删除、修改及不完整等情形；（六）电子数据是否可以通过特定形式得到验证。……”

及答辩、质证意见，对在案可信时间戳证据的取证过程进行了审查。

北京联合信任技术服务有限公司发布的《可信时间戳操作指引》，作为可信时间戳存证方式的操作规范，具有一定指导作用，且本案双方当事人均认可该《可信时间戳操作指引》，故法院可以参照该《可信时间戳操作指引》判定取证操作流程的效力。

《可信时间戳操作指引》规定固化取证操作应按照如下四步骤：第一步，打开屏幕录像软件开始录屏；第二步，计算机安全性及清洁性检查；第三步，互联网连接真实性检查；第四步，取证与固化。其中，第三步互联网连接真实性检查包括了三个关键步骤，以此保证连接到目标网页网络服务器的真实路径从而确定接入网站的真实性。本案的时间戳取证对于前述三个关键步骤均缺失，导致无法确定 IP 数据包访问目标所采取的路径及无法保证接入网站的真实性。据此，法院认定被上诉人华视聚合公司在一审中提交的可信时间戳证据存在重大缺陷，不能作为认定本案事实的依据。

可信时间戳作为电子证据的一种，解决了电子证据容易被篡改、产生时间不确定及事后抵赖的问题。相较传统的公证保全方式，可信时间戳具备用时短、成本低的特点，因此越来越多的当事人倾向于使用可信时间戳进行固化存证。知识产权案件中，可信时间戳可以应用于图片作品、摄影作品、音乐作品、影视剧作品等多领域，适用于作品确权、侵权取证固证、纠纷调解、作品维权等多个环节。作为新兴电子证据，可信时间戳在案件中的广泛应用对法院审查证据的合法有效性提出了挑战。由此，本案对于可信时间戳证据效力的认定标准提出如下建议①：

（1）审查可信时间戳服务机构。司法实践中当事人往往会对可信时间戳服务机构的认证资格提出质疑，因此法院应当重点审查可信时间戳服务机构的资质、运营条件，以及中立性。

（2）审查可信时间戳取证过程。为了保证电子数据的原始性、真实性、完整性，取证过程必须严谨规范，法院应当审查电子证据的生成、收集、存

---

① 罗曼、雒欣：《知识产权审判如何正确运用时间戳取证？看看专家的观点》，载《中国知识产权报》2019 年 8 月 10 日。

储、传输过程的真实性。具体而言，法院审查取证过程是否按照规范的操作流程对取证计算机及网络环境进行安全性和清洁性检查后，是否对整个取证过程全程录像记录，并对录像文件申请可信时间戳认证。采用规范方法取证后，可在事后追溯取证过程、方法及内容，形成完整的证据链。此外，还需要审查证据获取手段是否合法。

（3）审查可信时间戳取证的证据。首先，审查证据在形式上是否完整。不同的取证系统和取证工具所获取的证据均包括以下三个文件：①电子证据原文件；②可信时间戳（＊. tsa）；③《可信时间戳©认证证书》（＊. pdf）。其次，审查证据内容是否达到法律规定的证明标准。如前所示，可信时间戳可以作为权属证据，如果对作品底稿等形成过程中的文件进行时间戳固定，法院需要审查该权属证据是否达到《著作权法》规定的构成作品权属的初步水平。最后，可信时间戳取证证据作为侵权证据时，法院需要审查侵权网页的完整性，如可否显示侵权主体、侵权时间、侵权网站网址等信息。

著作权合理使用的构成要件

——金某某、永嘉县非诚勿扰婚姻介绍所与华谊兄弟传媒股份有限公司著作权权属、侵权纠纷案

【裁判要旨】

本案明确了认定对作品的使用行为是否构成合理使用的标准，不仅要判断其是否属于著作权法规定的相应情形，还要判断其是否符合“三部检验标准”。即需要判断该行为是否符合“合理的方式和范围”“不得影响该作品的正常使用”“不得不合理地损害著作权人的合法利益”三要件。

【案件基本信息】

• **案号**

一审：北京市朝阳区人民法院（2017）京 0105 民初 57692 号民事判决书

二审：北京知识产权法院（2019）京 73 民终 2701 号民事判决书

• **案由**

著作权侵权纠纷

• **当事人**

上诉人（一审被告）：金某某

上诉人（一审被告）：永嘉县非诚勿扰婚姻介绍所（普通合伙）（以下简称非诚勿扰婚介所）

被上诉人（一审原告）：华谊兄弟传媒股份有限公司（以下简称华谊兄弟公司）

【基本案情】

2008 年 12 月 18 日，由华谊兄弟公司等多家单位出品的电影《非诚勿扰》在全国公映。电影公映前，出品单位通过电影海报的方式对该电影进行了宣传。电影及电影海报中使用了经过艺术加工处理的“非誠勿擾”（图 1）四字作为电影标题。电影海报中除了该电影标题外，还有电影剧照等元素，其中还对电影的导演、主演、权利人进行了署名。电影海报中署名编剧/导演冯小刚，美术指导石海鹰，并有“© 2008 华谊兄弟传媒股份有限公司 Media Asia Films（BVI）Ltd. 版权所有 寰亚电影”标识。

图 1

2016 年 1 月 16 日，冯小刚、石海鹰与华谊兄弟公司签订“协议书”，称“电影《非诚勿扰》宣传发行中所使用的宣传海报（包括对电影标题的美术字形设计）的全部著作权归华谊兄弟公司所有”。同年，冯小刚、石海鹰先后发表声明，称“2008 年拍摄《非诚勿扰》时，用于电影海报宣传使用的‘非誠勿擾’四个字的美术字形，著作权归华谊兄弟公司享有”。

2009 年 2 月 16 日，金某某向国家知识产权局商标局（本文以下简称商标局）申请注册“非誠勿擾”商标（图 2），2010 年 9 月 7 日，该商标经商标局核准注册，注册有效期至 2020 年 9 月 6 日，该商标核定使用的服务类别为第 45 类，包括交友服务、婚姻介绍所等。

图 2

非诚勿扰婚介所系注册于2013年2月25日的普通合伙企业，金某某系合伙人之一。非诚勿扰婚介所于2015年12月1日注册了域名为fcwrppls.cn的网站宣传婚恋交友服务。在该网站上多处使用了“非誠勿擾婚恋交友”字样，与金某某的“非誠勿擾”注册商标稍有不同（图3）。同时该网站上亦展示了金某某的注册商标，金某某认可系将其注册商标许可给非诚勿扰婚介所使用。

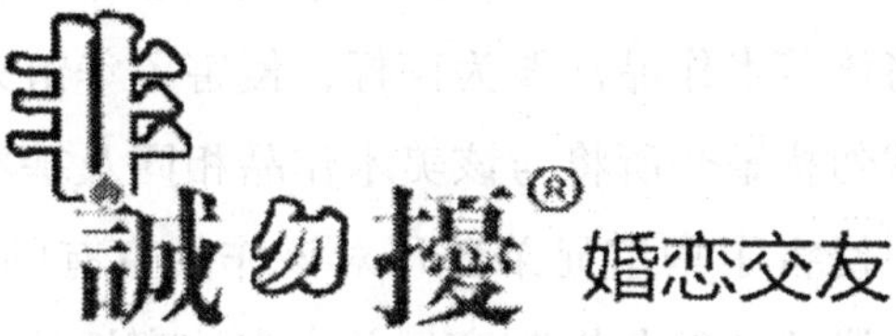

图3

华谊兄弟公司主张：《非诚勿扰》电影海报中呈现的“非誠勿擾”四字，构成具有审美意义的美术作品，该美术作品的著作权归属华谊兄弟公司。金某某将该美术作品申请为商标，金某某、非诚勿扰婚介所在其经营的非诚勿扰婚恋交友网站上未经许可，以商业目的擅自使用该美术作品，构成著作权侵权行为。故请求法院判决金某某、非诚勿扰婚介所赔偿华谊兄弟公司经济损失100万元、合理开支31 010元及在非诚勿扰婚恋交友网站上向华谊兄弟公司赔礼道歉。

金某某、非诚勿扰婚介所共同辩称：电影海报上的“非誠勿擾”汉字不构成著作权法意义上的作品。即便构成作品，其权属存疑，涉案使用行为也属于合理使用，依法不应认定构成侵权。金某某只是规范注册商标的标识，完全不涉及著作权侵权问题。华谊兄弟公司在本案中的诉求，直接违反了《商标法》的规定，打破了不同知识产权主体之间的利益平衡。华谊兄弟公司本案主张的经济损失赔偿没有任何事实和法律依据。综上，请求法院判决驳回华谊兄弟公司全部诉讼请求。

【案件焦点】

金某某、非诚勿扰婚介所对涉案“非誠勿擾”美术作品的使用行为是否构成合理使用。

【裁判理由】

一审法院认为：电影海报系为电影宣传而制作的美术作品，虽可能展示在室外，其使用具有一定的时效性，但并不属于设置或陈列在室外公共场所的艺术作品的范畴，故金某某、非诚勿扰婚介所辩称的其非诚勿扰婚介所系对“非誠勿擾”美术作品的合理使用，并无事实及法律依据。金某某未经华谊兄弟公司许可，将该美术作品注册为商标，侵害了华谊兄弟公司对该作品享有的著作权。非诚勿扰婚介所将与该美术作品相同及基本相同的字样展示在其经营的网站上，侵害了华谊兄弟公司对该作品享有的信息网络传播权。虽然金某某经核准注册“非誠勿擾”商标并享有该商标的专用权，但这并不改变其系侵犯华谊兄弟公司“非誠勿擾”美术作品著作权的事实与定性。就使用“非誠勿擾”商标过程中的著作权侵权行为，金某某、非诚勿扰婚介所仍应依照著作权法的规定承担相应的法律责任。因此，判决金某某赔偿华谊兄弟公司经济损失 2 万元，非诚勿扰婚介所在 1 万元范围内承担连带赔偿责任，金某某、非诚勿扰婚介所共同赔偿合理开支 31 010 元。

金某某、非诚勿扰婚介所不服一审判决，向北京知识产权法院提起上诉，共同主张即使涉案“非誠勿擾”构成作品，非诚勿扰婚介所的被诉使用行为也属于合理使用，不宜认定侵权。理由如下：①涉案电影海报属于合理使用的客体范围。②商业目的并不影响构成合理使用。③本案被诉使用行为并不能对华谊兄弟公司的涉案电影海报起到任何“替代”作用，完全符合合理使用的制度目的。

二审法院认为：判断著作权法意义上的使用行为是否属于合理使用，首先要判断该行为是否属于《著作权法》（2010 年修正）第 22 条[①]规定的 12 种法定情形之一。如果属于前述情形，则应当考察该行为是否符合《著作权法实施条例》第 21 条规定的检验标准——“不影响该作品的正常使用”“不得不合理损害著作权人的合法利益”。如涉及通过信息网络的传播行为及

① 现为《著作权法》（2020 年修正）第 24 条。

《著作权法》（2010 年修正）第 22 条第 10 项规定的行为，再结合《信息网络传播权保护条例》和《最高人民法院关于审理民事纠纷案件适用法律若干问题的解释》进行司法判断。

就本案而言，金某某、非诚勿扰婚介所主张，金某某将陈列在室外用于宣传的涉案电影《非诚勿扰》海报进行复制后，将海报上的涉案“非誠勿擾”汉字申请注册商标，并由非诚勿扰婚介所在涉案网站进行宣传使用的行为，属于《著作权法》（2010 年修正）第 22 条第 10 项规定的“对设置或者陈列在室外公共场所的艺术作品进行临摹、绘画、摄影、录像”的合理使用行为。按照《最高人民法院关于审理民事纠纷案件适用法律若干问题的解释》第 18 条的规定，对前款艺术作品的临摹、绘画、摄影、录像，并对其成果以合理的方式和范围再行使用，无论该使用行为是否具有商业目的，均应构成合理使用。

对此，二审法院认为：《最高人民法院关于审理民事纠纷案件适用法律若干问题的解释》第 18 条并未否认商业性使用属于合理使用，这是制定该司法解释的本意，亦未违反《著作权法》（2010 年修正）第 22 条之规定。判断“对设置或者陈列在室外公共场所的艺术作品进行临摹、绘画、摄影、录像”的行为是否属于合理使用行为，关键在于判断再次使用行为是否以“合理的方式和范围”进行，是否“影响著作权人对该作品的正常使用”，以及是否“不合理损害著作权人的合法利益”。

涉案“非誠勿擾”属于平面美术作品，华谊兄弟公司为宣传目的，将印有涉案“非誠勿擾”的海报悬挂于室外公用场所，属于《最高人民法院关于审理民事纠纷案件适用法律若干问题的解释》第 18 条规定的“设置或者陈列在室外公共场所的艺术作品”。一审法院关于涉案“非誠勿擾”不属于设置或陈列在室外公共场所的艺术作品的范畴的认定有误，本院予以纠正。

著作权人对平面美术作品正常使用的方式相对单一，即自行或授权他人复制作品、在原作品基础上创作演绎作品再加以商业利用。如果认为只要一幅平面美术作品被置于公共场所，他人就可以在拍摄、绘画或临摹之后随意进行商业性使用，势必会严重影响美术作品著作权人对他人发放许可并威胁其收入来源，会构成与美术作品正常使用方式的冲突和影响著作权人的合法利益。

因此，金某某、非诚勿扰婚介所的使用行为不属于《著作权法》（2010年修正）第22条规定的合理使用行为，其行为不合理地损害了华谊兄弟公司对涉案“非誠勿擾”的合法利益，应当承担侵权的法律责任。对金某某、非诚勿扰婚介所的该项主张，本院不予支持。综上，金某某、非诚勿扰婚介所的上诉请求不能成立，本院判决驳回上诉，维持原判。

【法官评析】

为了激发人们的创作积极性，我国《著作权法》规定了著作权人及邻接权人的多项财产权利。但是，出于社会对知识和信息的需要，著作权法在赋予权利人垄断权的同时进行了一定限制，规定在一定条件下允许他人不经许可能够无偿使用权利人的作品，即合理使用。① 合理使用制度的价值目标就在于协调创作者、传播者、使用者的利益关系，通过均衡的保护途径，促进文化、科学事业的发展。②

《伯尔尼公约》第9条第2款规定，成员国法律有权允许在某些特殊情况下（不经作者许可）复制作品，只要这种复制不致损害作品的正常使用，也不致无故侵害作者的合法权益。《与贸易有关的知识产权协定》（Agreement on Trade-Related Aspects of Intellectual Property Rrights，简称TRIPs）和《世界知识产权组织版权条约》（World Intellectual Property Organization Copyright Treaty，WCT，简称《WIPO版权条约》）以基本相同的措辞规定成员国可以对各种专有权利作出限制。世界各国对著作权均规定了限制和例外，但在名称和立法体例上有所不同。

《美国版权法》第107条将既不需要经过版权人许可，也不需要向其支付报酬的使用作品行为称作“合理使用”（fair use）。其没有详细列举“合理使用”的具体情形，而是规定了构成“合理使用”应当考虑的四因素：使用的目的和性质、被使用作品的性质、被使用部分的数量和重要性、对作品潜

① 王迁：《著作权法》，中国人民大学出版社2015年版，第317页。

② 吴汉东：《著作权合理使用制度研究》，中国政法大学出版社1995年版，第2页。

在市场或价值的影响。大陆法系国家的著作权立法中并没有“合理使用”的称谓，而是将所有不需要经过著作权人许可的使用作品行为归入“权利的例外和限制”条款，这些条款对“合理使用”的具体情形进行列举，我国《著作权法》亦是如此。

我国著作权法在合理使用制度的立法例上，采取的是大陆法系著作权法的封闭式模式，即《著作权法》第二章第四节规定了权利的限制，其中，在2020年修正版中，第24条①在2010年修正版第22条的基础上有所改动，列举了合理使用的13种情形。这种列举式规定的特点之一是没有兜底条款，亦没有相关的原则性规定。此外，我国《信息网络传播权保护条例》第6条②也规定了8种数字环境中的合理使用情形。

《伯尔尼公约》、TRIPs和《WIPO版权条约》虽然均允许成员国对著作

---

① 《著作权法》(2020年修正) 第24条规定：“在下列情况下使用作品，可以不经著作权人许可，不向其支付报酬，但应当指明作者姓名或名称、作品名称，并且不得影响该作品的正常使用，也不得不合理地损害著作权人的合法权益：(一) 为个人学习、研究或者欣赏，使用他人已经发表的作品；(二) 为介绍、评论某一作品或者说明某一问题，在作品中适当引用他人已经发表的作品；(三) 为报道时事新闻，在报纸、期刊、广播电台、电视台等媒体中不可避免地再现或者引用已经发表的作品；(四) 报纸、期刊、广播电台、电视台等媒体刊登或者播放其他报纸、期刊、广播电台、电视台等媒体已经发表的关于政治、经济、宗教问题的时事性文章，但著作权人声明不许刊登、播放的除外；(五) 报纸、期刊、广播电台、电视台等媒体刊登或者播放在公众集会上发表的讲话，但作者声明不许刊登、播放的除外；(六) 为学校课堂教学或者科学研究，翻译、改编、汇编、播放或者少量复制已经发表的作品，供教学或者科研人员使用，但不得出版发行；(七) 国家机关为执行公务在合理范围内使用已经发表的作品；(八) 图书馆、档案馆、纪念馆、博物馆、美术馆、文化馆等为陈列或者保存版本的需要，复制本馆收藏的作品；(九) 免费表演已经发表的作品，该表演未向公众收取费用，也未向表演者支付报酬，且不以营利为目的；(十) 对设置或者陈列在室外公共场所的艺术作品进行临摹、绘画、摄影、录像；(十一) 将中国公民、法人或者非法人组织已经发表的以国家通用语言文字创作的作品翻译成少数民族语言文字作品在国内出版发行；(十二) 以阅读障碍者能够感知的无障碍方式向其提供已经发表的作品；(十三) 法律、行政法规规定的其他情形。前款规定适用于与著作权有关的权利的限制。”

② 《信息网络传播权保护条例》第6条规定：“通过信息网络提供他人作品，属于下列情形的，可以不经著作权人许可，不向其支付报酬：(一) 为介绍、评论某一作品或者说明某一问题，在向公众提供的作品中适当引用已经发表的作品；(二) 为报道时事新闻，在向公众提供的作品中不可避免地再现或者引用已经发表的作品；(三) 为学校课堂教学或者科学研究，向少数教学、科研人员提供少量已经发表的作品；(四) 国家机关为执行公务，在合理范围内向公众提供已经发表的作品；(五) 将中国公民、法人或者其他组织已经发表的、以汉语言文字创作的作品翻译成的少数民族语言文字作品，向中国境内少数民族提供；(六) 不以营利为目的，以盲人能够感知的独特方式向盲人提供已经发表的文字作品；(七) 向公众提供在信息网络上已经发表的关于政治、经济问题的时事性文章；(八) 向公众提供在公众集会上发表的讲话。”

权规定限制和例外，但均以该规定只能在特殊情况下作出、与作品的正常利用不相冲突，以及没有不合理地损害权利人合法权益这三个条件为前提。这三个前提即“三步检验标准”。根据“三步检验标准”，限制与例外允许使用作品的情形：①范围上必须是有限的，而且应基于适当的公共政策考量；②凡是能够带来较大经济利益、对作者较为重要的权利，应留给作者行使，限制与例外允许的行为不能在经济上与作者对权利的行使形成竞争，即不能损害作品的市场价值；③虽然任何限制与例外都会在一定程度上减损作者的利益，但这种程度必须合理，不能超出与相应公共政策相适应的范围①。

我国作为《伯尔尼公约》、TRIPs 和《WIPO 版权条约》的成员国，应当遵守“三步检验标准”的国际义务，因此，《中华人民共和国著作权法实施条例》（以下简称《著作权法实施条例》）第 31 条规定，依照《著作权法》（2010 年修正）有关规定，使用可以不经著作权人许可的已经发表的作品的，不得影响该作品的正常使用，也不得不合理地损害著作权人的合法利益。由此，“三步检验标准”被转换成我国国内立法，成为司法审判时的重要依据。即判断一种使用是否构成合理使用，不仅要看其是否属于著作权法规定的相应情形，还要看其是否符合“三步检验标准”。

具体到本案，金某某、非诚勿扰婚介所主张：金某某将陈列在室外用于宣传的涉案电影《非诚勿扰》海报进行复制后，将海报上的涉案“非誠勿擾”汉字申请注册商标并由非诚勿扰婚介所在涉案网站进行宣传使用的行为，属于《著作权法》（2010 年修正）第 22 条第 10 项规定的“对设置或者陈列在室外公共场所的艺术作品进行临摹、绘画、摄影、录像”的合理使用行为。

对于金某某、非诚勿扰婚介所的主张，首先应判断涉案“非誠勿擾”海报是否属于“设置或者陈列在室外公共场所的艺术作品”。根据《最高人民法院关于审理民事纠纷案件适用法律若干问题的解释》第 18 条②的规定，

---

① 王迁：《著作权法》，中国人民大学出版社 2015 年版，第 321～322 页。

② 《最高人民法院关于审理民事纠纷案件适用法律若干问题的解释》第 18 条规定：“著作权法第 22 条第（十）项规定的室外公共场所的艺术作品，是指设置或者陈列在室外社会公众活动处所的雕塑、绘画、书法等艺术作品。对前款规定艺术作品的临摹、绘画、摄影、录像，可以对其成果以合理的方式和范围再行使用，不构成侵权。”

“室外公共场所的艺术作品”是指设置或者陈列在室外社会公众活动处所的雕塑、绘画、书法等艺术作品。本案华谊兄弟公司为宣传《非诚勿扰》电影，将涉案“非誠勿擾”海报悬挂至室外公共场所，属于“设置或者陈列在室外公共场所的艺术作品”。

在此基础上，需要判断金某某、非诚勿扰婚介所的涉案行为是否构成合理使用。对于绘画、书法等平面艺术作品进行临摹、绘画、摄影和录像，是一种典型的以无接触方式实施的“从平面到平面”的复制或演绎行为，这类复制行为受艺术作品著作权人复制权的控制。但设置或陈列在室外公共场所的艺术作品已经成为公共文化生活的一部分，应当给予公众较多的使用自由①。因此，对前述艺术作品的临摹、绘画、摄影、录像，以及对其成果以合理的方式和范围再行使用，无论是否具有商业目的，均构成合理使用。

如何界定金某某、非诚勿扰婚介所的涉案行为是否构成合理使用，需要判断该行为是否符合“合理的方式和范围”“不得影响该作品的正常使用”“不得不合理地损害著作权人的合法利益”。

涉案“非誠勿擾”作为平面美术作品，著作权人即华谊兄弟公司对其正常使用的方式相对单一，要么自行或授权他人复制该平面美术作品，要么在原作品基础上创作演绎作品再加以商业性利用。金某某将海报上的涉案“非誠勿擾”汉字申请注册商标，并由非诚勿扰婚介所在涉案网站宣传使用，前述行为超出了合理使用的方式和范围，势必会影响华谊兄弟公司向他人授权许可涉案“非誠勿擾”作品，影响涉案作品的正常使用，进而影响到华谊兄弟公司的收入来源，不合理地损害了著作权人的合法利益。综上，合议庭得出一致结论，涉案“非誠勿擾”海报属于《著作权法》（2010 年修正）第 22 条第 10 项规定的“设置或者陈列在室外公共场所的艺术作品”，但金某某、非诚勿扰婚介所的的涉案行为不属于合理使用行为，其行为损害了华谊兄弟公司就涉案“非誠勿擾”作品享有的合法利益，依法应当承担侵权的法律责任。

---

① 王迁：《著作权法》，中国人民大学出版社 2015 年版，第 361 页。

导航电子地图是否构成地图作品

——北京四维图新科技股份有限公司与北京奇虎科技有限公司等侵害著作权及不正当竞争案

【裁判要旨】

导航电子地图的“独创性”主要表现在把具体地物、地貌、信息点等测量到地图上的过程中，根据地图使用目的、地图比例尺及相关测量规范等要求对地物、地貌、信息点等进行取舍。这种取舍的过程，实际上就是制图者创作的过程。地图软件呈现的图形要素与MIF格式文件中的数据形式的数据信息是一一映射关系。通过地图软件，MIF格式文件可以稳定的呈现图形画面，为人们客观感知，即MIF格式文件是对导航电子地图的“某种有形形式复制”。

涉案导航电子地图对于地物、地貌、地点的选择和取舍、绘图颜色、标注和绘制方式的选择和取舍等方面，能够体现作者智力化的选择和编排，具有独创性。MIF格式文件是对导航电子地图的“某种有形形式复制”，通过MIF格式文件打开，涉案导航电子地图可以形成稳定的图形，故涉案导航电子地图构成著作权法保护的地图作品。

【案件基本信息】

● **案号**

一审：北京市海淀区人民法院（2016）京0108民初27234号民事判决书

二审：北京知识产权法院（2019）京73民终1270号民事判决书

● **案由**

侵害著作权及不正当竞争纠纷

● **当事人**

上诉人（一审被告）：北京四维图新科技股份有限公司（以下简称四维图新公司）

被上诉人（一审被告）：北京奇虎科技有限公司（以下简称奇虎公司）

被上诉人（一审被告）：北京秀友科技有限公司（以下简称秀友公司）

被上诉人（一审被告）：立得空间信息技术股份有限公司（以下简称立得公司）

【基本案情】

四维图新公司是我国具有地理测绘资质的导航电子地图研发和生产企业。秀友公司是从事电子地图服务的高科技企业，立得公司是秀友公司的关联公司。奇虎公司是我国知名的互联网科技公司。2014 年 4 月，四维图新公司与秀友公司签订许可协议，四维图新公司将导航电子地图数据产品授权秀友公司在我秀中国网站（www. ishowchina. com）使用，授权期限 3 年。双方同时约定，秀友公司只能将上述地图数据产品用于我秀中国网站（www. ishowchina. com）使用，未经四维图新公司书面同意，秀友公司不得以任何形式擅自转发或转卖四维图新公司的电子地图数据产品。

2014 年 4 月，秀友公司与奇虎公司签订许可协议，秀友公司将授权取得的导航电子地图供奇虎公司使用。奇虎公司使用秀友公司授权的导航电子地图产品，在其 360 搜索网站（www. so. com）以及 360 搜索 App（包括安卓版和 IOS 版）向用户提供互联网地图服务。

四维图新公司认为：涉案导航电子地图构成地图作品。秀友公司超出与四维图新公司的合同约定，将导航电子地图转卖给奇虎公司。奇虎公司擅自在其经营的网站以及 App 中使用涉案导航电子地图。秀友公司的关联公司立得公司未经许可将相应地图送审测绘，奇虎公司、秀友公司、立得公司的行为构成著作权侵权。奇虎公司、秀友公司、立得公司未经许可使用导航电子地图中数据的行为，违反诚实信用原则和公认的商业道德，构成不正当竞争。此外，三公司对外宣称奇虎公司所使用的电子地图数据来自四维图新公司并已获得合法授权，其进行虚假宣传的行为，侵害了四维图新公司的合法权益和潜在商业机会，构成不正当竞争。综上，四维图新公司要求法院判决：①三公司立即停止侵权行为；②三公司刊登致歉声明，消除不良影响；③三公司赔偿经济损失1亿元、合理开支100万元；④三公司承担本案全部诉讼费用。

一审法院经审理认为：涉案导航电子地图不构成我国《著作权法》规定的地图作品，奇虎公司、秀友公司、立得公司的行为不构成虚假宣传行为，亦未构成不正当竞争。故判决驳回四维图新公司的全部诉讼请求。

四维图新公司不服一审判决，上诉至北京知识产权法院，要求撤销一审判决，改判支持四维图新公司的一审诉讼请求。

【案件焦点】

（1）四维图新公司主张的涉案导航电子地图是否构成地图作品；

（2）秀友公司、奇虎公司、立得公司的被诉使用行为，是否侵害了四维图新公司对涉案导航电子地图的著作权；

（3）奇虎公司、秀友公司和立得公司的被诉使用行为是否违反了《反不正当竞争法》第2条的规定。

【裁判理由】

1. 涉案导航电子地图构成地图作品

我国《著作权法》将地图作品与工程设计图、产品设计图、示意图等一并规定为图形作品，是由于这些类型的作品具有以图形化的方式反映一定的科学原理、结构的特点。在《著作权法实施条例》中，针对图形作品的这一特点，对图形作品的内涵进行了进一步明确。其中，地图被定义为“反映地理现象的地图作品”。从《著作权法》和《著作权法实施条例》对地图作品的规定可以看出，我国立法区分了地图以及其他图形作品与同为视觉表达的美术作品的不同：前者的特点在于具有相当强的科学性或技术性，有实用功能或可以反映一定的客观事实，而后者则主要发挥审美功能。

著作权保护的是独创性表达，其保护范围是作品的独创性部分。因此，独创性也是划定著作权权利保护范围与公有领域的边界。对于地图作品，无论是传统地图还是导航电子地图，拒绝给予保护的理由通常是地图不具有独创性。因此，解决导航电子地图在著作权体系下是否具有可保护性问题，最重要的是确定导航电子地图是否具有独创性以及何为导航电子地图体现独创性的表达。

（1）导航电子地图独创性的主要因素：对客观地理信息的取舍表达。导航电子地图的“独创性”主要表现在把具体地物、地貌、信息点等测量到地图上的过程中，根据地图使用目的、地图比例尺及相关测量规范等要求对地物、地貌、信息点等进行取舍。这种取舍的过程，实际上就是制图者创作的过程。即使对于相同地物、地貌进行绘制时，也存在不同的表达。

实践中，绘制地图中需要选择、取舍的要素远大于上述简单例示，实际表达方式也更多元，地图表达的设计空间将迅速增大。在存在极大的创作空间的情况下，两个独立创作的作品因为偶然而相同的概率也就相应减小。因此，对于包含丰富地理要素，基于绘图者测量、绘制产生的地图作品的偶合概率小。

从上述分析可以看出，导航电子地图具有较高的市场价值和表达成本。而“现实世界的地理信息非常丰富，地图上能容纳的信息本身有限，如何利用线条、色彩、图标呈现筛选确定的信息必然要经过复杂的筛选过程，所以结果因人而异”。导航电子地图有很大的创作空间，至少独立测绘的导航电子地图偶合或者与现有作品重合的可能性小。综上，独立测绘的导航电子地图，通常可以符合独创性的要求。

（2）导航电子地图的“可感知性”：通过地图软件呈现的图形化表达。我国《著作权法》第 2 条对于作品的定义是“文学、艺术和科学领域内具有独创性并能以某种有形形式复制的智力成果”，其中“以有形形式复制”，实际上是强调“作品”只能是可以被客观感知的外在表达，而不能是抽象的思想、概念等。“以有形形式复制”强调的是可以被客观感知，而对表达的具体形式不加限制。

实践中，导航电子地图有其特有的文件格式，常见的有 MIF 文件格式等。在 MIF 格式中，导航电子地图以不同的图层形式存储，经过一定的规律性计算机处理过程，导航电子地图可以呈现出图形化界面。地图软件呈现的图形要素与 MIF 文件中的数据形式的数据信息是一一映射关系。通过地图软件，MIF 格式文件可以稳定地呈现图形画面为人们客观感知，即 MIF 格式文件是对导航电子地图的“某种有形形式复制”。

使用计算机打开的 MIF 格式文件有固定的图形化表达，如上文所述，MIF 格式文件中呈现的最终状态信息是图形化的地理信息，用户感知、使用的也是图形化的地图，而非抽象的地理信息。在计算机上绘制的美术作品在计算机上以数字形式存在，但通过特定软件打开图片文件，由计算机进行自动加载后，呈现出来的是图像。由此可见，数字化存储方式并不会改变作品属性。同理，数字化的存储方式也不改变地图作品的性质。虽然导航电子地图在计算机上以数据形式存储，但其表现方式还是图形化的，故其本质还是图形作品。

尽管导航电子地图编辑软件中，用户可以选择叠加不同的图层，或改变地图的初始渲染方式，但这不意味着导航电子地图作品“未完成”或“未固定”。一方面，导航电子地图的各图层都有图形化表达，且表达方式在该电子地图作品完成后就唯一固定。因此，即使用户可以根据需要叠加图层，也不能改变导航电子地图作品的表达方式。用户选择呈现的图层只是对作品的利用行为，尽管图层的排列组合可能有多种呈现，但都在作者创作的范畴内，用户选择不会为导航电子地图增加新的独创性的内容。另一方面，地图作品的不同复制件在任意设备上打开均有相同的图形化表达，这充分说明该作品已经完成并且固定，不会在复制或计算机处理过程中发生改变。至于互联网地图的渲染、加工确实改变了导航电子地图的部分具体表达，如图形符号的样式、配色等，但这种渲染过程不是计算机的自动化处理过程，而是加入了人的因素，在满足一定独创性要求的情况下甚至可能构成地图作品的改编。这说明导航电子地图存在改编、再创作的空间，但不意味着原作品未完成或未固定。

因此，对于导航电子地图，每个图层都有其图形化表达，满足独创性要求的情况下，都可以成为著作权所保护的图形作品。即使个别信息点不以图形化的形式存在，其也是依附于图形化地图，用于解释、说明地图的内容，不足以改变导航电子地图作品整体的定性。导航电子地图虽然在存储形式上有特殊性，但仍然是以图形化要素说明地理信息的地图，故具有独创性的导航电子地图属于著作权保护的图形作品。

涉案导航电子地图的独创性体现在以下方面：

第一，对于地图中地物、地貌、地点的选择和取舍。涉案导航电子地图将具体地物、地貌、信息点等客观地理信息测量到地图上的过程中，体现了制图者的选择、取舍，具有独创性。

第二，对于地图中相同地物、地貌绘制时，根据客观地物地貌，绘图颜色的选择不同，会产生地理事物不同的表达。对于客观地理信息中相同的地物、地貌，不同制图者选择不同颜色的表达，体现了独创性。

第三，对于地图中相同地物、地貌绘制时，不同标注和绘制方式的选择和取舍，会产生地理事物形状的不同表达。

2. 秀友公司、奇虎公司、立得公司的涉案行为侵害了四维图新公司对涉案导航电子地图的著作权

秀友公司与奇虎公司的合作使用方式超出了秀友公司与四维图新公司约定的使用方式和使用范围，侵害了四维图新公司对涉案导航电子地图的署名权、复制权、改编权和信息网络传播权。

立得公司未经四维图新公司许可，将《我秀中国地图网站》地图送国家测绘部门审查并获得 GS（2014）6071 审图号的行为，侵害了四维图新公司对涉案导航电子地图的复制权。

3. 奇虎公司、秀友公司和立得公司的涉案行为违反了《反不正当竞争法》第 2 条的规定

导航电子地图是一种能够反映相关地理现象，显示空间地理坐标位置，并且与导航应用系统结合使用的终端地图数据产品。用数字化形式把地理信息中各要素以及他们之间的相互关系进行有机组织并存储于计算机内部。导航电子地图主要是由地理信息数据和图形两部分组成的。奇虎公司、秀友公司、立得公司未经许可使用四维图新公司的涉案导航电子地图，必然会使用该导航电子地图中的地理信息数据。由于该地理信息数据系四维图新公司耗费巨大的人力、物力、财力，经过复杂的情报收集、数据采集、数据制作、数据质检等过程形成，且导航电子地图的编制活动只能由依法取得导航电子地图测绘资质的单位实施，故涉案导航电子地图数据具有较高的经济价值。

涉案导航电子地图成为四维图新公司的无形资产和核心竞争力，四维图新公司通过合法途径获取的数据应当受到法律保护，通过该数据获取的利益属于合法权益，任何自然人、法人和非法人组织无权通过不正当手段攫取。

奇虎公司、秀友公司、立得公司均为电子地图领域的服务提供者，与四维图新公司存在竞争关系。奇虎公司、秀友公司的被诉使用行为，不当利用了四维图新公司的竞争资源，减少了四维图新公司的交易机会，损害了公平公正的竞争秩序，构成《反不正当竞争法》第2条规定的不正当竞争行为。立得公司作为秀友公司的关联公司，主观上具有与秀友公司共同经营我秀中国网站并提供互联网电子地图服务的意图，客观上实施了未经许可复制涉案导航电子地图数据的行为，目的是使送审地图获得国家测绘部门的审批许可，帮助秀友公司向奇虎公司提供地图服务。立得公司的行为，亦不当利用了四维图新公司的竞争资源，减少了四维图新公司的交易机会，损害了公平公正的竞争秩序，构成《反不正当竞争法》第2条规定的不正当竞争行为。

但是基于导航电子地图的特点，地图软件呈现的图形要素与MIF格式文件中数据形式的数据信息是一一映射关系，MIF格式文件中最终呈现的是图形化的地理信息，而非抽象的地理信息数据。四维图新公司主张的被诉不正当竞争行为与前述著作权侵权行为实质上属于同一行为，相关权益已经在专门法作具体规定并且法院已经适用该专门法进行保护的，不宜再以《反不正当竞争法》第2条进行重复保护。

据此，北京知识产权法院改判撤销一审判决，奇虎公司、秀友公司向四维图新公司公开赔礼道歉、消除影响；奇虎公司、秀友公司、立得公司连带赔偿四维图新公司经济损失1000万元及合理支出50万元。

【法官评析】

导航电子地图是含有空间位置地理坐标，能够与空间定位系统结合，准确引导人或交通工具从出发地到达目的地的电子地图或数据集。[①] 我国导航

① 参见中华人民共和国国家质量监督检验检疫总局、中国国家标准化管理委员会发布的《导航电子地图安全处理技术基本要求》（国家强制性标准GB20263—2006）2006年10月1日起实施。

电子地图研究始于1996年，导航电子地图出现早期应用于车载导航仪和手持导航仪。2009年后，随着互联网技术的发展，导航电子地图与互联网技术相结合发展出互联网地图。互联网地图的终端由汽车扩展到手机等通用移动设备。互联网地图具有实时性、交互性、便利性等互联网特性。

导航电子地图是在电子地图的基础上发展起来的。导航电子地图在电子地图的基础上增加了POI信息、行人、车辆等信息，具有更为直观、实用、便捷的性能，快速成为交通出行必备工具。

目前，互联网地图产业链中，有导航电子地图生产商、电子地图服务商和终端地图服务商，其中导航电子地图生产商位于产业链上游。由于国家对从事地图测绘活动的单位实行测绘资质管理制度，导航电子地图编制活动只能由依法取得导航电子地图测绘资质的单位实施。我国具有测绘资质的导航电子地图生产商主要有四维图新公司、高德公司、凯立德公司等，上述具有测绘资质单位生产的导航电子地图对于互联网地图产业下游的互联网地图、终端地图服务商至关重要。电子地图产业的合作模式为上游的导航电子地图生产商将包含地理信息、POI信息的基础电子地图产品授权电子地图服务商，电子地图服务商基于基础电子地图产品，经过渲染处理、地图服务功能等过程，再向终端用户提供导航电子地图服务。

在此过程中，存在着可区别于日常人们所见的电子地图的一种地图产品，即由地图数据构成的导航电子地图产品，也可以称为基础地图。该地图是具有测绘资质的公司将通过外业勘测采集测绘到的地理信息数据经过加工处理形成基础的电子地图，由国家测绘地理信息局的审图部门进行审核批准后获得审图号的地图。基础地图产品通常按照道路、水系等图层结构来存储，各图层叠加组成的电子地图可通过专业的地图编辑软件打开，打开后所展示的地图中所涉及的道路、背景、水系形状等主要是以点、线、特殊符号的形式来表示，基本无颜色。

基础地图是真正的导航电子地图生产者的产业之本，故该地图是否属于《著作权法》意义上受保护的地图作品，能否受到《著作权法》的保护对于导航电子地图生产商具有重要的意义。

本案与传统导航电子地图著作权纠纷的最大区别在于：四维图新公司主张享有著作权的不是企业或用户利用手机或网络终端看到的建筑、道路、水系立体清晰完整，色彩鲜艳，地理位置信息准确的完整的互联网地图，而是四维图新公司经过勘查测绘绘制的基础地图产品。

四维图新公司主张以《著作权法》保护的基础地图，与大众认知中的终端导航电子地图相差较大，在先判决中给予保护的经过渲染加工形成的终端导航电子地图。故本案审理的重点和难点在于涉案基础导航电子地图是否具有独创性，是否构成著作权法保护的地图作品。

北京知识产权法院经过审理认为，涉案导航电子地图对于地物、地貌、地点的选择和取舍、绘图颜色、标注和绘制方式的选择和取舍等方面能够体现作者智力化的选择和编排，具有独创性。MIF 格式文件是对导航电子地图的“某种有形形式复制”，通过 MIF 格式文件打开，涉案导航电子地图可以形成稳定的图形，故涉案导航电子地图构成著作权法保护的地图作品。另外，本案与传统导航电子地图案件不同的一点在于，本案肯定了涉案导航电子地图由图形和地理信息数据两部分组成，对于形成导航电子地图的基础数据信息认定其应当受到《反不正当竞争法》的保护。鉴于涉案导航电子地图呈现的图形要素与 MIF 格式文件中数据形式的数据信息是一一映射关系，四维图新公司主张的被诉不正当竞争行为与前述著作权侵权行为实质上属于同一行为，并且法院已经适用该专门法进行保护的，不宜再以《反不正当竞争法》第 2 条进行重复保护。

本案详细论述了涉案导航电子地图的独创性，对地图测绘企业绘制的基础地图给予著作权专有权的保护，既符合法律的相关规定，又体现了导航电子地图的重要经济价值和社会价值，规范了电子地图企业合法使用权利人享有著作权的地图作品，极大地鼓励了地图生产企业的创新性和积极性。

本案也体现了北京知识产权法院积极探索创新司法保护新规则、新标准，充分发挥著作权司法保护对文化建设的规范、引导、促进和保障作用，体现了司法保护鼓励创作、激励创新的基本理念。在涉互联网直播、短视频、人工智能等新兴业态纠纷案件的处理中，合理划分相关行为主体的责任边界，促进新兴业态健康有序发展。

关于延时摄影作品类型认定

——周某某与申屠某某著作权权属、侵权纠纷案

【裁判要旨】

利用拍摄的照片制作的延时摄影视频，可以构成视听作品①，同时，视频内的每一幅照片均可能构成摄影作品。根据权利人主张权利类型的不同，延时摄影视频能够以视听作品、摄影作品两种不同作品类型出发受到著作权法保护。

【案件基本信息】

● **案号**

一审：北京互联网法院（2019）京0491民初8606号民事判决书

二审：北京知识产权法院（2020）京73民终1468号民事判决书

● **案由**

著作权权属、侵权纠纷

● **当事人**

上诉人（原审原告）：周某某

被上诉人（原审被告）：申屠某某

【基本案情】

周某某以北京地标性建筑为背景，拍摄照片5000余幅，后期经过修图制

---

① 2020年《著作权法》修改，已将“电影作品和以类似摄制电影的方法创作的作品”修改为“视听作品”。本文除裁判论述，其他处均使用“视听作品”。

作、编辑加工，最终形成3分43秒视频《延时北京》（以下简称涉案视频）。

申屠某某在其经营的淘宝店铺“海创科技多媒体设计素材站”（以下简称涉案店铺）出售“首都北京天安门鸟巢水立方长城城市延时拍摄高清视频宣传片大素材”文件，价格：3.8元，视频数量：21支，视频尺寸：1920×1080MP4格式，文件大小：4.46G，发货方式：默认旺旺发送，百度网盘链接，若需邮箱发送，购买时请备注。该店铺所售文件包含完整涉案视频，且该视频并未为周某某署名。申屠某某在售卖涉案视频的同时，将涉案视频中的部分视频截图作为展示图。

一审法院认为，涉案视频构成类电作品，申屠某某侵害了周某某对涉案视频享有的署名权、信息网络传播权。

周某某上诉，主张一审法院遗漏对涉案视频作品类型、侵害著作权种类的认定，认为申屠某某同时侵犯了周某某对涉案视频的复制权、发行权、放映权，涉案视频删除了权利作品中的水印信息，违背了周某某的创作初衷，侵犯了周某某对涉案作品的修改权和保护作品完整权；且主张一审判赔金额偏低。申屠某某上诉，主张一审判赔金额偏高。

【案件焦点】

涉案视频是否构成类电作品、摄影作品；申屠某某售卖涉案视频的同时将其中的图片向受众进行展示的行为，是否侵害了周某某的权利？若构成侵权，侵害了周某某何种权利。

【裁判理由】

一审法院认为，周某某以北京城市地标性建筑为背景，拍摄5000余张照片，之后利用照片素材通过电脑软件制作成涉案视频，在保留摄影作品高画质的同时，赋予静止的照片以动态展示，形成具有美感的连续画面，并且制作者在素材选取、主题内容的表达上具有独创性，故涉案视频属于我国2010年《著作权法》第3条第6项规定的以类似摄制电影的方法创作的作品。

二审法院认为，摄影作品是指借助器械在感光材料或者其他介质上记录客观物体形象的艺术作品。本案涉案作品系周某某以北京城市地标性建筑为背景拍摄多张照片，之后利用照片素材通过电脑软件制成涉案视频。其中既有周某某在拍摄照片过程中对拍摄角度、距离、光线、明暗等拍摄因素的个性化选取，亦有周某某在后期制作过程中对影像内容独创性的选择、安排和处理，故涉案视频中的单幅照片构成具有独创性的摄影作品。

申屠某某在售卖涉案视频的同时，将部分视频截图即单张摄影作品作为展示图，其行为构成向不特定的公众提供涉案摄影作品，且未为权利人署名，侵害了周某某对摄影作品的署名权、信息网络传播权。

关于周某某主张申屠某某的被诉行为侵害其复制权、发行权、修改权。二审法院认为，复制权是指以印刷、复印、拓印、录音、录像、翻录、翻拍等方式将作品制作一份或者多份的权利；信息网络传播权是指以有线或者无线的方式向公众提供作品，使公众可以在其个人选定的时间和地点获得作品的权利。由此可见，在网络上向公众提供作品的前提系先实现对作品在数字环境中的复制，即信息网络传播权的侵权行为涵盖了复制权侵权行为的构成要件，故在被控侵权行为构成信息网络传播权侵权的前提下，无需再认定被控侵权行为构成复制权侵权。

发行权是指以出售或者赠与方式向公众提供作品的原件或者复制件的权利；放映权是指通过放映机、幻灯机等技术设备公开再现美术、摄影、电影和类似以摄制电影的方法创作的作品等的权利。故发行权侵权行为的构成以转移作品有形载体所有权为要件，放映权侵权行为的构成以通过技术设备再现作品为要件。在本案中，申屠某某的被控侵权行为系向公众出售涉案视频的数字化文件，不涉及作品有形载体所有权的转移，亦未通过技术设备实现对涉案作品的播放，故不应认定为构成发行权、放映权的侵权。

修改权是指修改或者授权他人修改作品的权利；保护作品完整权是指保护作品不受歪曲、篡改的权利。其中修改是对作品内容做局部的变更以及文字、用语的修正，歪曲是指故意改变事物的真相或内容，篡改则是用作伪的手段对作品进行改动或者曲解。在本案中，申屠某某在淘宝网出售涉案视频以及所出售的涉案视频删除原权利作品水印的行为不构成对作品内容的变更，亦未对作品原意进行改动或者曲解，故其行为不符合侵犯修改权及保护作品完整权侵权行为的构成要件，不应认定构成对涉案作品修改权及保护作品完整权的侵犯。

二审结果：驳回上诉，维持原判。

【法官评析】

一、延时摄影的内涵

（一）延时摄影的定义

延时摄影是采用长时间定时、定格的长曝光方法拍摄，定时、间断记录并以明显变化的影像再现景物缓慢变化的过程。其本质是拍摄具有一定数量的长曝光的单幅照片，在此基础上借助技术手段制作成连续画面，在画面的播放过程中呈现人、事、物的动态变化过程，被广泛应用于人、事、物，尤其是对景的宣传、展示。本案中的延时摄影视频源自权利人对自己拍摄的5000余张照片的制作，以动态变化的视频形式展示了北京地标性建筑在不同时间、不同天气的形象变化。

（二）延时摄影构成《著作权法》意义上的作品

作品是指文学、艺术和科学领域内具有独创性并能以一定形式表现的智力成果。

首先，延时摄影系对人、事、物进行的摄影，延时摄影成品系通过技术手段，对所拍摄的作品进行再次加工，形成连续、动态的播放画面，以展现所拍摄对象在时间中的变化，属于在文学、艺术和科学领域内的智力成果。其次，基于创作者在拍摄、加工过程中对拍摄时间、角度、位置、光线、明暗等的选择和取舍，以及在对照片合成视频过程中的选择、编排、设计、制作等，延时摄影的最终形成依赖于创作者在此过程中的独立构思、创作，包含创作人的创造性劳动，因此，延时摄影具备独创性。最后，延时摄影成品能够通过可被客观感知的方式进行外在表达，即在播放介质中播放，展现其内容，同时能够通过技术进行复刻。综上，延时摄影构成《著作权法》意义上的作品。

（三）延时摄影能够以摄影作品予以保护

《著作权法实施条例》第4条第10项对摄影作品进行了定义，指借助器械在感光材料或者其他介质上记录客观物体形象的艺术作品。现在来看摄影作品的定义很容易理解其作品内涵，但其实摄影技术诞生于1839年，摄影作品作为借助于新设备的产生方才产生的一种新的作品类型，在《著作权法》概念中获得保护的时间晚于一般文字作品，不过这并不影响摄影作品以作品的身份获得《著作权法》的保护。摄影作品不仅包含了创作者对拍摄内容的选择，更包含了在其创作过程中对拍摄时间、角度、距离、位置、光线、明暗等的选择与构思。延时摄影作品与传统意义上的摄影作品的不同之处在于，延时摄影记录了长曝光时间内的变化，所呈现内容具有“动态性”，但不可否认的是，其中的每一帧内容均系单独创作的摄影作品，因此，延时摄影能够以摄影作品对每一帧摄影内容进行保护。

（四）延时摄影能够以视听作品予以保护

视听作品是指由一系列有伴音或无伴音的画面组成，并借助适当装置放映或者以其他方式传播的作品。视听作品与摄影作品具有相似之处，也是借助机器拍摄和制作的，具有《著作权法》意义上的独创性，视听作品的独创性体现在连续画面上下衔接产生的独特视觉效果。延时摄影视频在前期拍摄摄影作品的基础上，对素材进行选取、编排，并通过后期制作，将拍摄的照片进行串联，或以视频抽帧的方法把几分钟、几小时甚至是几天、几年的过程压缩在一个较短的时间内，通过视频的方式播放拍摄的纪实内容，最终呈现连续播放的画面，给观看者带来视觉享受，符合视听作品的构成要件。因此，当延时摄影视频符合视听作品的要件时，应当作为视听作品予以保护。

二、不同因素对延时摄影作品侵权案件审理的影响

延时摄影作品因其创作属性的特殊性，即能构成视听作品，其中所包含的每一幅摄影又可构成摄影作品，因此，对于延时摄影的保护应当基于其自身特性，根据侵权行为构成、当事人诉求等因素进行探讨。

（一）当事人诉求对案件审理的影响

视听作品通常借助适当装置摄制连续画面，这些连续画面又可以通过技术手段定格为单独的画面，如画面截屏[①]，对视听作品及其截屏画面的保护

① 关于视频截屏画面是否构成作品，业界有不同意见：一种观点认为，截屏画面除所截取画面不具有独创性或不具有艺术性以外均构成摄影作品；另一种观点认为，截屏画面在何种情况下均不构成摄影作品，因为视听作品的著作权归属于制作者等，影视作品的摄影者天然不享有视听作品的著作权，因此不能认为截屏画面构成摄影作品，否则将引起制作者与摄影者权利的混淆。

问题是一大难点，笔者在本文中着重基于延时摄影作品的特点，仅就本案当事人基于作品类型的诉求对案件审理的影响进行论述。

延时摄影作品具有不同于一般视听作品的特殊性。延时摄影作品本质上系由一幅幅长时间曝光的照片构成，而每帧照片系权利人在对所摄内容构图、光线、景物、角度等选择与安排的基础上，借助器械在感光材料或者其他介质上记录客观物体形象，因此，延时摄影作品的每一帧单幅照片可以认定为摄影作品。同时，反向逻辑推演下，延时摄影将单帧长曝光照片通过技术手段，二次创作最终制成延时摄影作品，该过程形成新的作品应当作为独立的作品获得《著作权法》保护。这是延时摄影作品与一般视听作品产生所赖技术原理的不同。所以，单纯对视听作品的保护并不能涵盖其中非连续画面的内容。

对于可以对所保护作品的种类进行选择的时候，对其保护方式则受到当事人诉求的影响。以本案被诉侵权行为为例，如果权利人要求按照视听作品权利受到侵害主张权利，固然可以得到支持；但因被控侵权人在销售页面展示截屏的行为遭受的损失则无法从视听作品权利受损方面主张权利。若同时主张其摄影作品受到侵害，则能解决该问题。需要注意的是，虽然上述主张权利保护的诉求均能获得支持，但是侵权赔偿额所考虑的案情是一致的，因此，在损害赔偿数额确定方面不能因当事人所主张的权利种类多而不当提高。在本案中，周某某上诉过程中主张涉案作品的修改权、发行权、复制权等权利受到了侵害应该予以保护，但是这几项权利的内容实际已经被信息网络传播这一侵权过程所涵盖，因此，在认定申屠某某侵害了周某某的信息网络传播权的情况下，对于周某某所主张的修改权、发行权、复制权等权利不应再予以支持。

（二）侵权行为对案件审理的影响

对于同一作品的使用，不同的侵权行为可能会落入不同的权利保护范围，而延时摄影作品由于其特殊性，侵权方式的不同可能构成对不同类型作品的权利的侵害。比如，单纯播放延时摄影本身构成对视听作品这一类型的作品传播类权利的侵害。以本案的侵权方式为例，侵权人为在网上授卖延时摄影作品获利，在售卖网页同时展示了组成延时摄影作品中的部分摄影照片，在本案的侵权行为模式之下，其实质上同时侵害了视听作品和摄影作品的传播行为的相关权利。

随着科技进步，新技术与作品创作过程结合度的提升，势必会有新作品类型的产生，对作品的类型认定、保护方法等亦会带来新的挑战。拥有包容性、进步性特点的著作权法并不会固守规定，刻板地认定作品，在作品定义深刻的内涵下，科技的变革亦将对作品类型的认定产生影响。合理界定延时摄影的作品属性，有利于鼓励新技术在作品创作过程中的应用，为公众提供更为新颖、更加丰富的文化产品。

微信公众号发布文章提供软件播放作品构成侵权

——北京虎啸互动文化传播有限公司与捷成华视网聚（常州）文化传媒有限公司侵害作品信息网络传播权纠纷案

【裁判要旨】

微信公众号在发布文章介绍特定内容时，要注意区分自己的行为是单纯介绍内容的行为，还是与被介绍者形成以分工合作的方式共同提供作品的行为。如果微信公众号发布文章推荐观影播放器的行为，而观影播放器的下载、播放过程又能印证微信公众号与播放器存在关联关系，则该微信公众号发布文章的行为已经不再单纯只是介绍、评论观影播放器，而是与观影播放器运营主体构成合作提供作品的行为，可以认定涉案微信公众号构成对权利人信息网络传播权的侵害。

【案件基本信息】

• 案号

一审：北京互联网法院（2018）京0491民初1192号民事判决书

二审：北京知识产权法院（2020）京73民终487号民事判决书

• 案由

侵害作品信息网络传播权纠纷

• 当事人

上诉人（原审被告）：北京虎啸互动文化传播有限公司（以下简称北京

虎啸公司）

被上诉人（原审原告）：捷成华视网聚（常州）文化传媒有限公司（以下简称捷成华视公司）

【基本案情】

2016 年 3 月，捷成华视公司经授权获得《捉妖记》（以下简称涉案作品）的独家信息网络传播权。

2018 年 5 月 30 日，捷成华视公司对侵权行为进行了公证。搜索微信公众号“我是颜值电影（微信号：yanzhidianying）”，账号认证主体为：北京虎啸公司，进入公众号页面下方显示“在线观影”和“看八卦”两个栏目。点击“在线观影”，出现“会员购买”“会员代理”“在线观影”“App 下载”四个类别，点击“在线观影”，即出现文章《在线看片追剧教程黑科技》，点击该文章，文章中介绍一种“全部电影都能直接看”“最关键的是无广告”“全年 VIP 价格只需 28 元：28 元看全网！全年免费。”的 App。并且着重红字介绍“目前会员开放中，同时全国招会员销售代理，如果你想做代理，可以后台留言”。后面就是 App 下载教程。“安卓手机使用教程”为右上角“浏览器打开”，点击“下载”即可安装。“苹果手机看片教程”为“无须下载 App，网页版无障碍看片”，“一次付费，全年观看全网资源。流畅，稳定!”。阅读到文章底部，点击“阅读全文”，即直接出现“颜值在线影院 . apk”安装包，点击“下载”，用“华为浏览器”打开，即可本地下载“颜值在线影院 . apk”，下载成功后，即在手机上安装“小爱影院”App。在桌面点击“小爱影院”App 图标，进入“小爱影院”App，搜索“捉妖记”后，出现多个“捉妖记”搜索结果，点击“捉妖记”海报后，即可进入《捉妖记》播放页面，点击播放后即可播放涉案影片《捉妖记》。在“小爱影院”App 播放页面，含有“我是颜值电影（微信号：yanzhidianying）”微信公众号的二维码。

一审法院认定北京虎啸公司未审查“小爱影院”App 的基本资质，未尽到合理的注意义务便提供“小爱影院”App 下载链接，具有明显的过错，侵害了捷成华视公司享有作品的信息网络传播权，应当承担相应的侵权责任。

北京虎啸公司不服，上诉至北京知识产权法院。北京虎啸公司主张：侵权 App 并非其开发，备案主体亦并非北京虎啸公司，仅依据其公众号推送的文章内容介绍并提供链接，一审法院就认定“小爱影院 App”运营主体是北京虎啸公司系证据不充分。且用户在独立的“小爱影院”App 才能播放涉案作品，应适用避风港原则，北京虎啸公司不应承担侵权责任。

二审法院驳回北京虎啸公司上诉，维持一审判决结果。

【案件焦点】

北京虎啸公司通过其运营的微信公众号文章介绍“小爱影院 App”的同时，提供“小爱影院 App”的下载，扫描 App 播放页面的二维码可跳转至该微信公众号页面，在“小爱影院 App”未经许可传播作品情况下，北京虎啸公司是否构成侵权及应否承担责任。

【裁判理由】

《最高人民法院关于审理侵害信息网络传播权民事纠纷案件适用法律若干问题的规定》第 4 条规定：“有证据证明网络服务提供者与他人以分工合作等方式共同提供作品、表演、录音录像制品，构成共同侵权行为的，人民法院应当判令其承担连带责任。……”

本案中，北京虎啸公司在其经营的微信公众号“我是颜值电影（微信号：yanzhidianying)”发布文章《在线看片追剧教程黑科技》。该文章系对某在线观影 App 的介绍，点击文章尾部的“阅读全文”，即出现“颜值在线影院 . apk”安装包，点击“下载”即可本地下载“颜值在线影院 . apk”，下载成功后，即可在手机上安装“小爱影院”App。进入“小爱影院”App，搜索“捉妖记”即可实现对涉案影片的观看。然而，微信公众号等自媒体单纯为介绍、评论某一视频播放器本身，而该视频播放器侵害他人作品信息网络传播权的情形下，该微信公众号并不一定必然构成侵权。但是，当在案证据能够证明该微信公众号与视频播放器之间存在某种联系时，则该微信公众号的行为可能构成侵权。

北京虎啸公司主张涉案影片系在“小爱影片”App 中通过搜索影片名称

实现观看，“小爱影院”App 的经营主体为实际侵权人，北京虎啸公司不应承担侵权责任。

二审经审理查明：北京虎啸公司在其自营微信公众号的文章中介绍观影App，并提供“小爱影院”App 的下载安装链接，公众在进入北京虎啸公司公众号阅读相应文章后通过下载“小爱影院”App 实现对涉案影片的观看，该 App 在播放涉案作品的过程中体现联系二维码，扫描该二维码即弹出涉案微信公众号。可见微信公众号与涉案 App 的行为具有相互关联。而北京虎啸公司未提交证据证明其获得了涉案影片权利人的授权，亦无证据证明“小爱影院”App 播放涉案影片取得了权利人许可。故二审法院根据在案证据认定北京虎啸公司系与“小爱影院”App 的经营主体以分工合作的方式共同提供了涉案影片的播放，北京虎啸公司构成与他人的共同侵权，北京虎啸公司应当承担侵权责任。

二审结果：驳回上诉，维持原判。

【法官评析】

1. 本案认定微信公众号行为构成侵权的依据

（1）侵权行为认定。关于北京虎啸公司是否构成侵权的认定，需要考虑的因素有：首先，北京虎啸公司运营的“我是颜值电影”微信公众号发布文章介绍推荐“小爱影院”App 的同时，在文章末尾点击“阅读原文”直接弹出“小爱影院”App 的下载链接。其次，在下载过程中，弹出“下载文件名：颜值在线影院.apk”，点击该页面的“本地下载”，下载箭头旁标识为“颜值在线影院（1）.apk”，然后弹出“小爱影院”安装页面。再次，在“小爱影院”App 电影播放页面下方，“简介”中“关注微信”下方存在一个微信二维码（可截屏后用微信扫描），一审中经当庭扫描此二维码，即弹出“我是颜值电影（微信号：yanzhidianying）”微信公众号。最后，“小爱影院”App 未经授权播放《捉妖记》涉嫌侵权，二审法院据此认定“我是颜值电影”微信公众号经营者与“小爱影院”App 运营者构成共同侵权，应当承担相应的侵权责任。

（2）侵权性质认定。对北京虎啸公司侵权性质的认定上，一审、二审法院略有不同。一审法院认定北京虎啸公司因其提供介绍文章并在文章中直接提供侵权 App 的下载链接，其行为构成帮助侵权。但二审法院认定北京虎啸公司与“小爱影院” App 的运营主体构成以内容合作的方式提供作品。这一合作形式的存在，使得北京虎啸公司不再属于单纯的网络服务提供者，而是与“小爱影院” App 的运营主体形成有意思联络的共同侵权行为，构成直接侵权。如果仅仅是北京虎啸公司在其微信公众号中介绍“小爱影院” App 并提供链接，可能其在整个侵权行为中所起到的作用仍为网络服务提供者。但事实上，在点击下载“小爱影院” App 的过程中，下载软件的文件名为“颜值在线影院 . apk”，该名称与微信公众号“我是颜值电影”近似，且在播放过程中，“小爱影院” App 电影播放页面下方，“简介”中“关注微信”下方存在一个微信二维码，扫描后弹出“我是颜值电影”微信公证号，即为北京虎啸公司。由此可见，北京虎啸公司与“小爱影院” App 运营者存在特定的相互链接关系。因此，二审法院认定微信公众号因与观影 App 之间存在合作关系从而微信公众号的行为构成直接侵权，其无关寻求“避风港”原则免于责任的承担。

2. 直接侵权与间接侵权的区分

侵害著作权按照侵权行为与侵权结果的关联关系，可以分为直接侵权和间接侵权。《北京市高级人民法院侵害著作权案件审理指南》（以下简称《著作权案件审理指南》）对直接侵权与间接侵权的认定已经作出详细的规定，具体如下表所示：

《著作权案件审理指南》	
9. 6 直接侵权	未经许可单独或者以分工合作方式共同提供作品、表演、录音录像制品的行为，属于直接侵害信息网络传播权的行为。各被告之间或者被告与他人之间具有共同提供涉案作品、表演、录音录像制品的主观意思联络，且为实现前述主观意思联络客观上实施了相应行为的，可以认定构成前款所规定情形

续表

《著作权案件审理指南》	
9.7 分工合作	各被告之间或者被告与他人之间存在体现合作意愿的协议等证据，或者基于在案证据能够证明各方在内容合作、利益分享等方面紧密相联的，可以认定各方具有共同提供涉案作品、表演、录音录像制品的主观意思联络，但被告能够证明其根据技术或者商业模式的客观需求，仅提供技术服务的除外
9.8 教唆、帮助侵权	被告作为技术服务提供者构成教唆、帮助侵权的，应当以存在直接侵权行为为前提条件
9.9 教唆、帮助 侵权的过错	被告实施教唆、帮助行为应承担侵权责任的，主观上应当具有"明知"或者"应知"的主观过错。"明知"指实际知道侵权行为存在；"应知"指因存在着明显侵权行为的事实，应当意识到侵权行为的存在。上述过错的判断应当以网络服务提供者的预见能力和预见范围为基础，又要区别通常预见水平和专业预见水平等情况

直接侵害著作权是指未经权利人许可而以任何方式复制、出版、发行、改编、翻译、广播、表演、展出、摄制电影等行为。

间接侵害著作权包括侵权者故意协助或者帮助性侵权、教唆他人侵权。帮助者与侵权人之间不存在意思联络，但帮助者知道侵权人为实施侵权行为而故意用于实施侵权行为的网络设备、服务的，属于间接故意侵权，帮助者的主观意图可以是明知或应知。比如，侵害作品信息网络传播权案件中，网络服务提供者向网络用户提供的是网络接入服务而非内容提供服务，其明知或应知他人行为构成著作权侵权，仍为之提供实质性帮助的行为，属于间接侵权。

初步审视本案，可能会误以为本案构成间接侵权，系微信公众号通过介绍、通论、提供下载链接的方式为"小爱影院 App"扩大影响与拓宽受众范围提供了帮助，对"小爱影院 App"提供作品的行为未尽到审慎注意义务，为"小爱影院 App"传播涉案作品提供了帮助。如果将微信公众号的行为视为间接侵权，则意味着将其在案件中的性质定义为"网络服务提供者"；继而判定其应当承担侵权责任基于其未尽到合理注意义务，对"小爱影院 App"的行为构成应知或者明知。可矛盾之处在于：微信公众号作为发布评论文章的“网络服务提供者”，即使其提供了“小爱影院 App”的下载服务，也不能将“小爱影院 App”发布全部作品的审核义务加之于微信公众号。一来微信公众号未必有审核能力，二来审核工作所消耗的时间、精力、人力、物力也可能会“摧毁”微信公众号自媒体的发展，这并非是互联网发展促进科学文化传播的追求。

详细梳理证据线索发现：微信公众号“我是颜值电影”提供的“小爱影院 App”下载安装包名称为“颜值看电影”，该名字与微信公众号名字近似，而且“小爱影院 App”在播放涉案作品过程出现的“联系我们”的公众号即涉案微信公众号，可见涉案微信公众号与“小爱影院 App”在侵权行为中直接关联。因此，微信公众号并非帮助“小爱影院 App”侵权，而是在整个侵权过程中与“小爱影院 App”分别扮演了不同的角色，即“小爱影院 App”直接提供作品，微信公众号扩大“小爱影院 App”的影响力并提供“小爱影院 App”下载。

3. 自媒体时代应对版权侵权的建议

随着自媒体等的发展，作品的传播方式越来越多，侵权方式也随之更加多样化，更具隐蔽性。网络并非法外之地，网络主体在为一定行为时，应当持有审慎态度。微信公众号在介绍其他内容的同时，要注意区分自己的行为是单纯介绍内容，还是与被介绍者形成以分工合作的方式共同实施某种行为。若属于后一种情形，则需要提高注意力，注意审核共同合作主体行为的合法性、所使用作品来源的合法性，以免构成共同侵权。

根据互联网现有的相关法律规定及技术协议，在被链接者不禁止的情况下，设链者在介绍其他主体并提供其链接时也许并不需要被链接者的许可、知情，设链者与被链接者之间通常不具有意思联络，亦无须承担对被链者提供的内容进行审查的义务。但倘若二者存在内容提供上的合作关系，则可能推翻设链者的网络服务提供者地位，设链者不可再受“避风港”原则的庇护而免于承担责任。

在信息网络传播行为的认定以服务器标准作为认定依据的前提下，在合作提供作品的模式中，虽然网络服务提供者并不直接提供侵权内容，网络内容提供者并不直接实施技术服务行为，但双方均知晓对方所实施的行为，而这一合作关系亦是以其各自实施的行为为基础，双方显然存在着意思联络，这一相互联络的意思表示将网络服务提供者与网络内容提供者实施的原本各自独立的行为结合为一个有机的整体。此时不将网络服务提供者的行为作单独认定，关键原因在于不同行为人之间的行为因意思联络的存在而具有了整体性，这种整体性使得各行为人实施的部分行为均应被视为整体对外实施且需要对外承担相应责任的行为。不能因网络服务提供者未具体实施直接的信息网络传播行为，从而当然地免除其侵权责任。而应认定只要与具有内容合作关系的网络内容提供者的行为构成侵权，则该网络服务提供者应与网络内容提供者共同承担侵权责任。这一合作模式使得网络服务提供者客观上对被传播的内容具有审查或控制能力，因此网络服务提供者享受“避风港”原则保护的前提不复存在。

展会设计图可以作为立体美术作品予以著作权保护

——容德美大（北京）广告有限公司与美沫艾蜜思（北京）商贸有限公司著作权权属、侵权纠纷案

【裁判要旨】

原告提起确认不侵害著作权纠纷，必须符合原被告之间存在实质争议，即原告必须证明其现实的行为可能会构成侵权或者采取确切的步骤，意图实施这样的行为；原告应当证明权利人采取明确的威胁及相关行为，从而使其对可能陷入侵权诉讼产生“合理的担忧”。

【案件基本信息】

• 案号

一审：北京市朝阳区人民法院（2019）京 0105 民初 44609 号民事判决书

二审：北京知识产权法院（2020）京 73 民终 2212 号民事判决书

• 案由

著作权权属、侵权纠纷

• 当事人

上诉人（一审原告）：容德美大（北京）广告有限公司（以下简称容德美大公司）

被上诉人（一审被告）：美沫艾蜜思（北京）商贸有限公司（以下简称美沫艾蜜思公司）

【基本案情】

容德美大公司向一审法院起诉，请求：①判决美沐艾蜜思公司赔偿经济损失 201 000 元；②美沐艾蜜思公司赔偿制止侵权的公证费用 8610 元；③判决美沐艾蜜思公司支付制止侵权的律师费 13 000 元。事实和理由：美沐艾蜜思公司为召开“美沐艾莫尔梦想 8 周年品牌发布会”（以下简称品牌发布会）委托容德美大公司进行设计、活动策划、施工搭建、现场活动执行和活动结束后的撤场工作，其间双方进行多次协商，最终确定了项目执行方案。2018 年 7 月 13 日容德美大公司向美沐艾蜜思公司发送品牌发布会相关报价、合同及最终执行方案，之后美沐艾蜜思公司未再与容德美大公司联系。但在美沐艾蜜思公司举办的品牌发布会上，美沐区蜜思公司使用了与容德美大公司方案几乎完全相同的设计图、流程图。因此，容德美大公司诉至一审法院，提出上述诉讼请求。

经查明，容德美大公司为宣传其品牌，拟举办品牌发布会。自 2018 年 6 月起容德美大公司与美沐艾蜜思公司的工作人员组建微信群，就活动方案及设计进行了沟通。2018 年 7 月 6 日，容德美大公司程芒向美沐艾蜜思公司胡某伟发送了电子邮件，其中包含品牌发布会的执行方案、合同及报价文件。现场效果图的内容为结合举办场地所设计的现场布置方式。但双方并未实际签订书面合同。

2018 年 7 月 13 日，美沐艾蜜思公司在北京市朝阳区北花园明星基地举办了品牌发布会。容德美大公司主张美沐艾蜜思公司在使用与执行方案中相似图片进行品牌发布会现场搭建，侵犯其图形作品的发表权、复制权。美沐艾蜜思公司主张上述品牌发布会现场设计及施工搭建系委托案外人完成并提供微信聊天记录、合同、转账记录等证据。

以上事实，有公证书、发票、微信聊天记录、电子邮件、当事人陈述等证据在案佐证。

【案件焦点】

展会设计图是否应当给予著作权保护。

【裁判理由】

一审法院经审查认为，《著作权法实施条例》第 2 条规定，著作权法所称作品，是指文学、艺术和科学领域内具有独创性并能以某种有形形式复制的智力成果。该条例第 4 条第 12 项规定，图形作品，是指为施工、生产绘制的工程设计图、产品设计图，以及反映地理现象、说明事物原理或者结构的地图、示意图等作品。本案中，容德美大公司工作人员向美沫艾蜜思公司工作人员发送的策划方案整体构成《著作权法》保护的作品，其中附件中的设计图，可用于展会现场布置施工，构成图形作品。策划方案系由容德美大公司工作人员发送给美沫艾蜜思公司工作人员，且策划方案上署有容德美大公司名称，在无其他相反证据的情况下，一审法院认定容德美大公司系策划方案的著作权人，对该作品享有的著作权受法律保护。

图形作品处于科学领域，虽然也具有一定美感，但主要服务于实用功能。著作权法只保护思想的表达而不保护思想、技术方案、操作方法等。图形作品的独创性体现在点、线、面、几何图形构成的表达，这种独创性的表达与图形所体现的施工方案、操作方法、实用功能无关。如果行为人只是利用了图形作品中所蕴含的创意、操作方法、施工方案，则并不构成对图形作品著作权的侵犯。只有行为人的使用行为体现了图形作品本身的科学美感，才构成对图形作品表达的使用，进而可能构成著作权侵权。

从本案来看，通过前期沟通洽商，美沫艾蜜思公司获得了容德美大公司包含附图的策划方案，在品牌发布会举办前接触到了容德美大公司的作品，但比对附件中容德美大公司的设计图与美沫艾蜜思公司的现场照片，附件 1 中相同之处仅为美沫艾蜜思公司的标识，附件 2 中相同之处仅为圆形舞台及屏幕背景，附件 3 中相同之处仅为几何图案及绿植背景的创意，附件 4 中相同之处仅为美沫艾蜜思公司的标识及绿植背景的创意，附件 5 中相同之处仅为玫瑰墙的创意，附件 6 中相同之处仅为美沫艾蜜思公司的标识，附件 7 中相同之处仅为显示屏、桌子、展牌、展示柜的摆放创意，附件 8 中相同之处仅为背景颜色及整体外观，附件 9 中相同之处仅为发光装饰、美沫艾蜜思公司标识展示及灯带的创意，附件 10 中相同之处仅为入口造型的创意及图形形状，附件 11 中相同之处仅为雪山及草地布景的创意，附件 12 中仅为设置签到区的创意，附件13中容德美大公司的人流动线图仅为根据现场环境引导人流的一种构想。综合上述，美沫艾蜜思公司的现场布置与容德美大公司的策划方案中相同或相似之处仅为品牌发布会现场布置的一些创意、构思。考虑到美沫艾蜜思公司前期曾获得了容德美大公司策划方案的事实，一审法院有理由认为在品牌发布会现场布置时，使用了容德美大公司策划方案中的一些创意，在未与容德美大公司签订合同且未支付费用的情况下，美沫艾蜜思公司的行为有违诚信精神。但美沫艾蜜思公司并未直接使用容德美大公司策划方案、设计图的具体表达，并不构成对容德美大公司作品著作权的侵犯。判决驳回容德美大公司全部诉讼请求

一审判决后，容德美大公司提起上诉。

北京知识产权法院经审理认为，《著作权法实施条例》第2条规定，著作权法所称作品，是指文学、艺术和科学领域内具有独创性并能以某种有形形式复制的智力成果。本案中，容德美大公司工作人员向美沫艾蜜思公司工作人员发送的策划方案整体构成《著作权法》保护的作品，其中附件中的设计图可用于展会现场布置施工，具有一定的美感，属于《著作权法》保护的美术作品。策划方案系由容德美大公司工作人员发送给美沫艾蜜思公司工作人员，且策划方案上署有容德美大公司名称，在无其他相反证据的情况下，一审法院认定容德美大公司系策划方案的著作权人，对该作品享有的著作权受法律保护是正确的，本院二审予以支持。美沫艾蜜思公司提出的其对涉案展会设计提出了要求并提供了相关方面的参考意见，在设计过程中也提出了修改意见的抗辩，但上述行为属于思想范畴，是对展会设计的思想性要求，本身并不直接产生作品，而容德美大公司的设计系通过自己的智力劳动，独立创作完成。因此美沫艾蜜思公司不是涉案作品的合作作者，不享有著作权。

从本案来看，通过前期沟通洽商，美沫艾蜜思公司获得了容德美大公司包含附图的策划方案，在品牌发布会举办前接触到了容德美大公司的设计图及相关作品。涉案品牌发布会系用建筑装饰材料构建的具有一定固定性，相对封闭性，具有向公众展示美沫艾蜜思公司及其商品形象、进行招商洽谈等实用功能，故应该视为立体的美术作品。通过比对附件中容德美大公司的设计图与美沫艾蜜思公司的现场照片，涉案展会情况与容德美大公司的作品构成实质性相似。根据在案证据显示，设计图方案共包括13张图片，其中附件

13中人流动线图为包含现场环境引导人流方案在内的整体布局图，其余12张图片为展会整体外观效果图，其门头设计、LOGO字体的摆放位置、发光吊饰的灯条造型、家具的摆放位置及装饰、水滴墙面、舞台八字形展台及弧形屏等具有审美意义并具有一定的独创性，应当受到《著作权法》的保护。美沫艾蜜思公司接触到了容德美大公司的作品，并将容德美大公司的作品的外形造型、艺术美感复制到立体的构筑物中，其行为已经构成对容德美大公司作品著作权的侵害。一审法院对此认定错误，本院二审予以纠正。

依据我国《著作权法》规定，除合理使用等法定情形外，未经著作权人许可，擅自使用著作权人作品的，均构成侵害著作权。侵害著作权的，应当依法承担停止侵权、赔偿损失等民事责任。容德美大公司对涉案作品依法享有著作权，美沫艾蜜思公司侵害了容德美大公司作品著作权，应当依法承担赔偿责任。

由于当事人未能举证证明因本案所涉及侵权行为造成的实际损失和侵权，故本院考虑容德美大公司报价约定、相关行业的惯例，并结合美沫艾蜜思公司的主观过错、侵权性质、损害后果等因素酌情确定赔偿数额。对于容德美大公司主张的合理费用，本院根据必要性、合理性、相关性原则酌情支持。对容德美大公司主张过高赔偿的诉讼请求，本院不予支持。

综上所述，容德美大公司的上诉请求部分成立，本院予以支持；一审判决适用法律错误，本院二审予以纠正。依照《著作权法》（2010年修正）第3条、第10条第1款第5项、第2款、第11条、第48条第1项、第49条[①]，《最高人民法院关于审理著作权民事纠纷案件适用法律若干问题的解释》第7条第2款、第25条第1款、第2款、第26条第1款[②]、《民事诉讼法》（2021年修正）第170条第1款第2项[③]规定，判决：①撤销北京市朝阳区人民法院（2019）京0105民初44609号民事判决；②美沫艾蜜思（北京）商贸有限公司于本判决生效后10日内支付容德美大（北京）广告有限公司经济损失20 000元；③美沫艾蜜思（北京）商贸有限公司于本判决生效后10日内

---

① 相关内容现规定在《著作权法》（2020年修正）第3条，第10条第1款第5项、第2款，第11条，第53条第1项，第49条中。

② 该司法解释在2020年修正后，仍对应前述相关条款。

③ 相关内容现规定在《民事诉讼法》（2021年修正）第177条第1款第2项中。

支付容德美大（北京）广告有限公司合理开支6000元；④驳回容德美大（北京）广告有限公司的其他诉讼请求。

【法官评析】

我国《著作权法》虽然没有明确将从平面到立体的再现行为规定为复制行为，但学界和实务界普遍认为复制行为包括对作品从平面到立体的再现。同时，只有针对平面美术作品才能进行从平面到立体的复制，也就是根据平面艺术造型制作相应的立体造型。对于属于“图形作品”的工程设计图、产品设计图而言，由于其作用在于通过建设工程或制造产品实现实用功能，体现的是严谨、精确、简洁、和谐与对称的“科学之美”，而非艺术美感，根据工程设计图和产品设计图进行施工和生产工业品只能实现图纸蕴含的实用功能，而无法再现艺术美感，因此不存在从平面到立体的复制。换言之，根据工程设计图和产品设计图进行施工和生产工业品并不属于对设计图的复制行为。但在判断类似案件是否构成从平面到立体的复制时，仍存在一定的分歧。有法院对类似案件中的设计图是否构成从平面到立体的复制判断时采取了“两分法”，即将施工图纸认定为工程设计图，只给予从平面到平面的保护，不认为根据该图纸施工、建造相应的工程构成从平面到立体的复制，自然也不可能因此而侵犯工程设计图的复制权。但将以富有美感的方式反映未来建成相应工程后面貌的效果图认定为平面美术作品，不仅给予从平面到平面的保护，也给予从平面到立体的保护。未经许可根据效果图施工、建造相应的工程构成从平面到立体的复制，侵害复制权。但该判断思路有一定的局限性，它导致了对平面美术作品保护范围的不当扩张。

王迁曾提出从“形象”与“图形”的角度结合“假定立体物在先测试法”进行判断的观点。该观点认为，美术作品是“通过视觉感官欣赏的，而不是像文字、戏剧或音乐作品那样用于阅读或表演”。[①] 人们通过视觉感官欣赏的正式具有独创性的艺术造型。因此，美术作品以“造型”为表达形式，

① 参见王迁：《论平面美术作品著作权的保护范围——从“形象”与“图形”的区分视角》，载《法学》2020年第4期。

这是美术作品区别于其他类型作品（如文字作品和音乐作品）的根本特征。“假定立体物在先测试法”是一种既符合《著作权法》原理又简单易行的对“造型”进行分类并确定其保护范围的测试法。首先假定争议造型并不是最先以平面图形（平面美术作品）作为其表达方式，而是最先以立体物的形式存在，也就是暂不考虑该造型事实上是否最先以平面图形表现。其次，评判该立体造型能否作为立体美术作品（如雕刻、雕塑等）受到著作权法的保护。在该环节中应考虑该立体造型是否为独立创作的结果，是否具有艺术美感，即是否属于艺术表达，以及其美感与实用功能能否分离。最后，依据上一环节的评判结果认定争议造型的类型并确定其受《著作权法》保护的范围。如果该立体造型被认定为可受著作权法保护的立体美术作品，则对该造型的保护不受表现形式的限制。如果先以平面图形（平面美术作品）表现该造型，则根据该平面图形制作表现相同造型的立体物，必然构成从平面到立体的复制。反之，如果该立体造型未被认定为立体美术作品，被排除在《著作权法》保护范围之外，则对该造型的保护受到表现形式的限制。如果先以平面图形表现该造型，即使平面图形因体现了对线条、色彩、阴影、比例和角度等要素的选择与判断，且具有艺术美感，能够被认定为平面美术作品，根据该平面图形制作表现相同造型的立体物，也不可能构成平面到立体的复制。

若采用对“形象”与“图形”的区分以及“假定立体物在先测试法”，解决这一问题的难度就会大为降低。关键在于确定其中被描绘的是“形象”还是“图形”。假定争议图纸所描绘的造型首先以立体形式出现，只要该立体造型能够被认定为任何一类作品，即立体美术作品、建筑作品或模型作品，都能说明存在受保护的“形象”。其中“建筑作品”与“美术作品”同属于我国《著作权法》规定的第四类作品，而且在《著作权法》增加“建筑作品”类型之前，该法“把建筑物本身作为美术作品给以保护”，这说明建筑作品与美术作品具有共性，都属于艺术造型。由于建筑作品被界定为“以建筑物或者构筑物形式表现的有审美意义的作品”，即以立体物的形式表现，其受保护的必定是“形象”。“模型作品”也并不是对物体进行精确放大或缩小的结果（否则产生的是复制品而不是具有独创性的作品），而是以物体的形状和结构为样本进行改动和夸张处理产生的立体造型，也就是有别于已有物体形态的新造型，如地理课和生物课教师常在课堂上展示的地形地貌模型和生物体构造模型等，本质上仍然属于“形象”。当该“形象”以平面形式首先出现时，同样应当受到保护。平面形式与立体形式之间的相互转换均构成复制。相反，假定争议图纸描绘的造型首先以立体形式出现，但无法被认定为立体美术作品、建筑作品或模型作品，则说明该立体形式并未体现任何应受保护的“形象”。以平面形式对相同造型的描绘可能形成美术作品或图形作品，但该平面造型只是“图形”而非“形象”。对该造型在平面形式与立体形式之间的相互转换并不构成复制。在上述两个涉及展台设计图的案件中，假定原告直接根据其对展台设计的构思制作了展台，而该实物展台可被认定为立体美术作品（包括实用艺术作品，如卡通造型的展台）或建筑作品，则描绘相同造型的平面图就体现了“形象”，被告未经许可根据该平面图（当然只可能是描绘展台外观的设计图）建造展台的行为就是从平面到立体的复制，反之则不是复制。虽然判断立体造型（以实物体现）是否属于立体美术作品、建筑作品或模型作品也可能存在一定争议，但相较于判断平面设计图是否具有值得保护的艺术美感，显然更为直观和简便。

该观点的可取之处在于：首先，解决了传统“两分法”对于平面美术作品权利保护不当扩张的问题。当设计图构成平面美术作品而其立体复制件不能满足认定作品所需的独创性要求时，“两分法”当然地将该复制件作为作品进行保护，是对美术作品权利保护的不当扩张。其次，该判断思路从《著作权法》为何保护作品以及保护何种作品为起点出发，从根本上解释了从平面到立体的复制需要满足何种条件才能被保护。目前国内外学术界及实务界的一些成熟观点，如“思想表达二分法”“接触加实质性相似判断原则”等皆是从此角度出发而形成的，具有严谨而自洽的逻辑。将本案的结论代入以上方法进行简单论证，展会的编排、展厅的位置摆放属于非公有领域的独创性表达，而其复制品即展会本身，其构筑物本身及其排列也属于非公有领域的独创性表达，且二者表达形式虽有不同但表达方式一致，显然构成实质性相似。探究不同的理论方法，最终往往折射出相同的根本法理，而理论判断方法的区别实质是排除因素的区别，一类案件应当采取何种判断方法，取决于该判断方法是否能快速准确地排除不相关因素的影响，得出正确的结论。最后，如前文所述，该判断方法是一个简便易行的方法，可以有效排除不相关因素的影响并准确得出结论，在本案中可以直接适用，在类似案件中也有推行适用的价值。

综上，北京知识产权法院作出了前述判决。

第三部分

商标及不正当竞争

反不正当竞争法一般条款中后诉行为损害的认定

——优酷信息技术（北京）有限公司与乐视网信息技术（北京）股份有限公司著作权权属纠纷案

【裁判要旨】

《反不正当竞争法》第2条第2款规范不正当竞争行为的一般条款中对损害结果的规定要求被诉行为对市场竞争秩序造成实际损害。该问题可以分解为两方面：一是被诉行为是否不利于竞争者、消费者或者其他市场参与者；二是被诉行为是否足以对竞争造成重大损害。在前诉行为被认定为不正当竞争行为的前提下，该问题转化为以下两个问题：一是被诉行为与前诉行为相比是否具有显著差异性；二是被诉行为与前诉行为是否存在损害程度上的差异。对于行为损害程度的判断，不正当竞争纠纷与一般侵权纠纷不同，不正当竞争行为表现为对竞争秩序的破坏，一般侵权行为表现为对某一具体利益的损害，与具体利益相比，竞争秩序具有相对稳定性和不可分割性。判断时，一是关注前后诉发生的时间，即后诉行为所影响的竞争秩序是否包含在前诉认定的损害结果之中。二是关注后诉行为造成损害后果的路径与前诉行为是否相似。如果路径相似，一般可以认定损害后果已包含在前诉之中。三是关注后诉行为与前诉行为相比所造成的损害后果是否显著加重。

【案件基本信息】

• 案号

一审：北京市朝阳区人民法院（2017）京 0105 民初 61425 号民事判决书

二审：北京知识产权法院（2019）京 73 民终 2759 号民事判决书

• 案由

不正当竞争纠纷

• 当事人

上诉人（一审原告）：优酷信息技术（北京）有限公司（以下简称优酷公司）

被上诉人（一审被告）：乐视网信息技术（北京）股份有限公司（以下简称乐视公司）

【基本案情】

原告（上诉人）优酷公司诉称：①请求法院判决乐视公司立即停止著作权侵权及不正当竞争行为；②请求法院判决乐视公司在乐视网（www. letv. com）、优酷网（www. youku. com）、土豆网（www. tudou. com）、新浪网（www. sina. cn）、奇虎 360（www. 360. cn）、百度网（www. baidu. com）、中国法院网（www. chinacourt. org）首页显著位置以及《中国法院报》《中国青年报》《法制日报》首页显著位置上发布赔礼道歉的致歉声明持续 120 日，并发表消除影响的声明持续 120 日以消除影响；③请求法院判决乐视公司赔偿经济损失 200 万元。事实和理由：优酷公司系优酷网的主办单位，通过该网站提供综艺节目、影视剧等视频综合类服务，具有很高的知名度。乐视公司是“乐视 TV · 3D 云视频智能机”（型号：Letv New C1S）（以下简称“乐视盒子”）的经营主体和销售者，也是乐视网的主办单位，在互联网状态下用户使用“乐视盒子”可以实现在线视频的点击播放。乐视公司经营播放视频类业务与我公司具有竞争关系。优酷公司发现，乐视公司经营的“乐视盒子”在接入互联网后，通过自带的乐视电视浏览器（以下简称乐视浏览器）可以破坏性地进入优酷网站，播放视频时破坏优酷原有的版面设计，破坏了优酷公司对网页享有的著作权。另外使用乐视浏览器可以通过遥控器控制加载视频前的广告播放，使正常的广告被快进，严重缩短了正常播放时间。乐视公司通过技术手段，破坏优酷公司原有页面，使正常应该显示的内容被屏蔽，例如“前往注册会员”“广告详情”无法显示，同时又可以快进优酷公司的广告，一些广告还未播出就被快进过滤，乐视公司的行为严重破坏了优酷公司的商业模式，构成不正当竞争。

被告（被上诉人）乐视公司辩称：使用不同的浏览器访问同一网站呈现不同的版式以及贴片广告出现不同效果不能证明浏览器对该网站实施了篡改页面的行为，真正原因为不同网站针对不同终端的不同浏览器设计有不同的页面版式和不同的广告投放规则，优酷公司主张乐视公司构成著作权侵权并无事实依据。就本案而言，仅涉及使用乐视浏览器访问优酷公司网站，双方不存在竞争关系；乐视公司的乐视浏览器不具有任何破坏和篡改页面设计的功能，使用乐视浏览器访问、浏览优酷公司网站时，出现视频前的广告被快进的情况并非因乐视浏览器所导致，而是由于优酷公司服务器针对不同浏览器推送的内容源及广告投放规则不同，乐视公司将安卓端的乐视浏览器的User Agent（以下简称UA）设置为iPhone端标识，故能接受到优酷公司服务器推送的iPhone端的内容及广告推送；在优酷公司的广告和视频结合为一个文件的情况下，乐视浏览器无法区分是广告还是视频正片，导致可以同时快进广告和视频的效果，视频与广告是否可快进，是由服务器和用户所决定。优酷公司主张乐视公司构成不正当竞争，并无事实依据。优酷公司主张赔礼道歉、消除影响无事实及法律依据。“乐视盒子”在2016年10月份已经升级CIBN互联网电视集成播控平台，升级后已经没有浏览器，即使优酷公司在2017年4月取证时还有浏览器，个别情况的出现也不会对优酷公司造成巨大的经济损失，故即使乐视公司成立侵权或不正当竞争，优酷公司主张200万元的经济损失赔偿数额亦无任何事实及法律依据。

法院经审理查明：优酷网（域名youku.com）为优酷公司所经营，2017年4月6日，根据优酷公司公证，使用“乐视盒子”中自带的乐视浏览器播放优酷公司优酷网视频可以快进优酷公司的广告，使得“前往注册会员”

“广告详情”页面无法显示。就此一节，乐视公司称系由于优酷网服务器对苹果、安卓设备推送的内容源及广告投放规则不同所致。使用苹果设备下的Safari浏览器所接收到的优酷公司推送内容源系将广告与视频节目本身作为一个整体，故广告播放的进度亦可选择拖动。“乐视盒子”中的乐视浏览器、Chrome浏览器属于安卓设备，正常情况下应该无法对广告部分的播放进度进行拖动、调整，但乐视浏览器针对优酷网将自身的UA设置为iPhone端标识，骗过优酷网服务器，故“乐视盒子”乐视浏览器对优酷网内容的播放达到了与苹果设备浏览器相同的效果，即通过对包括广告在内的播放进度进行拖动以跳过广告的播放。

就乐视浏览器更改自身UA设置一节，优酷公司曾于2016年向北京市海淀区人民法院（以下简称海淀法院）提起诉讼，要求乐视公司停止实施更改乐视浏览器UA设置以链接优酷网苹果iOS系统的不正当竞争行为，要求乐视公司停止实施乐视浏览器屏蔽优酷网视频片头广告、暂停广告的不正当竞争行为，要求乐视公司停止使用乐视播放器覆盖优酷网播放器的不正当竞争行为。海淀法院于2017年7月24日作出（2016）京0108民初18471号民事判决书，认定乐视公司的乐视浏览器在访问优酷网播放视频时未出现片头和暂停广告系优酷公司经营的优酷网针对iPhone苹果端浏览器与其他端浏览器访问时推送的内容不同所致，对优酷公司主张乐视公司实施了屏蔽优酷网视频片头、视频暂停时贴片广告的不正当竞争事实未予认可。针对乐视公司更改乐视浏览器的UA设置，海淀法院认定乐视公司不正当地干扰了优酷公司的正常经营活动，构成对优酷公司的不正当竞争。针对乐视公司乐视浏览器使用乐视播放器对网络用户提供优酷网视频播放服务，海淀法院认定乐视公司在不影响优酷公司通过优酷网正常提供视频服务的情况下，不构成对优酷公司的不正当竞争行为，海淀法院判决责令乐视公司自判决生效之日不得更改乐视浏览器UA设置以链接优酷网iPhone端。上述判决经2017年12月28日本院二审审理维持后已经发生法律效力。

本案中所用的“乐视盒子”与本案所用的为同一型号。优酷公司称本案2017年4月6日取证所使用的“乐视盒子”系在公证前另行购买，但对购买时间并未提供证据证明。优酷公司认可经过升级后的“乐视盒子”中已经没有乐视浏览器，截至本案诉讼过程中，“乐视盒子”在域名为 lemall. com 的网站上仍有展示，但显示为“暂停预定”，优酷公司无其他证据证明乐视公司在 2017 年 12 月 28 日后仍在继续实施生产或销售带有乐视浏览器的“乐视盒子”的行为。

【案件焦点】

本案的争议焦点在于乐视公司通过技术手段，快进优酷公司的广告，使得“前往注册会员”“广告详情”页面无法显示的行为（以下简称被诉行为）是否违反了《反不正当竞争法》第 2 条之规定。

【裁判理由】

北京知识产权法院经审理认为：综合双方当事人的二审诉辩主张，本案的争议焦点在于被诉行为是否违反了《反不正当竞争法》第 2 条之规定。

《反不正当竞争法》第 2 条第 2 款规定，本法所称的不正当竞争，是指经营者违反本法规定，损害其他经营者的合法权益，扰乱社会经济秩序的行为。最高人民法院在其审理的马达庆与山东省食品公司等不正当竞争纠纷案中提出构成涉及本条所规范的不正当竞争行为应当包括三个要件：一是法律对该种竞争行为未作出特别规定；二是其他经营者的合法权益确因该竞争行为而受到了实际损害；三是该种竞争行为因确属违反诚实信用原则和公认的商业道德而具有不正当性或者说可责性。

本案的争议焦点主要在于被诉行为是否对市场竞争秩序造成损害，而“其他经营者是否因竞争行为受到实际损害”可以分解为两个问题：一是被诉行为是否不利于竞争者、消费者或者其他市场参与者；二是被诉行为是否足以对竞争造成重大损害。

综合上述两个问题，因本案中存在前诉行为，被诉行为是否构成“足以对竞争造成重大损害”要件，需结合对前诉行为综合评价如下两点：一是被诉行为与前诉行为相比是否具有显著差异性（根据当事人的二审诉辩意见，在比较显著差异性问题上主要是指乐视公司快进广告的行为）；二是被诉行为与前诉行为是否存在损害程度上的差异（后诉行为造成更为严重的损害后果）。

第一，关于被诉行为与前诉行为相比是否具有显著差异性问题。显著差异性的评价需要明确前诉行为，并对前诉行为和被诉行为之间进行对比分析，以判断两行为之间是否存在显著差异性。本案中，在海淀法院已经作出处理，同时亦无充分证据证明乐视公司在上述判决生效后实施了新的销售、推广带有乐视浏览器的“乐视盒子”的行为的情况下，优酷公司本案中主张乐视公司实施了新的快进优酷网广告的不正当竞争行为，缺乏事实依据。

第二，关于被诉行为与前诉行为是否存在损害程度上的差异问题。结合在案证据，优酷公司并未提交充分证据证明乐视公司本案中的行为与前诉行为存在损害程度上的实质差异，亦即无证据证明后诉行为造成更为严重的损害后果，故对其该项上诉主张不予支持。

一审法院作出（2017）京0105民初61425号判决：驳回原告优酷公司全部诉讼请求。优酷公司不服，上诉至北京知识产权法院。北京知识产权法院作出（2019）京73民终3216号判决：驳回上诉，维持原判。

【法官评析】

对于《反不正当竞争法》第2条第2款规定的理解，学界存在多种不同观点，包括认为不属于该法第二章“不正当竞争行为”列举范围的其他行为，不能依据第2条认定为不正当竞争行为的“法定主义说”；将其理解为一般条款的“一般条款说”；认为该条不属于该法第二章“不正当竞争行为”列举范围的其他行为，不能依据第2条认定为不正当竞争行为的“有限的一般条款说”；认为该条不属于法律规范，而是有限制的法律概念的“有限的法律概念说”。[①]

根据立法宗旨、规定含义和在先判决，司法实践中通常采用“一般条款说”。一般条款，即未规定具体的适用条件和固定的法律效果，而将其交由法官根据具体情况予以确定的规范。[②] 立法上使用一般条款在于通过弹性规

① 参见郑友德、伍春艳：《论反不正当竞争法的一般条款——反不正当竞争法（修订草案送审稿）第二条的完善》，载《电子知识产权》2016年第6期。

② 参见石佳友：《民法典与法官裁量权》，载《法学家》2007年第6期。

范，弥补特别条款列举的漏洞，提高法律的安定性和可预见性。[①]

本案的典型意义在于明确了在前诉行为认定为不正当竞争行为的前提下，被诉行为（后诉行为）适用反不正当竞争法一般条款中损害后果的认定条件。对于不正当行为损害后果的认定，存在两种观点：一种观点认为，不正当竞争行为的认定与一般侵权行为相同，造成实际损害后果即可认定；另一种观点认为，不正当竞争行为与一般侵权行为所依据的规范保护目的不同，一般侵权行为着眼于具体的损害后果，不正当竞争行为关注的是对宏观竞争秩序的影响。本案的裁判理由采用了第二种观点。

最高人民法院在其审理的马达庆与山东省食品公司等不正当竞争纠纷案中提出构成涉及本条所规范的不正当竞争行为应当包括三个要件：一是法律对该种竞争行为未作出特别规定，二是其他经营者的合法权益确因该竞争行为而受到了实际损害，三是该种竞争行为因确属违反诚实信用原则和公认的商业道德而具有不正当性或者说可责性。[②] 第一个要件非属不正当竞争行为的判断标准而系该一般条款的适用条件，第二、第三个要件属于不正当竞争行为的判断标准问题：要件二是对行为效果的规范，要求行为对其他经营者的合法权益造成了实际损害，损害的实际性可以进一步理解为对市场竞争秩序造成了损害；要件三是对行为本身性质的规范，要求该行为具有可责性，评判标准为“违反诚实信用原则和公认的商业道德”。

进一步来说，第二个要件中实际损害的判断又可以细分为两个方面：一是被诉行为是否不利于竞争者、消费者或者其他市场参与者；二是被诉行为是否足以对竞争造成重大损害。第三个要件明确了对于竞争行为是否具有“不正当性”的判断，应当以该行为是否违反了诚实信用原则和公认的商业道德作为基本判断标准。其中，商业道德所体现的是一种商业伦理，是交易参与者共同和普遍认可的行为标准，应按照特定商业领域中市场交易参与者即经济人的伦理标准来加以评判。

因本案存在前诉行为，一般而言，前后诉行为的差异性表现在两个方面：

---

① 参见吴秀明：《竞争法研究》，元照出版有限公司2010年版，第8页。

② 参见（2009）民申字第1065号民事裁定书，网址：http://www.wenshu.court.gov.cn/，最后访问时间：2021年10月22日。

一是行为本身具有显著差异性（质变），二是行为在损害程度上具有显著差异性（量变），只有后诉的损害后果比前诉后果更重时才能成为一个新的诉。

（1）行为差异性的判断。对于行为本身差异性的判断，一般从行为表现形式、侵害利益、因果关系、发生时间等因素进行判断。本案中，一是优酷公司取证所用的“乐视盒子”与其在海淀法院（2016）京 0108 民初 18471 号案件中取证所用的“乐视盒子”为同一型号设备；二是更改 UA 设置后的乐视浏览器确实可以读取优酷网服务器针对苹果端设备推送的视频内容，除公证书所体现的优酷网广告内容可以通过拖动的方式快进外，优酷公司并无充分证据证明乐视公司通过乐视浏览器另外单独实施了快进广告的行为。三是优酷公司自认其本案的取证行为在海淀法院判决作出前。通过上述三点事实表明，在 2017 年 4 月至 8 月期间，优酷公司针对同样访问其优酷网服务器的苹果、安卓设备，确实设置了不同的视频、广告投放规则，从而使得利用不同设备访问其网站的用户获取到不同的内容及播放效果。故一审法院采信乐视公司的意见正确，即本案中乐视浏览器可以快进优酷网广告这一现象背后所对应的系乐视公司实施了更改“乐视盒子”乐视浏览器的 UA 设置的行为，前后诉本质并无显著区分。

（2）行为损害程度的判断。对于行为损害程度的判断，不正当竞争纠纷与一般侵权纠纷不同。不正当竞争行为表现为对竞争秩序的破坏，一般侵权行为表现为对某一具体利益的损害，与具体利益相比，竞争秩序具有相对稳定性和不可分割性。在前诉行为认定为侵害某一具体利益时，对后诉行为损害的判断可将两次行为的损害进行分割、比较，后诉行为造成除前诉行为以外新的损害的，可以认定为后诉行为的损害结果。在前诉行为为不正当竞争行为认定为破坏竞争秩序时，因为竞争秩序的相对稳定性，暗含前诉行为包含多次重复性的“小”的不正当竞争行为，结合在一起共同造成了对竞争秩序的破坏，该损害结果是不可分割的，不能反向将后果分担在每个“小”行为上。

故在对后诉行为的损害进行判断时，一是关注前后诉发生时间，即后诉行为所影响的竞争秩序是否包含在前诉认定的损害结果之中。二是关注后诉行为造成损害后果的路径与前诉行为是否相似，如果路径相似，一般可以认定损害后果已包含在前诉之中。三是关注后诉行为与前诉行为相比所造成的损害后果是否显著加重。

本案中，一是优酷公司在本案中所主张的“前往注册会员”“广告详情”等内容在乐视浏览器中未呈现是UA设置更改的结果，优酷公司主张乐视公司单独实施该项不正当竞争行为缺乏事实依据并无不当。二是双方均认可在海淀法院的前诉案件中，通过乐视浏览器观看优酷网视频亦无“前往注册会员”“广告详情”等页面内容。三是通过对用户的分析可知快进广告行为与无法播放广告相比损害程度明显较小。在前诉行为与被诉行为对优酷公司产品（广告）的完整性和会员收益均造成影响的情况下，优酷公司在本案中主张其产品（广告）的完整性和会员利益受到了损害，并进而主张被诉行为对于其竞争利益和竞争秩序之损害为甚，缺乏事实依据。

商业诋毁行为中竞争关系要件的认定标准

——素美微尚国际信息咨询（北京）有限公司与长城汽车股份有限公司不正当竞争纠纷案

【裁判要旨】

《反不正当竞争法》的目的在于保护经营者的正当经营活动不受到损害，竞争关系的存在是判断不正当竞争行为特别是商业诋毁行为的前提条件。《反不正当竞争法》所调整的竞争关系，不以同业竞争为限，亦不以现实存在的竞争为限，而应取决于该经营者的行为是否具有损害其他经营者经营利益的可能性；该经营者是否会基于这一行为而获得现实或潜在的竞争利益。

【案件基本信息】

- **案号**

一审：北京市海淀区人民法院（2019）京0108民初39009号民事判决书

二审：北京知识产权法院（2020）京73民终257号民事判决书

- **案由**

不正当竞争纠纷

- **当事人**

上诉人（一审被告）：素美微尚国际信息咨询（北京）有限公司（以下简称素美微尚公司）

被上诉人（一审原告）：长城汽车股份有限公司（以下简称长城汽车公司）

【基本案情】

长城汽车公司系国内知名车企，该公司旗下品牌及产品获得诸多荣誉，其中包括涉案车型VV7获得不同年度“年度自主车型奖”等多项荣誉。

长城汽车公司注册登记经营范围包括汽车整车及汽车零部件、配件的生产制造、开发、设计、销售及相关的售后服务、咨询服务等。素美微尚公司注册登记经营范围包括设计、制作、代理、发布广告，销售计算机、软件及辅助设备、汽车、汽车配件，汽车装饰、汽车租赁等。

北京市方圆公证处公证书记载微信公众号“大飙车”的认证主体为素美微尚公司，其中设有“车商城”栏目，可直接链接到“大飙车微店”页面，其中以文字、配图并标注售价的形式展示销售二手车辆、汽车周边产品以及除甲醛喷雾产品等。微信公众号“大飙车”上针对长城汽车公司生产的哈弗H6汽车发布甲醛含量超标的视频和文章。该文章中有“车内地板甲醛含量排名”列表，其中VV7地板甲醛含量显示为“5.5”，并在该公众号中发布文章对其销售的除甲醛产品“甲醛净化剂”进行介绍。长城汽车公司认为公证书可证明素美微尚公司在其运营的微信公众号“大飙车”以及“大飙车微店”销售车辆、汽车周边产品、除甲醛产品，与其系同业竞争者，双方存在竞争关系。素美微尚公司主张公证书显示的销售车辆信息均系其代合作伙伴、车辆所有人发布，且并未获取报酬，并认为其销售除甲醛产品并不构成与长城汽车公司的竞争关系。

公证书记载微信公众号“大飙车”于2017年6月15日发布了题为“长城VV7这台车有‘毒’地板甲醛含量直接爆表!”的文章，文章内容为涉案视频和相关文字介绍。视频内容为素美微尚公司工作人员拆解一辆长城汽车公司生产的VV7汽车并进行检测、评分等，其中测试车内甲醛的方法是将检测仪放置于前排座椅下方的发泡材料内，根据检测仪显示的数据给予相应评价。检测甲醛时车辆非密闭状态，检测人员同时在对后车厢等部位进行拆解。检测人员在检测甲醛后称“其实在拿到这个车的时候，我就会感觉这个车里面的味道的确有些大，那我看到仪器的时候果不其然，它已经变成一个红颜色了，红颜色就意味着它的甲醛已经在0.3之上的一个水平……它的发泡甲醛含量已经是五点零几的这么一个水平。5.0 我不知道大家是一个什么概念，0.3 就已经是报警的状态了，5.0 我一分钟都不想在这儿待着了”；在对车辆进行综合评价时称“的确在甲醛含量这一块，我们看到了一个非常夸张的数字，是五点几的这么一个数字。当然国家有一个非常标准的测甲醛的方式，对于车内空气测甲醛的方式，当然是一个非常严苛的环境非常严苛的条件才能测得的。我们所用的那个仪器，只不过叫做定性式的测量方式，这种定性式的测量方式只会告诉你这个地方有甲醛，有多少甲醛，具体真正多少是需要放在专业的实验室去进行研究的。至少我可以保证的是我们虽然用了一个相当简单的方式去测得了某一块材料的甲醛含量，这一块甲醛的含量并不代表是整车甲醛空气的含量，但至少我们知道，我们的测试方式是一样的，都是地板下的那些材料，我们的确也看到有些车的含量就是非常低……那这辆车达到了五点几，是不是也可以说明一些问题呢？”在整体评价时，对该车外观、做工、噪声等给出了较高的测评分数，在“车内甲醛”项特别标注为红色，数值标注为“5.5mg/m^2”。该文章的文字介绍中，有小标题“甲醛含量：严重爆表！”及标题下内容“……结果没想到，VV7 的地板甲醛含量这么高！”“甲醛安全指标在数值 0.3 毫克每立方米以下，表显数值已经超过 5.0 毫克每立方米，超出 16 倍！”“在横向对比我们拆解过并测试过甲醛、有毒有害气体的所有车型当中，这台长城 VV7 是数值最高的，没有之一！”等，另有表格“长城 VV7 内饰评分”含有“车内甲醛 5.5mg/m^2”等内容。

该文章有部分精选用户留言，包括：“毒害这块一定得曝光，不曝光会坑自己国人。尤其那些有小孩的家庭！为大飙车节目点赞！”“长城还是了解自己的国人标准的，看得到的地方下功夫了，看不到的地方呵呵了”“……不知道这样的毒内饰会对人造成什么样的影响……谢谢你们曝光……继续公平公正地做下去，加油”“越好看的东西越有毒，说的就是这车吧……”“中国人就是这样，昧着良心赚黑心的钱……”“终于把 VV7 看完了。面子功夫绝对是到家了。……但是给我 18 万肯定是不会买这车的……”等。该公证书取证时间为 2017 年 9 月 13 日，文章即时阅读量 38925 次，点赞 218 次。

公证书记载新浪微博账号“大飙车－拆车”于 2017 年 6 月 16 日发布题为“结束凌乱甲醛超标，长城 VV7‘面子’工程的杰出代表”的视频。视频

内容与涉案视频相同

国家汽车质量监督检验中心出具的“检验报告”，系长城汽车公司委托检验商标为“WEY”、型号规格“CC6483AD00B”的乘用车，来样方式为“送样”，检验依据为GB/T27630—2011《乘用车内空气质量评价指南》（以下简称《评价指南》，系环境保护部与国家质量监督检验检疫总局于2011年发布，属于国家标准）、HJ/T400—2007《车内挥发性有机物和醛酮类物质采样测定方法》（以下简称《采样测定方法》，系国家环境保护总局于2007年发布，属于环境保护行业标准），检验结论为包括甲醛在内的检验项目含量符合《评价指南》标准要求。

网页页面截屏及可信时间戳认证证书，除微信公众号“大飙车”、新浪微博账号“大飙车－拆车”发布的视频和文章外，还有搜狐视频（大飙车用户）、爱奇艺（汽车栏目）、腾讯视频（汽车栏目）、车家号（大飙车用户）、爱卡汽车论坛（WEY VV7论坛）、56网（大飙车用户）、乐视网（大飙车用户）、太平洋汽车网（大飙车用户）共八个互联网媒体平台中发布有涉案视频及相关截图和文字。

长城汽车公司依据上述证据主张：素美微尚公司发布了诋毁其公司商誉的视频和言论，降低了其公司的社会评价。搜狐网站“搜狐汽车”板块页面截图显示，2017年6月后VV7销售量持续下滑，下滑拐点与素美微尚公司发布涉案视频时间基本吻合，长城汽车公司认为素美微尚公司的行为是造成该车型销量下滑的原因之一。

素美微尚公司提供与韩涛等案外人签订的车辆租赁服务合同及机动车行驶证、机动车销售发票等相关材料。合同中约定素美微尚公司在微信公众号以及微店平台刊登车主的卖车信息，不收取佣金。素美微尚公司主张可证明第62797号公证书中提到的车辆、“大飙车”微信公众号目前发布的车辆销售信息系代他人发布，其并不实际销售车辆，其与长城汽车公司之间不存在竞争关系。

素美微尚公司提供与迈格道森市场咨询（北京）有限公司（以下简称迈格道森公司）于2017年5月12日签订的车辆租赁服务合同（原件）及2019年4月8日素美微尚公司向迈格道森公司转账30万元的银行凭证（复印件）。

合同中约定素美微尚公司每年向迈格道森公司租用50辆车，每周一辆；素美微尚公司在微信公众号以及微店平台刊登迈格道森公司的卖车信息，不收取佣金；合同总金额每年30万元，合同期限2017年5月15日—2020年5月15日。素美微尚公司主张上述证据可证明其拆解的大部分车辆均由迈格道森公司以租赁方式提供，其支付租金并免费为迈格道森公司发布车辆销售信息，最近一笔租金已支付。

【案件焦点】

长城汽车公司与素美微尚公司是否存在竞争关系。

【裁判理由】

一审法院认为：判断经营者之间是否具有竞争关系，应考虑各自的经营范围、产品类别、用户群体、盈利模式、市场细分领域等因素。本案中，长城汽车公司提交了原被告双方的工商登记信息以及第62797号公证书、第65911号公证书，主张素美微尚公司工商登记范围包括销售汽车和汽车配件，第62797号公证书、第65911号公证书可证明其在运营的微信公众号“大飙车”中实际销售车辆、汽车周边产品、除甲醛产品。以上证据已可以证明素美微尚公司与长城汽车公司在经营范围上存在重合，并且素美微尚公司自述的经营模式有可能影响汽车购买者的注意力和购买力，与长城汽车公司有可能存在商业利益冲突，构成竞争关系。素美微尚公司发布的涉案视频及相关截图、文字不符合实际，其发布的信息对社会公众造成误导，损害了长城汽车公司的商誉。理由如下：其一，就双方争议的VV7车辆内的甲醛含量问题，素美微尚公司在涉案视频中采取了明显不符合国家标准和行业标准的检测方法。根据长城汽车公司提交的《评价指南》《采样测定方法》，对乘用车内甲醛采样测定应遵循打开车辆门窗静止若干小时、安装采样装置、封闭车辆门窗若干小时等一系列严格的采集程序，以及采样点设置应“与驾乘人员呼吸带高度相一致”等相关要求。虽然双方均认可《采样测定方法》为指导性标准，非强制性标准，但该方法系国家机关权威发布，且属于环境保护行业标准，为确保检测结果客观公允，应按照该方法执行或者采取与该方法严谨程度接近的类似操作办法。而素美微尚公司作为一家专业从事拆解车辆、检测车况并发表车评的企业，其工作人员在涉案视频中自认并未按照国家标准测量车辆内部空气甲醛含量，即证明其明知乘用车内甲醛含量检测有相应标准，但仍然采取将检测仪直接置于地板发泡材料内的极其简单的检测方法，且将检测仪显示的读数直接作为整车空气甲醛含量的检测结果进行发布，这种操作显然是不严谨的，因此检测结果的准确性也应当受到质疑。

其二，素美微尚公司采取上述不符合相关标准的方法检测 VV7 车型甲醛含量后，一方面在涉案视频中称“这种定性式的测量方式只会告诉你这个地方有甲醛，有多少甲醛，具体真正多少是需要放在专业的实验室去进行研究的”，同时却在明知其检测结果可能不符合实际情况的前提下，在发布信息时仍然使用“长城 VV7 这台车有‘毒’地板甲醛含量直接爆表!”作为文章标题，在文章中还有“甲醛含量：严重爆表!”“……结果没想到，VV7 的地板甲醛含量这么高!”“甲醛安全指标在数值 0.3 毫克每立方米以下，表显数值已经超过 5.0 毫克每立方米，超出 16 倍!”“在横向对比我们拆解过并测试过甲醛、有毒有害气体的所有车型当中，这台长城 VV7 是数值最高的，没有之一!”等相关表述，在“长城 VV7 内饰评分”表格中列明“车内甲醛 $5.5mg/m^2$”等内容。上述文章标题、内容均带有明显贬损性和强烈导向性，并非对 VV7 车型甲醛含量的客观公允描述。虽然素美微尚公司主张其在涉案视频和文章中对 VV7 车型其他检测项目也有积极评价，但从涉案视频和文章的标题、文章中对甲醛含量的大篇幅描述等可以看出，甲醛含量是涉案视频和文章的焦点，素美微尚公司的行为误导公众，损害长城汽车公司商品声誉，构成商业诋毁。

其三，素美微尚公司除在自己运营的微信公众号“大飙车”、新浪微博账号“大飙车 - 拆车”中发布上述涉案视频外，还自认在搜狐视频等其他六个网络平台进行发布，具有广泛传播该信息的目的，并且实际上扩大了信息传播范围。在本案庭审时，尚有部分平台中的涉案视频未删除。

其四，长城汽车公司提交第 555 号 - 564 号公证书证明涉案车型 VV7 获得不同年度“年度自主车型大奖”等荣誉，提交各类证书、奖杯、奖状照片证明其获得“中国企业 500 强”等荣誉，可见长城汽车公司及其生产的车型

VV7 享有较好商誉。而根据长城汽车公司提交的第 62333 号公证书等证据，可证明素美微尚公司发布的涉案视频和文章已经引发社会公众对长城汽车公司以及其汽车产品的负面评价。因此素美微尚公司发布的信息已经对长城汽车公司及其产品的商誉造成了一定程度的损害。

综上，一审法院认为：素美微尚公司发布并传播了不实信息，对社会公众造成误导，损害了长城汽车公司的商誉，已经构成不正当竞争，应依法对其不正当竞争行为承担相应责任。

一审判决后，素美微尚公司提起上诉。

二审法院经审理认为：

第一，关于长城汽车公司与素美微尚公司是否存在竞争关系的问题。诚如（2014）一中民终字第 3283 号民事判决所言，由《反不正当竞争法》的相关规定可以看出，《反不正当竞争法》的目的在于保护经营者的正当经营活动不受到损害，因只有具有竞争关系的经营者的竞争行为才可能会对其他经营者的经营活动造成损害，因此，竞争关系的存在是判断不正当竞争行为特别是商业诋毁行为的前提条件。虽然对于何为竞争关系，《反不正当竞争法》中并无明确规定，但通过分析《反不正当竞争法》相关规定可以看出，《反不正当竞争法》所调整的竞争关系不以同业竞争为限，亦不以现实存在的竞争为限，而取决于以下两个条件：该经营者的行为是否具有损害其他经营者经营利益的可能性；该经营者是否会基于这一行为而获得现实或潜在的竞争利益。也就是说，只要经营者的行为具有对其他经营者的经营利益造成损害的可能性，且该经营者会基于这一行为而获得现实或潜在的竞争利益，则可以认定二者具有竞争关系；至于其是同业经营者还是非同业经营者，其是现实经营者还是潜在经营者，均在所不论。

本案中，双方当事人注册和实际经营范围处于同一行业，且具有重合的客户群体。虽然素美微尚公司具有多重主体身份（拆车人、车评人、销售汽车及周边产品的经营者），但其身份仍处于汽车大行业范畴内。素美微尚公司与长城汽车公司在销售汽车及其周边产品方面明显为相同的经营业务，其通过发布拆车、车评内容所获得的关注度将极有可能转化为其销售车辆或周边产品的交易机会，客观上达到了贬低竞争对手获取交易机会的目的，构成竞争关系。素美微尚公司的行为具有损害长城汽车公司经营利益的可能性，素美微尚公司亦会基于这一行为而获得现实或潜在的竞争利益。法院认定，素美微尚公司与长城汽车公司存在竞争关系。

第二，关于素美微尚公司的行为是否构成商业诋毁行为的问题。认定是否构成商业诋毁，其根本要件是相关经营者之行为是否以误导方式对竞争对手的商业信誉或者商品声誉造成了损害。经营者对于他人的产品、服务或者其他经营活动并非不能评论或者批评，但评论或者批评必须有正当目的，必须客观、真实、公允和中立，不能误导公众和损人商誉。经营者为竞争目的对他人进行商业评论或者批评，尤其要尽谨慎注意义务。经营者有商业上的评论或者批评的自由，但该自由是受限制的，为竞争目的批评和评论更应尽到谨慎注意的义务。

本案中，素美微尚公司自述为专业车评人，在已有指导性机动车采样评测标准文件存在的情况下，仍自行采用不科学不严谨的方法进行检测，并且文章采用"有毒"等标题和表述在互联网中进行广泛传播，会造成消费者对长城汽车公司及其涉案产品的负面评价，实际误导了相关公众，造成相关公众对长城汽车公司涉案车型质量的担忧，损害了长城汽车公司的商誉。这种评论已经超出正当商业评价、评论的范畴，构成了商业诋毁行为。

综上，一审法院依照《反不正当竞争法》第 11 条、第 17 条之规定，判决：①判决生效之日起 10 日内，素美微尚国际信息咨询（北京）有限公司删除在"大飙车"微信公众号（微信号：×××）、乐视网（www. le. com）中发布的涉案文章全部内容（含文字、配图、视频和用户评论）；②判决生效之日起30 日内，素美微尚国际信息咨询（北京）有限公司在新浪微博（×××：//weibo. com）、"大飙车"微信公众号（微信号：×××）、搜狐视频（×××：//film. sohu. com）、车家号（×××：//chejiahao. autohome. com. cn）、爱卡汽车论坛（www. xcar. com. cn）、56 网（www. 56. com）、乐视网（www. le. com）、太平洋汽车网（www. pcauto. com. cn）原发布涉案文章位置或类似位置连续 10 日刊登声明，就本案不正当竞争行为为长城汽车股份有限公司消除影响（声明内容须经一审法院审核，逾期不履行，一审法院将根据长城汽车股份有限公司申请，在相关媒体公布判决主要内容，费用由素美微尚国际信息咨询（北京）有限公司承担）；③判决生效之日起10日内，素美微尚国际信息咨询（北京）有限公司赔偿长城汽车股份有限公司经济损失1 000 000元及维权合理费用55 520元；④驳回长城汽车股份有限公司其他诉讼请求。素美微尚国际信息咨询（北京）有限公司不服上诉后，二审法院驳回上诉，维持一审判决。

【法官评析】

根据《反不正当竞争法》的立法精神和目的，其调整对象是平等市场主体间的竞争关系，保护经营者的正当经营活动不受损害。只有具有竞争关系的经营者的竞争行为才可能会对其他经营者经营活动造成损害，并最终损害竞争秩序。因而提起不正当竞争之诉，竞争关系的存在是必要条件。

根据《反不正当竞争法》的文义解释，对竞争对手一般理解为生产销售相同或者相似商品或服务的经营者①，但这种观点仅局限于要求经营者之间提供可替代的商品或服务。对于当前越来越多样化的反不正当竞争行为而言，有观点将不正当竞争行为广义理解为“使不正当竞争行为脱出竞争关系的范畴等同于不公平交易行为，甚至扩大到经营者之间以不正当方式进行的侵害与被侵害的关系”②。但反不正当竞争法由民事侵权法发展而来，起初仅保护竞争者利益，只是在其发展过程中，其立法目标已经由保护竞争者利益不断向保护消费者权益和维护公共利益方面拓宽，由单纯的私权保护不断向实现市场管制目标发展。其本质是市场竞争过程中的特殊侵权行为，过于宽泛的解释会使得不正当竞争行为和侵权行为的边界模糊，为达到有效规制，对竞争关系扩大解释的边界需要慎重。在反不正当竞争法的领域，竞争关系依旧是认定不正当竞争行为的前提条件，无论该竞争关系是直接的还是间接的。关于竞争关系，当前有狭义或广义之分。有学者认为，只有满足生产经营相同、类似或可替代商品的经营者之间在特定的市场经营活动中为争夺市场份额而形成的社会关系，即直接竞争关系，才能适用反不正当竞争法。③ 还有

---

① 王瑞贺：《中华人民共和国反不正当竞争法释义》，法律出版社2018年版，第35页。

② 孔祥俊：《反不正当竞争法原理》，知识产权出版社2005年版，第317页。

③ 参见李国光：《知识产权诉讼教程》，人民法院出版社1999年版，第678页。

一些学者认为因“替代关系”形成的《反不正当竞争法》意义上的“竞争关系”应当做更加广泛的界定，只要商品或服务具有替代性，或招揽相同的顾客群体，或抑制了他人的竞争，都应当认定具有竞争关系。①

兰某军、杭州小拇指汽车维修科技股份有限公司与天津市小拇指汽车维修服务有限公司等侵害商标权及不正当竞争纠纷案②指出“反不正当竞争法并未限制经营者之间必须具有直接的竞争关系，也没有要求其从事相同行业。经营者之间具有间接竞争关系，行为人违背《反不正当竞争法》的规定，损害其他经营者合法权益的，也应当认定为不正当竞争行为。”该指导案例对竞争对手的理解不同于传统文义解释下的“相同或者相似商品或服务的经营者”，而是将传统的同业竞争定义为直接竞争关系，认为经营者违反诚实信用原则的恶意争夺交易机会、阻碍市场竞争、侵害消费者或社会公众利益的间接竞争关系也应当纳入竞争法的调整范围。刘春田教授认为，商业诋毁中有竞争关系存在，即诋毁者与被诋毁者之间存在竞争关系。这里的竞争关系是指就某种商品或服务有着共同的直接或间接的营业上的客户。③ 也就是说，竞争关系要求经营者之间存在交易机会、竞争优势等市场资源上的争夺。这一点在孔祥俊教授的《反不正当竞争法新原理：总论》中也有体现：“电脑经销商和酒类经销商之间并无直接的竞争关系，电脑经营者如果不是为了增强自己的竞争优势，或者破坏酒类经销商的竞争优势，而对酒类经销商进行纯粹的诋毁，如纯粹为发泄经营目的以外的个人私怨而进行诋毁，自然不会产生不正当竞争，当然应当按照侵犯其他民事权利如名誉权等进行处理，不能适用《反不正当竞争法》进行规制。但是如果在特定条件下，为了增强自己竞争优势，或者为了破坏酒类经销商的竞争优势而对酒类经销商进行诋毁，该诋毁行为就有了经营目的，或者为了扩大自己的市场份额、减少对方的市场份额为目的进行诋毁，也可以认为构成竞争关系。”④

---

① 参见郑友德、杨国云：《现代反不正当竞争法中“竞争关系”之界定》，载《法商研究》2002 年第 6 期，第 64 ~ 69 页。

② 最高人民法院 2014 年发布的指导案例 30 号。案号：（2012）津高民三终字第 0046 号。

③ 刘春田主编：《知识产权法（第 5 版）》，中国人民大学出版社 2014 年版，第 292 页。

④ 孔祥俊：《反不正当竞争法新原理：总论》，法律出版社 2019 年版，第 212 页。

回到商业诋毁这一具体的不正当竞争行为中，《反不正当竞争法》第 11 条规定，经营者不得编造、传播虚假信息或者误导性信息，损害竞争对手的商业信誉、商品声誉。从商业诋毁的主观要件来看，我国《反不正当竞争法》并未要求行为人必须具有诋毁的故意。行为主体一般具有诋毁商业竞争对手的主观故意或过失，有观点认为商业诋毁主观方面为故意而不是过失，行为人实施商业诋毁行为是以削弱竞争对手的市场竞争能力，谋求自己的市场竞争优势为目的。

综上，对于竞争关系的理解，不应限定为某特定细分领域内的同业竞争关系，而应着重从是否存在经营利益角度出发进行考察，经营利益主要体现为对客户群体、交易机会等市场资源的争夺中所存在的利益。竞争实质上是两个以上的经营者争夺包括消费者在内的市场资源的行为，一方受益的同时导致另一方利益受损。因此不正当竞争行为在理论上同样也符合侵权行为的构成要件，其不同于名誉权侵权的特殊性就体现为“竞争关系”，经营者通过传播某种信息从而影响消费者的决定。具体可以参考以下两个角度：一是经营者生产、销售的商品或者服务虽然不相同、不相似，但是具备相似功能，可以互相替代；二是经营者之间存在争夺消费者注意力、购买力等商业利益冲突的，从争夺交易机会和市场资源出发界定竞争关系。

这一观点在实务中也被广泛采用，本案判决所引用的北京市第一中级人民法院（2014）一中民终字第 3283 号民事判决书认为对竞争关系的理解不应限定为某特定细分领域内的同业竞争关系，而应着重从是否存在经营利益角度出发进行考察。经营利益主要体现为对客户群体、交易机会等市场资源的争夺中所存在的利益。北京市丰台区人民法院于 2018 年受理的清华大学诉辰联（北京）知识产权代理公司不正当竞争纠纷案①中，法院认定：“我国《反不正当竞争法》第 2 条规定并没有强调要存在同业才构成不正当竞争。”“这就使不正当竞争行为的界定不限于同业竞争者之间的竞争行为，而拓展到非同业竞争者的竞争损害。如果经营者以不正当的方式与竞争对手或其他

① 北京市丰台区人民法院（2018）京 0106 民初 5464 号判决书，网址：http：wenshu.court.gov.cn/，最后访问时间：2021 年 10 月 22 日。

经营者直接或间接地争夺交易机会，损害竞争对手或其他经营者的合法权益，扰乱社会经济秩序，就是不正当竞争行为，受损害的经营者有权通过反不正当竞争法寻求救济。”在浙江淘宝网络有限公司与上海载和网络科技有限公司、载信（上海）有限公司不正当竞争纠纷一案中[①]，上海市浦东新区法院认为，在市场经济背景下，市场主体从事跨行业经营的情况实属常见，互联网环境下的行业边界更是渐趋模糊，故不应将竞争关系局限于同业竞争者之间的狭义竞争，而应从经营者具体实施的经营行为出发加以考量。竞争的本质是对客户即交易对象的争夺。在互联网行业，将网络用户吸引到自己的网站是经营者开展经营活动的基础，培养用户黏性是获得竞争优势的关键。因此，即使双方的经营模式不同，只要用户群体相同，在经营中争夺与相同用户的交易机会，亦应认定存在竞争关系。

本案中素美微尚公司和长城汽车公司在注册和经营范围上存在重合的消费者群体，企业规模、盈利模式并不是考量两者是否存在竞争关系的必要因素，素美微尚公司向读者宣传长城汽车中含有大量甲醛的同时，在自己的微信商城中出售其他二手汽车，其通过发布拆车、车评内容所获得的关注度将极有可能影响目标消费者的决定，从而转化为其销售车辆或周边产品的交易机会，因此在汽车销售这一行业上，长城汽车公司和素美微尚公司是存在竞争关系的。

---

① 上海市浦东新区人民法院（2015）浦民三（知）初字第1963号判决书，网址：http://wenshu. court. gov. cn/，最后一次访问时间：2021年10月22日。

涉知识产权侵权警告构成商业诋毁行为的要件审查

——北京亿科希特商贸有限公司与北京鲁美科思仪器设备有限公司不正当竞争纠纷案

【裁判要旨】

侵权警告在具有市场竞争意义和危害竞争秩序之时，会构成不正当竞争行为中的商业诋毁行为。法院通常要根据权利人的权利状况、侵权基础、警告内容、发送对象、送达方式和客观影响等多种因素对权利人发送侵权警告行为的属性及其正当性进行综合判断。

【案件基本信息】

- **案号**

一审：北京市海淀区人民法院（2017）京 0108 民初 43205 号民事判决书

二审：北京知识产权法院（2019）京 73 民终 3216 号民事判决书

- **案由**

不正当竞争纠纷

- **当事人**

上诉人（一审被告）：北京亿科希特商贸有限公司（以下简称亿科希特公司）

被上诉人（一审原告）：北京鲁美科思仪器设备有限公司（以下简称鲁美公司）

一审被告：北京嘉维泰银律师事务所

一审被告：北京嘉观律师事务所

【基本案情】

2014年11月14日，鲁美公司（甲方）与亿科希特公司（乙方）签订了“合作协议书”，约定：亿科希特公司成立“Lumex中国销售公司”。销售公司定义是通过甲方授权许可，乙方在中国区负责产品推广和市场活动，提供Lumex相关技术和产品的售前售后技术支持和咨询工作，甲方提供相关支持协助甲方合作开发和执行相关项目。销售公司应旨在提高甲方知名度和扩大甲方市场份额和竞争力，而非在甲方不知情况下，通过不恰当行为和不正当竞争获利或损害甲方市场和公司形象。合作范围主要涵盖市场推广、技术服务、销售活动，均由乙方单独或者甲方协助合作完成。乙方汇报，甲方监督并协助指导和支持。所有上述活动以及项目授权、项目合作等所有相关活动，乙方人员需以甲方工作人员身份以甲方公司名义开展进行，不得以其他公司名义开展。销售活动由乙方独立完成或者双方协同完成，定期及时提供市场反馈和项目信息。合同自双方签字起表示意向性合作正式开始，有效期5年。合同期间内，乙方需完成相应销售额，销售目标逐年确定，每年销售额增长不少于20%，销售目标确立需从2015年开始执行（相对2014年销售额，需增长20%）。

“合作协议书”履行过程中，鲁美公司主张亿科希特公司、嘉维律所、嘉观律所实施了如下八项行为：一是嘉维律所代表亿科希特公司向其臆断的鲁美公司代理商及潜在客户发送“告知函”及“协助诉讼告知函”；二是亿科希特公司在仪器信息网上声称其为鲁美公司独家代理商和销售公司；三是亿科希特公司在百灵环保网发布不实文章；四是亿科希特公司派人至鲁美公司经营地张贴不实标语；五是亿科希特公司在微信朋友圈发布不实博文；六是亿科希特公司以恶意诉讼方式起诉鲁美公司代理商；七是亿科希特公司向招标方发送质疑函；八是亿科希特公司在展会上分发嘉观律所出具的“协助诉讼告知函”。

其中，“告知函”载明：“关于：维护独家代理权利事宜敬启者：本律师受亿科希特公司委托，就Lumex产品授权事宜特向贵公司致函如下：据亿科希特公司陈述，亿科希特公司在指定地域和行业内具有Lumex所有产品的独家授权，并完成市场推广、技术服务和销售活动。据悉，目前有其他公司与贵公司就Lumex产品的推广和销售联系合作事宜。鉴于此，亿科希特公司特委托我们向贵公司声明，如有任何非属亿科希特公司的其他企业或工作人员就Lumex产品的销售向贵公司发出合作邀请，请贵公司立即停止与他们的单方联络并向我们报告或向亿科希特报告。如贵公司与其他任何企业或个人私自缔约，销售Lumex产品所产生的法律责任和法律后果将由贵公司承担。特此函告。”落款处为嘉维律所及律师名字，落款时间为2016年8月19日。发送对象包括三通生物工程（潍坊）有限公司、北京华新安科科技有限公司、北京亿森宝生物科技有限公司、北京普立泰科仪器有限公司。“协助诉讼告知函”载明：“本律师受亿科希特公司的委托，就亿科希特公司与鲁美公司代理合同纠纷诉讼一事，特向您致函如下：一、诉讼情况：因鲁美公司违反和亿科希特公司签署的独家代理协议，将Lumex产品通过其他渠道进行销售，亿科希特公司已向法院提起诉讼，要求鲁美公司继续履行协议并赔偿因其违约所造成的损失。二、协助诉讼：因鲁美公司或其通过任何第三方企业、个人所从事的任何未经亿科希特公司同意的对Lumex产品的销售、宣传、推广和服务行为均系诉讼索赔的内容，如贵公司发现上述行为，请及时向亿科希特公司或本律师通报，协助我公司进行索赔。特此函告。”落款为嘉维律所及律师名字，落款时间为2016年9月20日至2017年1月5日。“协助诉讼告知函”的发送对象包括北京华新安科科技有限公司、北京亿森宝生物科技有限公司、北京普立泰科仪器有限公司，中国地震局地壳应力研究所、上海海洋大学、新疆工程学院、新疆环境监测总站、河北省锅炉压力容器监督检验院、新疆油田公司采气一厂、甘肃省环境监测中心站及甘肃中金国际招标有限公司、中国仪器进出口（集团）公司。

鲁美公司起诉认为嘉维律所代表亿科希特公司向其臆断的鲁美公司代理商及潜在客户发送包含侵权警告的“告知函”及“协助诉讼告知函”的行为构成商业诋毁，应当承担侵权责任。亿科希特公司认为其行为不构成商业诋毁。

【案件焦点】

嘉维律所代表亿科希特公司向其臆断的鲁美公司代理商及潜在客户发送包含侵权警告的“告知函”及“协助诉讼告知函”的行为是否构成商业诋毁。

【裁判理由】

北京知识产权法院经审理认为，本案中鲁美公司与亿科希特公司均经营、销售同类产品，具有直接竞争关系。经审查，嘉维律所发送“告知函”及“协助诉讼告知函”的行为已于2018年1月1日前停止，故该行为应适用1993年12月1日起施行的《反不正当竞争法》。《反不正当竞争法》第11条规定，经营者不得捏造、散布虚伪事实，损害竞争对手的商业信誉、商品声誉。判断前述行为是否构成商业诋毁，首先要考察是否存在“捏造、散布虚伪事实”的行为，其次是考察该行为是否降低了相关公众对鲁美公司本身及其提供的商品或者服务的社会评价，是否对鲁美公司造成了损害，这种损害既包括直接利益的损失，亦包括丧失交易机会、削弱竞争优势等潜在的利益损失。

嘉维律所发送的“告知函”及“协助诉讼告知函”的内容主要为侵权警告，在市场经营活动中，相关主体为了维护自身的合法权益可以发送侵权警告等函件，此种函件虽然系由发送方掌握的信息单方作出，但并不可随意撰写或与事实有较大偏离。否则，作为合作对象或潜在客户的收函对象往往难以判断真实客观的情况，容易受到此类函件的影响而影响其决策，使得函件所涉经营者丧失交易机会或减少竞争优势。因此发函者应当尽到谨慎的注意义务，确保相关措辞理性、有依据，避免产生误导，损害竞争对手的商誉。

本案中，首先，证据显示2016年8月鲁美公司与亿科希特公司就“合作协议书”的履行产生争议，亿科希特公司向鲁美公司发送“律师函”要求确认独家代理关系，鲁美公司则认为亿科希特公司未成立销售公司，销售额未达预期，发函建议通过双方协议约定方式，由亿科希特公司直接成为鲁美公司代理商。可见，双方就“合作协议书”是否约定亿科希特公司为Lumex产品独家代理商的问题存在很大争议。其次，双方签订的“合作协议书”无明确条款约定亿科希特公司为 Lumex 产品独家代理商，合同内容亦无相关的明确表述，而对“合作协议书”具体条款的解读，双方亦各执一词。再次，亿科希特公司提交的“郑重声明”“授权声明”均无原件，亦无法证明为鲁美公司出具，亿科希特公司亦未提交其他充分证据证明其当时为 Lumex 产品独家代理商。在双方就“合作协议书”是否约定亿科希特公司享有独家代理权存在如此大争议的情况下，亿科希特公司委托嘉维律所向其所认为的鲁美公司代理商等发送“告知函”，该“告知函”的目的即为维护其独家代理权利事宜，并称亿科希特公司“在指定地域和行业内具有 Lumex 所有产品的独家授权”，显然没有客观、充分地披露相关事实，难谓尽到审慎注意义务，属于“捏造虚伪事实”。同时，该“告知函”还称“如贵公司与其他任何企业或个人私自缔约，销售 Lumex 产品所产生的法律责任和法律后果将由贵公司承担”，此种表述容易使相关代理商受到误导从而拒绝交易产品，造成鲁美公司正常交易机会的丧失。

至于“协助诉讼告知函”，亿科希特公司虽确于 2016 年 9 月 9 日向一审法院提起合同之诉，但如前所述，双方就“合作协议书”是否约定亿科希特公司享有独家代理权存在巨大争议，在此情况下，亿科希特公司向其所认为的鲁美公司的代理商或潜在客户发送“协助诉讼告知函”中却明确起诉原因系因鲁美公司违反和亿科希特公司签署的独家代理协议，将 Lumex 产品通过其他渠道进行销售，并强调“因鲁美公司或其通过任何第三方企业、个人所从事的任何未经亿科希特公司同意的对 Lumex 产品的销售、宣传、推广和服务行为均系诉讼索赔的内容”。此种表述显然未客观、充分地披露双方之间争议的事实，具有一定的主观恶意，非单纯要求接受函件主体协助其诉讼程序，带有一定的误导性，容易使得接受函件主体误认为鲁美公司或其授权方无权销售、代理 Lumex 产品，可能影响鲁美公司的正常交易机会。

综上，一审法院认为，亿科希特公司发送“告知函”及“协助诉讼告知函”的行为，属于捏造、散布虚伪事实，系以不正当的方式破坏了亿科希特公司的竞争优势，损害了鲁美公司的商誉，构成商业诋毁。

一审判决后，亿科希特公司提起上诉，北京知识产权法院二审驳回其上诉，维持原判。

【法官评析】

发送知识产权侵权警告函虽然属于知识产权权利人行使权利的一种表现，但却容易被滥用成为贬损竞争者商誉的商业工具，从而损害自由竞争的利益。本案明确了侵权警告在具有市场竞争意义和关系竞争秩序之时，会构成不正当竞争行为中的商业诋毁行为。权利人发送侵权警告行为的属性及其正当性，通常要根据权利人的权利状况、侵权基础、警告内容、发送对象、送达方式和客观影响等多种因素进行综合判断。

第一，发送侵权警告行为人的权利情况。侵权警告正当性的首要条件是发送侵权警告行为人的权利客观上必须是有效存在的，即其有权利对涉嫌侵权的行为发送警告。在警告中，应说明自身权利来源；权利与他人共有的，应说明权利共有、权利范围和权利有效期等相关情况。

第二，侵权警告侵权基础的真实性。判断时要着重考量：一是发送侵权警告行为人提供的判断涉嫌侵权的基础客观上是否真实合理，二是是否尽到了调查取证义务。基于知识产权侵权判断的专业性和复杂性，收到侵权警告后短时间内难以判断是否侵权，可能因此而停止被警告的行为，如果事后证实侵权不成立，不仅损失了确证之前可能产生的经济利益，而且也有可能因此丧失了原有的市场地位。故而权利人发送侵权警告必须有事实依据，在发送前应当尽到合理的调查义务，并以此为依据发送侵权警告，对于较为简单方式能获得的信息或证据，行为人不得以不知晓作为抗辩理由。但由于知识产权侵权警告是权利人谋求解决专利侵权争议的单方意愿，且由于权利本身在效力上的相对不确定性及侵权判断的专业性，不能对其确定性程度要求过高，因此不能苛求侵权警告内容完全确定和毫无疑义，否则会妨碍侵权警告制度的正常效用和有悖此类制度的初衷，故对其确定性程度的要求应当根据案件具体情况进行把握。

第三，侵权警告的具体内容、送达对象和发送方式。一是对侵权警告的内容要尽到审慎注意义务，表达准确、客观，措辞严谨、规范，充分地披露相关事实，没有歧义或误导性的内容，不可随意编撰或与事实有较大偏离。

二是送达对象上，一般的送达对象为被控侵权人，也可能是上下游客户。因上下游客户对于涉嫌专利侵权问题的判断能力更弱，收到侵权警告后，可能更倾向于放弃被控侵权的公司和产品，另辟渠道，故而向上下游客户发送侵权警告需要在注意义务上有更高要求。三是送达方式上，一般采用“点对点”的方式，如邮件、信件等，只有例外情形下方可通过大众传媒发送侵权警告。因为消费者一般没有能力判断是否侵权，而一旦在消费者中形成某种印象，短时间内很难消除，其影响难以评估。

第四，发送侵权警告的客观影响。在明确是否实际侵权的基础上，进一步考量该侵权警告行为的传播范围是否扩散或不适当扩大，是否因此影响对方的市场评价、破坏其与客户之间的交易关系或减少交易机会。如果在客观上给对方造成了严重的不良影响，具有市场竞争意义，危害竞争秩序的，则可以认定为不正当竞争行为。

企业字号“傍”知名商标可构成其他混淆行为

——中视天娱国际传媒文化（北京）有限公司与上海天娱传媒有限公司侵害商标权及不正当竞争纠纷案

【裁判要旨】

企业字号“傍”知名商标的行为属于利用他人知名度的“搭便车”行为。从竞争法的角度来看，只要上述行为可能引起消费者就服务或服务提供者等的混淆误认，此种模仿或利用就是不正当的。因此，企业字号“傍”知名商标的行为可以由《反不正当竞争法》第6条第4项进行规制。同时，根据上述行为的混淆后果等情节，可通过判决变更企业名称的方式以停止侵权。

【案件基本信息】

● 案号

一审：北京市海淀区人民法院（2018）京0108民初58510号民事判决书

二审：北京知识产权法院（2019）京73民终3699号民事判决书

● 案由

侵害商标权及不正当竞争纠纷

● 当事人

上诉人（一审被告）：中视天娱国际传媒文化（北京）有限公司（以下简称中视天娱公司）

被上诉人（一审原告）：上海天娱传媒有限公司（以下简称上海天娱公司）

【基本案情】

（一审案情略）

二审案情如下：

中视天娱公司上诉请求：①请求撤销一审判决；②请求确认上诉人使用天娱字号不构成不正当竞争，上诉人在其域名网站使用图形没有落入本案的商标保护范围不构成商标侵权或发回重审。事实及理由：①一审法院依据上诉人与被上诉人双方营业执照经营范围类似就认定上诉人具有不正当竞争行为属于适用法律错误。②上诉人有权注册字号，并且上诉人字号与被上诉人注册名称区别明显，一审法院认定构成不正当竞争属于认定错误；③一审法院认定上诉人在网站使用类似的图形构成商标侵权没有事实和法律依据；④被上诉人并未在诉前通知上诉人存在侵权行为。

上海天娱公司辩称：不同意中视天娱公司上诉主张的事实与理由。中视天娱公司在其经营的涉案网站宣传、涉案搜狐号名称及宣传中突出使用“中视天娱传媒”，违反了《商标法》第57条第2项之规定，侵害了上海天娱公司对涉案商标享有的商标专用权。并且，中视天娱公司使用“天娱”作为企业字号进行工商登记注册并用于经营活动的行为，违反了《商标法》第58条，《反不正当竞争法》第6条第4项之规定，构成不正当竞争。因此，一审法院认定事实清楚，适用法律正确，请求驳回中视天娱公司的上诉请求。

法院经审理查明：

（1）上海天娱公司享有的涉案商标权及其知名度。上海天娱公司在本案中主张其享有第4219296号商标的注册商标专用权。该商标注册人为上海天娱公司，核定使用服务为第41类组织竞赛（教育或娱乐）、文娱活动、娱乐、演出等，该商标注册日期为2008年1月14日，经续展注册有效期至2028年1月13日。

为证明涉案商标经上海天娱公司长期经营和宣传，在中视天娱公司成立前已经在相关公众中具有极高的知名度和美誉度，上海天娱公司提交了上海天娱公司及其关联企业制作或参与制作电影、电视剧、演唱会、综艺节目等各类影视娱乐项目的合同、电影片公映许可证、各类影视娱乐项目的宣传海报、“天娱传媒”在中国大陆（不含香港、澳门、台湾地区）期刊的相关报道、唱片等。

（2）关于上海天娱公司主张中视天娱公司的涉案行为。工业和信息化部 ICP/IP 地址/域名信息备案管理系统查询显示中视天娱国际传媒文化（北京）有限公司为 www. qslhgj. com（即涉案网站）的主办单位。

涉案公证书显示，进入涉案网站首页，首页顶部显著位置左侧为图形（详见附件图 3）（略），右侧上下排列有“SINCE2005”“CE-MEDIA”“中視天娛傳媒”字样（该标识见附件图 4）（略），下方的宣传页面有上下排列的图 3（略）及“CE-MEDIA”“中視天娛傳媒”字样（该标识见附件图 5）（略）；网页底部显示“版权所有 中视天娱国际传媒文化（北京）有限公司”“天娱传媒集团”的字样。

涉案网站“关于我们”栏目提及“中视天娱传媒是天娱传媒集团的直属公司，是中国与芬兰合作创立的集演艺、艺人经纪、娱乐、广告、媒体传播、文化交流、大型文体活动策划……媒体娱乐节目制作……为一体的中国具有影响力的娱乐演艺及文化创意产业运营公司……作为一家专业的娱乐演艺传媒及艺人经纪管理机构……公司常年依托中央电视台、湖南卫视……等百佳主流媒体资源……整合先进的演艺品牌项目……中视天娱传媒以诚信为本，致力于艺人经纪管理推广……中视天娱传媒是目前我国唯一一家致力于中国著名老歌唱家、老艺术家、主旋律歌唱家、艺术家演艺及形象代言推广，已经成为业内知名品牌……中视天娱传媒已形成产品、渠道、品牌的全方位产业体系，正稳步迈向成为华语娱乐演艺圈最重要的娱乐演艺品牌及文化创意产业运营及创新附属衍生产品知名品牌之一。”

涉案网站“发展之路”栏目提及“中视天娱传媒创立于 2000 年，2005 年携手百佳电视媒体组建中视天娱传媒品牌……成功参与华语地区最具品牌知名度和影响力的音乐选秀节目湖南卫视元宵喜乐会、湖南卫视春节晚会、湖南卫视超级女声、湖南卫视快乐男声、湖南卫视闪亮新主播系列活动的策划制作工作……中视天娱国际传媒作为一家专业的娱乐传媒机构，借助领先的娱乐节目制作和卓越运作优秀娱乐媒体的能力，推动娱乐产业内的多元化整合运营趋势，以形成影视、娱乐全产业链运营能力……”

涉案网站“公司荣誉”栏目载明了“中视天娱传媒”2004年至2014年荣获的荣誉，该页面最后载有“快乐男声”和“快乐女声”相关标识。

涉案网站“文娱业绩”栏目提及“中视天娱国际传媒专业策划制作各类商业性和公益性文体活动”，其中策划承办和协办的部分大型文体活动的活动业绩包括张杰“It’s love 这就是爱”个人品牌演唱会、My Way 魏晨个人音乐会、2008—2014 湖南卫视元宵喜乐会等活动。

涉案网站“业务框架”栏目提及：“中视天娱传媒”主要涉及业务包括演出策划实施、艺术节庆运营、明星经纪推广、媒体娱乐节目制作运营、电影电视剧制作投资、文化旅游项目咨询等，其他涉及业务包括中国著名老歌唱家、著名主旋律歌唱家、表演艺术家演艺、形象代言推广、演出策划及实施、音乐、影视制作、专辑出版、演员包装推广等。该页面下方亦有“快乐男声”和“快乐女声”相关标识。

涉案网站“旗下艺人”栏目包括了克里木、朱明瑛、王洁实与谢莉斯、郑绪岚、杨洪基、蒋大为、刘秉义、黄婉秋、胡松华、德德玛、胡宝善、邓玉华、李光羲、郭兰英、耿莲凤、才旦卓玛、于淑珍、关牧村、李谷一、程志、拉苏荣等著名歌唱家、表演艺术家。

前述页面上方均有图4（略）标识，各栏目宣传中均使用“中视天娱传媒”指代其公司及品牌。此外，涉案网站“活动历程”“联系我们”栏目网页亦有图4（略）标识。

（2018）湘长麓证民字第8242号公证书对中视天娱公司涉案搜狐号的相关内容进行保全。该公证书记载：2018年9月28日，上海天娱公司的委托代理人使用公证处的电脑，在百度搜索中输入“中视天娱”进行搜索，点击搜索结果中的“中视天娱传媒董事长兼CEO李海卓博士简介－搜狐娱乐－搜狐网……”后进入相应页面，页面左侧搜狐号头像显示有图5（略），搜狐号名称为“中视天娱传媒”，点击进入该搜狐号主页，右侧显示其2017年11月27日加入搜狐号，文章数30，阅读数1765。涉案搜狐号发布的文章期间自2017年11月27日至2017年12月5日，主要内容为德德玛、才旦卓玛等28名歌唱家、艺术家的经纪演出事务，文章标题中均标注“中视天娱传媒”，此外亦有文章介绍中视天娱公司旗下签约歌唱家及其董事长简介。文章显示，中视天娱传媒旗下签约歌唱家包括沈小岑、蒋大为、李谷一、阎维文、廖昌永等。以上文章均有"【官方经纪公司】中视天娱传媒"的字样。

中视天娱公司提出如下抗辩意见：

①中视天娱公司依法享有第32690495号"中视天娱"商标的注册商标专用权（详见附件图6）（略），核定使用服务为第35类：广告；商业管理和组织咨询；替他人推销；人事管理咨询；商业企业迁移；会计；寻找赞助；为商品和服务的买卖双方提供在线时长；为推销优化搜索引擎；广告代理。②图4（略）、图5（略）与涉案商标在颜色、图形、字母、文字上均有明显差别，不构成相同或近似。③中视天娱公司在涉案网站、涉案搜狐号等宣传中突出使用"中视天娱传媒"及企业全称是对其经工商局合法登记的字号及企业名称的正当使用。④中视天娱公司主要经营面向老年群体的歌唱家民歌会、歌友会，与上海天娱公司主要经营综艺节目、大型演唱会及偶像电视剧的领域不同，双方不构成竞争关系。⑤影视娱乐公司将公司骨干曾经的主要业绩导入该公司的业绩中，属于行业惯例。中视天娱公司的业务总监曾参与制作湖南卫视元宵喜乐会、湖南卫视超级女声、湖南卫视快乐男声的制作，相关宣传内容亦不构成虚假宣传。

【案件焦点】

涉案侵害商标权及不正当竞争行为是否成立。

【裁判理由】

一审法院经审理认为，中视天娱公司在其经营的涉案网站和涉案搜狐号上突出使用图4（略）、图5（略），在涉案网站宣传、涉案搜狐号名称及宣传中突出使用"中视天娱传媒"，违反了《商标法》第57条第2项之规定，侵害了上海天娱公司对涉案商标享有的商标专用权。中视天娱公司使用与涉案商标近似的"天娱"作为企业字号进行工商登记并在经营活动中使用，违反了《反不正当竞争法》第6条第4项之规定；中视天娱公司在涉案网站和搜狐号上进行虚假宣传，违反了《反不正当竞争法》的第8条之规定。

一审判决后，中视天娱公司提起上诉，二审法院认为：

（1）关于商标侵权的认定。首先，上诉人在其经营的涉案网站上突出使用了图4（略）、图5（略），在涉案搜狐号的头像上使用了图5（略），在涉案网站宣传内容中使用了“中视天娱传媒”，上述标识字体较大，用于宣传及商业活动中，可以起到标识服务来源的作用，故属于《商标法》意义上的商标性使用。其次，图4（略）、图5（略）的图形部分由粗体小写英文字母“e”并在“e”的左侧添加于左侧开口的圆形，并在开口处添加横杠，文字部分由英文“CE-MEDIA”、中文“中视天娱传媒”等组成，其中“中视”与“天娱传媒”字体明显区别。而被上诉人享有商标权的涉案商标中的图形部分由英文字母“e”及与英文字母“e”水平对称的图形拼接而成，其文字部分由上述对称“e”图形及“media”、中文“天娱传媒”等组成。经比对，图4（略）、图5（略）与涉案商标在图形形状、文字构成及整体视觉效果等方面均近似，二者构成近似商标。同时，“中视天娱传媒”完整包含涉案商标显著识别文字部分“天娱传媒”，亦与涉案商标构成近似商标。再次，涉案商标核定使用的服务包括组织表演（演出）、无线电和电视节目制作、广播和电视节目制作、表演制作、节目制作、电视文娱节目、文娱活动、娱乐、演出、现场表演等，而上诉人在涉案网站及搜狐号介绍中宣传其业务包括“演艺、艺人经纪、娱乐、大型文体活动策划”等，且上诉人亦陈述其主营业务为艺术交流活动、展示展览活动、艺术策划等。且其提交的海报亦可体现其参与制作、协办各类演出、现场表演等文娱活动。上述服务与涉案商标核定使用的服务在服务对象、服务内容等方面均具有共性，属于同一种或类似服务。最后，考虑到涉案商标具有一定市场知名度，上诉人在同种或类似服务中使用涉案标识，一般消费者在隔离观察的情况下容易与涉案商标产生混淆，或误认为二者主体之间具有特定关联，故上述标识与涉案商标已构成相同或类似服务上的近似商标，上诉人对上述标识的使用已构成侵害被上诉人就涉案商标享有的注册商标专用权。

（2）关于不正当竞争的认定。首先，根据上述分析，双方业务均涉及节目制作策划、文娱演出等领域，故双方存在竞争关系。上诉人关于一审法院仅凭营业执照经营范围即认定二者存在竞争关系属于适用法律错误的辩称不能成立，本院不予采信。其次，涉案商标的核准注册日期在上诉人中视天娱公司成立之前，且涉案商标的中文部分“天娱傳媒”中显著性较强的“天娱”文字亦为上海天娱公司的企业字号。且在上诉人成立时，无论是涉案商标还是上海天娱公司已经在节目制作、文娱演出活动等领域具有一定的知名度。上诉人作为同业经营者，理应知晓上海天娱公司涉案商标的情况，其仍将涉案商标显著性较强的“天娱”注册为企业字号，同时在宣传经营活动中突出使用“天娱”字号，足以误导公众，其行为难谓善意。上述行为足以引人误认上诉人与被上诉人之间存在特定联系，已构成不正当竞争。一审法院认定正确，本院予以支持。

此外，上诉人关于其不知道有违法行为的相关辩称不能构成其侵权及不正当行为的合法理由，不应予以采信。

(3) 关于法律责任的判定。关于变更企业名称，如前所述，作为同一行业的经营者，上诉人中视天娱公司系不正当地将上海天娱公司具有一定知名度的涉案商标中的显著性较强的“天娱”作为字号注册登记为企业名称，并用于对外经营活动中，加之在案证据显示上海天娱公司在相关领域亦具有较高的知名度，即使中视天娱公司规范使用其企业名称，仍足以使公众对二者提供的服务来源产生混淆或误认二者之间存在特定关联关系。故一审法院对上海天娱公司的该项诉讼请求予以支持并无不当，本院予以确认。

综上，北京知识产权法院二审驳回其上诉，维持原判。

【法官评析】

中视天娱公司使用“天娱”作为企业字号注册并用于经营活动的行为构成不正当竞争？是否应当变更企业名称？

(1)《反不正当竞争法》第6条第4项的认定范围。《反不正当竞争法》第6条第4项规定，经营者实施足以引人误认为是他人商品或者与他人存在特定联系的混淆行为，属于不正当竞争行为。

中国市场交易中的有些竞争者为了谋求自身的利益而以假冒、仿冒的手段来侵害合法经营者的利益，通过搭别人的“便车”来销售自己的商品，造成了市场混淆，这种市场混淆行为具有巨大的社会危害性，各国的《反不正当竞争法》均将市场混淆行为作为不正当竞争行为予以禁止。中国对市场混淆行为的规制主要体现在《反不正当竞争法》第6条上，该条规定并非封闭型列举，其第4项规定“其他足以引人误认为是他人商品或者与他人存在特定联系”的行为也属于混淆行为。二审法院认为，《反不正当竞争法》第6条前三项列举的对商业标识的混淆行为有如下种类：对商品名称、包装、装潢进行混淆的行为；对企业名称、社会组织名称、姓名进行混淆的行为；对与互联网有关的域名主体部分、网站名称、网页等进行混淆的行为。由此可以归纳为混淆商品或服务来源的行为；混淆经营主体的行为；混淆互联网经营活动的行为。因此，《反不正当竞争法》第6条第4项规定的行为根据体系解释，应当认定为混淆与他人、他人商品或者他人行为存在特定联系的，可以区分商品来源、经营主体、经营行为的其他标识的行为。企业字号“傍”知名商标的行为属于利用他人具有知名度的能区分商品来源标识的搭便车行为。从竞争法的角度来看，只要上述行为可能引起消费者就服务或服务提供者等的混淆误认，此种模仿或利用就是不正当的。因此，企业字号“傍”知名商标的行为可以由《反不正当竞争法》第6条第4项进行规制。

（2）此种混淆方式法律责任的承担方式。对于此种混淆行为的停止方式，本案判决支持了变更企业名称的诉讼请求。因在此种情况下，即使中视天娱公司规范使用其企业名称，仍足以使公众对二者提供的服务来源产生混淆或误认二者之间存在特定关联关系，故该项诉讼请求可以得到支持。

本案适用了《反不正当竞争法》关于其他混淆行为的规定，并对此进行了论证，对于该条款的适用以及类似不正当竞争行为的判定具有一定的参考价值。

以侵害他人在先权利等手段获得注册的商标，其商标专用权应当受到限制

——乔丹体育股份有限公司与酷买网（北京）科技股份有限公司侵害商标权及不正当竞争纠纷案

【裁判要旨】

注册商标专用权的权利范围包含两个方面：一是商标使用权，即允许权利人合法使用该注册商标；二是商标禁用权，即权利人有权禁止他人违法使用该注册商标。但若该商标系以侵害他人在先权利等手段获得注册，则在他人合法行使上述在先权利的范围内，该注册商标专用权人无权行使其商标禁用权。

【案件基本信息】

● **案号**

一审：北京市朝阳区人民法院（2017）京0105民初37669号民事判决书

二审：北京知识产权法院（2020）京73民终1497号民事判决书

● **案由**

侵害商标权及不正当竞争纠纷

● **当事人**

上诉人（一审原告）：乔丹体育股份有限公司（以下简称乔丹体育公司）

被上诉人（一审被告）：酷买网（北京）科技股份有限公司（以下简称酷买网）

【基本案情】

乔丹体育公司的前身为福建省晋江市陈埭溪边日用品二厂（以下简称溪边二厂），2000 年 6 月 28 日，溪边二厂改制为晋江市乔丹体育用品有限公司（以下简称晋江乔丹），2000 年 9 月 22 日晋江乔丹经核准将企业名称变更为福建省乔丹体育用品有限公司（以下简称福建乔丹）。2009 年 12 月福建乔丹整体变更为乔丹体育公司。

乔丹体育公司系涉案三个“乔丹”商标的现注册人。其中第 1541331 号“乔丹”商标的申请注册日期为 2000 年 1 月 27 日，核准日期为 2001 年 3 月 21 日，经续展后有效期至 2021 年 3 月 20 日，该商标核定使用的商品类别为第 25 类，包括婴儿全套衣、游泳衣、防水服、足球鞋、爬山鞋、滑雪靴、体操鞋、跑鞋（带金属钉）、跳鞋、足球靴。第 3148047 号“乔丹”文字商标的申请日期为 2002 年 4 月 16 日，核准日期为 2003 年 9 月 28 日，经续展后有效期至 2023 年 9 月 27 日，该商标核定使用的商品类别为第 25 类，包括戏装、胶鞋、旅游鞋、鞋、运动鞋、篮球鞋、休闲鞋、凉鞋、婚纱、浴帽。第 3148049 号“乔丹”文字商标申请注册日期为 2002 年 4 月 16 日，核准日期为 2004 年 5 月 7 日，经续展后有效期至 2024 年 5 月 6 日，该商标核定使用的商品类别为第 25 类，包括泳装、服装、婴儿服装、雨衣（包括雨帽、披肩、斗篷）、戏装、足球鞋、鞋、帽、袜、手套。

2003 年 9 月 16 日，最高人民法院作出的（2002）民三终字第 9 号民事判决书认定福建乔丹在先使用的鞋盒所包装的运动鞋产品为知名商品，其鞋盒装潢为知名商品的特有装潢。2010 年 12 月福建省工商行政管理局认定乔丹体育公司的“乔丹”字号为福建省企业知名字号，有效期自 2010 年至 2013 年。2013 年 12 月，该字号再次被认定为福建省企业知名字号，有效期自 2013 年至 2016 年。中国行业企业信息中心颁发的统计调查信息证明显示乔丹体育公司的乔丹牌运动鞋在 2009 年度、2011—2013 年度在全国市场同类产品销售荣列前五名。

酷买网在天猫商城（域名 tmall. com）上开设有“朝阳运动专营店”。2017 年 2 月 10 日，登录上述网站并查找到该店铺，在本店内使用“乔丹”

作为关键词进行搜索，可以搜索到10余款在售商品，商品标题链接分别为“耐克篮球鞋乔丹AJ9低帮缓震新款正品外场男篮球鞋”“NIKE Air Jordan5限量乔丹五代白银男子篮球鞋”“Nike耐克篮球鞋男款新款Air Jordan AJ4乔丹四代实战战靴”“耐克正品乔丹篮球鞋AJ7火星人马文减震防滑包裹运动鞋”“Nike耐克篮球鞋男新款JORDAN乔丹高帮缓震篮球战靴”“耐克乔丹篮球鞋新款Jordan AJ缓震耐磨高帮运动鞋”“耐克乔丹男袜新款休闲运动袜”“耐克男装篮球短袖T恤新款正品乔丹AJ运动短袖T恤”“耐克篮球运动帽乔丹款正品”“耐克男装2017新款JORDAN AJ乔丹篮球针织夹克连帽外套”“Nike耐克男裤2017新款乔丹运动裤休闲针织长裤”“新款Nike耐克男子低帮JORDAN乔丹”“Nike耐克　男装　篮球短袖针织衫　乔丹”“新款 Nike耐克男装篮球长袖针织衫乔丹”。点击“耐克篮球鞋乔丹AJ9低帮缓震新款正品外场男篮球鞋”，查看该商品的详细信息，商品页面上有该鞋的照片及包装展示，除标题外其中并无“乔丹”字样，鞋上有“AIR JORDAN”字样。点击“Nike耐克篮球鞋男款新款Air Jordan　AJ4乔丹四代实战战靴”“耐克乔丹篮球鞋新款Jordan　AJ缓震耐磨高帮运动鞋”等商品链接，详情页面上亦无“乔丹”字样。乔丹体育公司代理人花费3260元购买其中三款鞋，酷买网公司发货并开具了增值税发票。乔丹体育公司代理人收到的鞋及包装上无任何“乔丹”字样，包装盒上贴的合格证上标有“美国NIKE公司监制 经销商：耐克体育（中国）有限公司”。

1993年12月22日，美国职业篮球运动员迈克尔·杰弗里·乔丹（本名Michael Jeffrey Jordan，本文以下简称迈克尔·乔丹）与耐克公司（Nike Inc.）签署“个人服务与代言协议”，约定耐克公司向迈克尔·乔丹支付使用费，迈克尔·乔丹在协议期间授予耐克公司及其任何继受公司、子公司、被许可人和经销商（以下简称NIKE）一项排他性的权利和许可，使后者有权在耐克产品的广告、宣传、经销和/或销售中无限制地使用乔丹代言。NIKE是耐克标志、乔丹标志以及Flight标志的唯一、绝对所有权人。乔丹标志是指NIKE或其任何子公司现在或将来拥有的、包含乔丹代言任何元素的、单独或与任何内容组合使用的“Air Jordan”文字、篮球运动员侧面轮廓图形及任何其他商标、服务标志或标语。2012年10月23日，迈克尔·乔丹（Michael

Jordan）签署授权声明书，确认耐克公司及其子公司耐克国际有限公司经其授权，有权在全球（包括中国）使用其姓名、绰号、姓名首字母、球衣号码、签名、签章、声音、录像或电影中的形象、照片、肖像、影像、影像的复制品、漫画以及其所作的任何其他方法代言，任何由上述元素单独和/或组合而成的商品商标、服务商标或 LOGO，并有权就侵犯乔丹代言和乔丹商标的行为进行维权。NIKE 是“AIR JORDAN”文字商标、篮球运动员侧面轮廓图形商标、“FLIGHT”文字商标、“FLIGHT”图形商标以及其他由迈克尔·乔丹的姓名、绰号、姓名首字母、球衣号码、签名、签章、声音、录像或电影中的形象、照片、肖像、影像、影像的复制品、漫画以及迈克尔·乔丹所作的任何其他方法的代言等元素单独和/或组合而成的商品商标、服务商标或 LOGO 商品商标、服务商标或者语标的唯一、排他权利人，对其享有专有权。

1992 年 8 月 28 日，《参考消息周末增刊》以“‘飞人’乔丹”为题对乔丹进行了简短介绍，其中提到“1984 年洛杉矶奥运会后，耐克公司同他的经纪人签订了一项合同，决定用他的名字为一种新鞋命名，这种名为‘飞人乔丹’的运动鞋第一年的营业额超过 1 亿美元。”1993 年 10 月 24 日，《参考消息》以“‘飞人’乔丹隐退‘明星’效应大增”为题，对乔丹退役后名声远播及带来的商业价值进行报道。2003 年至 2017 年包括新浪网、腾讯网等在内的网络媒体在提到或报道迈克尔·乔丹时直接使用“乔丹”指代。之后包括《经济日报》、新浪网等报纸及网络媒体以及《迈克尔·乔丹》《篮球之神》的书籍记载了“飞人乔丹”系列（Air Jordan 又译作“空中乔丹”“空中飞人乔丹”“空气乔丹”）鞋的品牌名称的由来及该系列鞋的发展过程及销量、知名度的情况。2004 年 3 月 31 日，新浪网（域名 sina. com. cn）即以“NIKE 名鞋鉴赏乔丹系列 Air Jordan 18 代签名鞋”为题对耐克公司的鞋进行了宣传报道。之后，包括新浪网、搜狐网、腾讯网、网易等多家网络媒体对第 3 代、5 代、9 代、11 代、12 代、14 代等“Air Jordan”系列鞋进行了报道，其中多次使用“乔丹鞋”字样。

2016 年 12 月 7 日最高人民法院就迈克尔·乔丹与国家工商行政管理总局商标评审委员会、乔丹体育公司商标争议行政纠纷一案作出（2016）最高法行再 27 号行政判决书。该判决书查明自 1984 年以来，在我国有关报纸、期刊、网站上发表的有关迈克尔·乔丹的文章中，以及有关迈克尔·乔丹的书籍、专刊中，其标题或名称如有涉及迈克尔·乔丹的，均主要以“乔丹”指代。2010 年 12 月 20 日，商标评审委员会作出商评字［2010］第 36887 号异议复审裁定书，认定本案证据不足以证明在 2002 年 6 月 12 日之前第 1541331 号“乔丹”商标构成驰名商标，因上述裁定而提起的行政诉讼中，北京市第一中级人民法院认定本案证据不足以证明第 1541331 号“乔丹”商标已经构成驰名商标，北京市高级人民法院维持上述一审判决，据此第 1541331 号“乔丹”商标曾获得驰名商标保护的认定与事实不符。该判决书最终认定迈克尔·乔丹对“乔丹”享有姓名权，该姓名权是属于《商标法》第 31 条应予保护在先权利，在案证据足以证明乔丹体育公司明知迈克尔·乔丹及其姓名“乔丹”具有较高知名度的情况下，擅自在第 28 类体育活动器械等商品上注册乔丹商标，具有明显的主观恶意，违背诚实信用原则，该判决撤销了国家工商行政管理总局商标评审委员会商评字［2014］第 052058 号关于维持第 6020569 号“乔丹”商标争议的裁定，判决国家工商行政管理总局商标评审委员会重新作出裁定。

乔丹体育公司认为：其在第 25 类“鞋”“运动鞋”类商品上注册了第 1541331 号、第 3148047 号、第 3148049 号等多个“乔丹”文字商标，依法对上述商标享有专用权。“乔丹”既是乔丹体育公司知名字号，也是乔丹体育公司知名商品的特有名称。经过乔丹体育公司的长期使用，“乔丹”品牌已经在运动鞋类、服装类商品上具有很高的商誉和市场识别度。酷买网公司未经许可，在其天猫商城网站宣传、销售非乔丹体育公司的运动鞋商品时，将产品品牌标注为“乔丹”，将“乔丹”作为侵权商品的检索关键词突出使用，酷买网公司既销售了侵权商品，亦直接使用了乔丹体育公司享有专用权的“乔丹”商标。上述使用行为容易导致相关公众混淆，不仅侵害了乔丹体育公司“乔丹”系列商标的专用权，亦侵害了乔丹体育公司就“乔丹”知名字号和知名商品特有名称所享有的合法权益，其行为构成商标侵权及不正当竞争，该行为给乔丹体育公司造成巨大经济损失，故乔丹体育公司诉至法院，请求停止侵权并赔偿经济损失 50 万元。

一审法院经审理认为，乔丹体育公司主张酷买网公司侵犯其商标权并构成不正当竞争行为无事实及法律论据，故判决驳回乔丹体育公司的全部诉讼请求。

二审法院经审理后，最终判决驳回上诉，维持原判。

【案件焦点】

酷买网公司在其网页上对“乔丹”文字的使用是否侵犯了乔丹体育公司对“乔丹”文字商标享有的注册商标专用权以及该行为是否构成不正当竞争。

【裁判理由】

一审法院认为：在销售耐克鞋的过程中，酷买网公司通过天猫商城“朝阳运动专营店”展示了商品，展示过程中使用了“乔丹”字样，判定上述行为是否构成商标侵权，前提在于判断酷买网公司的上述使用行为是否系将“乔丹”作为其所售鞋的品牌或商标进行使用的行为。判定是否构成商标的使用，根本在于判断该使用行为是否以识别与区分商品来源为目的以及是否客观上起到了上述识别与区分商品来源的作用。根据已经查明的事实，耐克鞋的品牌方耐克公司与迈克尔·乔丹签署有品牌代言的协议，故耐克公司及包括经销商在内的相关公司在销售耐克商品中使用迈克尔·乔丹的姓名有一定的事实依据。同时还应当看到，早在1984年耐克公司即获得迈克尔·乔丹授权，出品了以其名字命名的鞋“Air Jordan”。综合上述事实，作为耐克公司耐克品牌商品的销售者，酷买网公司在销售耐克鞋商品时使用“乔丹”，既有迈克尔·乔丹与耐克产品品牌代言的特定事实基础，亦有以乔丹名字命名的鞋系耐克公司产品之一的事实基础，其使用行为有其合理性与正当性。

酷买网公司在销售过程中使用“乔丹”文字的行为，均是将“乔丹”文字放在“Nike”或“耐克”之后，上述使用方式亦足以说明酷买网公司并非将“乔丹”作为一个独立的商标进行使用的行为，而是为描述其所售商品为“Nike”“耐克”品牌的某一系列产品而使用“乔丹”。在上述使用中，起到区分商品来源作用的系“Nike”“耐克”。从客观效果上看，该种使用方式亦足以使一般消费者清晰地认识到其所查看、购买的商品为耐克品牌下的乔丹系列或“Air Jordan”系列商品，不会使消费者误认该商品系来源于乔丹体育公司的“乔丹”牌鞋。综上，酷买网公司上述对“乔丹”字样的使用行为，无论从其使用的主观意图上看，还是从使用的客观效果上看，均不构成将“乔丹”作为其所售鞋的品牌或商标进行使用的行为，上述使用行为并非商标使用行为，也不可能使消费者误认该商品与乔丹体育公司的商品存在关系而导致消费者混淆，乔丹体育公司主张构成商标侵权缺乏事实基础。

同时，酷买网公司系通过网店进行商品销售的经营者而非专门的搜索引擎服务提供者，为便利消费者检索商品，酷买网公司根据消费者输入的关键词提供与之相关的商品系其经营网店的基本功能之一，故乔丹体育公司主张酷买网公司将“乔丹”作为检索关键词构成商标侵权或不正当竞争行为并无事实及法律依据。且本案中酷买网公司并无将“乔丹”用作其字号的行为，乔丹体育公司主张酷买网公司擅自使用其企业名称构成不正当竞争亦无事实及法律依据。

二审法院认为：首先，耐克公司对“乔丹”拥有合法的在先权利基础。根据已查明的事实以及最高人民法院在先判决的认定，自1992年起，我国多家媒体报道美国职业篮球运动员迈克尔·乔丹时，均已“乔丹”指代其姓名。“乔丹”在我国已具有较高的知名度、为相关公众所熟悉，其已经与迈克尔·乔丹之间已形成稳定的对应关系，故迈克尔·乔丹就中文“乔丹”享有在先姓名权。同时，1993年耐克公司与迈克尔·乔丹签署代言协议，约定耐克公司有权在耐克产品的广告、宣传、经销和/或销售中无限制地使用乔丹代言。故耐克公司在其产品中使用“乔丹”文字具有合法的在先权利基础。

其次，酷买网公司在本案中对“乔丹”文字的使用系基于上述合法的权利基础，具有正当性。商标法所要保护的是商标所具有的识别和区分商品及服务来源的功能，而并非仅以注册行为所固化的商标标识本身。本案中：第一，从行为主体上看，酷买网公司仅为耐克公司的产品销售商，其涉案行为系用于宣传介绍相关产品，而非将涉案文字直接用于产品之上。第二，从使用方式上来看，“乔丹”系用于“耐克”“NIKE”之后，在“耐克”“NIKE”具有较高市场知名度的情况下，相关消费者可以凭借“耐克”“NIKE”标识清晰的识别该商品的来源，不会造成消费者误认该商品来自于乔丹体育公司。

第三，从使用意图上看，酷买网公司作为涉案产品销售者，其使用“乔丹”文字系用于介绍涉案产品系耐克产品中的乔丹代言系列，具有合理的事实基础。综上，酷买网公司使用“乔丹”文字的涉案行为，不具有攀附涉案商标知名度的主观意图，亦不会为相关消费者正确识别涉案商品的来源制造障碍，其基于前述合法在先权利基础而使用“乔丹”文字的行为具有一定正当性。

最后，乔丹体育公司取得涉案商标权的行为难谓正当。最高人民法院在（2016）最高法行再27号行政判决中的认定，乔丹体育公司明知迈克尔·乔丹在我国具有长期、广泛的知名度，仍然使用“乔丹”申请注册涉案商标，容易导致相关公众误认为使用该商标的商品与迈克尔·乔丹存在代言、许可等特定联系，该行为具有明显的主观恶意。本案涉案三个权利商标虽然为有效商标，但系因迈克尔·乔丹对上述商标以侵害在先姓名权为由提起无效宣告请求之时已逾5年保护期限，故其合法存续状态并不意味着上述商标的取得系合法、正当的。注册商标专用权的范围包含允许权利人合法使用注册商标以及禁止他人违法使用该注册商标。本案乔丹体育公司虽系涉案三个“乔丹”商标的权利人，其有权在法律规定的范围内使用其商标，但基于该商标的注册存在一定权利瑕疵，故在他人合法行使“乔丹”在先权利的范围内，乔丹体育公司行使其禁用权缺乏正当性。综上，对乔丹体育公司关于酷买网公司侵害其涉案商标权的诉讼主张，二审法院不予支持。

同样基于上述理由，乔丹体育公司关于涉案行为构成不正当竞争的相关主张亦不能成立。

【法官评析】

本案争议焦点为酷买网公司对“乔丹”文字的使用是否侵犯了乔丹体育公司对“乔丹”文字商标享有的注册商标专用权以及该行为是否构成不正当竞争。本案一审法院和二审法院的判决结果是相同的，均认为涉案行为未构成商标侵权行为，但一审法院和二审法院的判决理由却有所区别。

一审法院系从商标侵权要件出发进行评述，即认为判定本案是否构成商标侵权行为，前提在于判断酷买网公司的上述使用行为是否系将“乔丹”作为商标进行使用的行为。并进一步认为判定是否构成商标的使用，根本在于判断该使用行为是否以识别与区分商品来源为目的以及是否客观上起到了识别与区分商品来源的作用。

但本案需明确对商标性使用行为的判断应当采取主观标准还是客观标准。所谓主观标准即该标识的使用人是否主观上将其作为能够指示来源的标识进行使用；客观标准即该标识的使用方式是否客观上使消费者将其用于识别商品来源。一审法院同时采用了主观标准和客观标准并分别进行了分析。对此，笔者认为：商标作为一种商业标识，其作用在于使消费者能够通过该标识识别并区分商品的来源。无论使用人主观出于何种目的以及何种理由而使用该标识，只要在客观上达到使消费者将其作为区别来源的标识的效果，其已符合商标性使用的条件。因此，笔者对商标性使用的判断更倾向于采取客观标准。

本案中，从客观标准上分析，酷买网公司使用"乔丹"文字搜索关键字，同时在展示介绍产品时使用了"Nike""耐克""乔丹"等字样，其对"乔丹"的使用方式与"Nike""耐克"并列，足以使消费者将其作为指示商品来源的标识。而一审法院在一审判决中亦指出"乔丹"非独立的商标，而是"Nike""耐克"商标的从属标识，用以指示"Nike"的旗下某一系列产品，其事实上已认可上述"乔丹"的使用方式构成商标性使用。故一审法院从是否构成商标性使用的判断上否定侵权行为构成，其理由并不充分。

二审法院系从权利来源基础出发，认为申请注册和使用商标，应当遵循诚实信用原则。原《民法通则》早在 1986 年即已规定"民事活动应当遵循自愿、公平、等价有偿、诚实信用的原则"。《民法典》亦将这一原则延续。诚实信用原则是一切市场活动参与者应遵循的基本准则。一方面，它保障当事人有权在法律规定的范围内行使和处分自己的民事权利和诉讼权利；另一方面，它又要求当事人在不损害他人和社会公共利益的前提下，善意、审慎地行使自己的权利。任何违背法律目的和精神，以损害他人正当权益为目的，恶意取得并行使权利、扰乱市场正当竞争秩序的行为均属于权利滥用，其相关权利主张不应得到法律的保护和支持。

而本案中，第一，耐克公司基于代言协议等对"乔丹"文字拥有合法的在先权利基础。第二，酷买网公司作为耐克产品销售商，其在"乔丹"系列商品上使用"乔丹"文字系基于上述合法的权利基础，具有正当性。最重要的是，二审法院认为，乔丹体育公司取得的涉案"乔丹"商标，其权利基础具有瑕疵。即在乔丹体育公司申请注册涉案"乔丹"商标之前，迈克尔·乔丹已在我国具有广泛的知名度，乔丹体育公司申请注册上述商标易导致相关公众误认为使用该商标的商品与迈克尔·乔丹存在代言、许可等特定联系，该行为具有明显的主观恶意。同时，最高人民法院在生效判决中亦对此进行了相关认定，其认为乔丹体育公司主张的市场秩序或者商业成功并不完全是乔丹体育公司诚信经营的合法成果，而是一定程度上建立于相关公众误认的基础之上。维护此种市场秩序或者商业成功，不仅不利于保护姓名权人的合法权益，而且不利于保障消费者的利益，更不利于净化商标注册和使用环境。

而注册商标专用权的权利范围包含两个方面，一是商标使用权，即允许权利人合法使用该注册商标；二是商标禁用权，即权利人有权禁止他人违法使用该注册商标。基于前述分析，若该商标系以侵害他人在先权利等手段获得注册，则在他人合法行使上述在先权利的范围内，该注册商标专用权人无权行使其商标禁用权。因此，乔丹体育公司关于涉案行为侵害其商标权的主张不能成立。同样，基于上述分析，其关于不正当竞争的主张亦不能成立。

本案二审法院从诚实信用原则出发，对以不正当方式取得的商标权的行使进行了限制，具有一定的典型意义。

附　录

在民事诉讼程序中扩大独任制适用范围的实施操作建议

1. **【独任制适用范围】**快审组审理上诉案件应当组成合议庭审理。但事实清楚、法律适用明确的下列案件，可以由法官一人独任审理：

（一）第一审适用简易程序审理结案的；

（二）不服民事裁定的。

对于一审独任法官适用普通程序审结的上诉案件、采取合议制审结的上诉案件、报请解决管辖权争议的案件等，均不得适用独任制。

独任法官认为原判事实错误或法律适用错误拟作出改判，以及因认定事实不清拟发回重审的，可以提交专业法官会议讨论。

2. **【排除独任制情形】**由法官一人独任审理的第一审或第二审案件，审理过程中出现下列情形之一的，人民法院应当组成合议庭审理，并将合议庭组成人员及相关事项书面通知双方当事人：

（一）涉及国家利益、公共利益的；

（二）涉及群体性纠纷，可能影响社会稳定的；

（三）产生较大社会影响，人民群众广泛关注的；

（四）新类型或者疑难复杂的；

（五）与本院或者上级人民法院已经生效的类案判决可能发生冲突的；

（六）其他不宜采用独任制的案件。

3. **【开庭审理为原则】**由法官一人独任审理的上诉案件，应当开庭审理。

没有提出新的事实、证据的案件，具备下列情形之一的，独任法官经过阅卷、调查或者询问当事人，认为不需要开庭的，可以不开庭审理：

（一）不服民事裁定的；

（二）上诉请求明显不能成立的；

（三）原判决认定事实清楚，但适用法律明显错误的；

（四）原判决严重违反法定程序，需要发回重审的。

除当事人因公告或者依据地址确认书地址无法及时有效送达的，采取书面审理方式应当征询双方当事人意见。征求意见的方式可灵活掌握，但询问情况应做好工作记录。

4. **【程序转换】**由法官一人独任审理的第二审案件，审理过程中出现本细则第二条所列情形之一的，应当于发现之日起七日内裁定组成合议庭进行审理，并将合议庭组成人员及相关事项以书面形式通知双方当事人，原独任法官继续参加案件审理。

独任制转换为合议制应当以裁定方式作出，可以采用书面或者口头形式通知双方当事人。一般情况下，口头形式通知即可，书面形式应视情况而定。独任制转换为合议制后，即使审理过程中原有的审判组织转换情形消失，也应当继续由合议庭审理。

5. **【程序转换】**由法官独任审判的第二审案件，当事人提出新的事实或者新的理由的，于审理期限届满前裁定组成合议庭进行审理，并将合议庭组成人员及相关事项以书面形式通知双方当事人，原独任法官继续参加案件审理。

6. **【异议处理与程序转换】**当事人一方或双方对法官一人独任审理提出异议的，应当于案件开庭前书面提出异议申请，由独任法官进行审查，并按照下列情形分别处理：

（一）异议成立的，应当于审理期限届满前裁定组成合议庭进行审理，并将合议庭组成人员及相关事项以书面形式通知双方当事人，原独任法官继续参与案件审理。

（二）异议不成立的，口头告知双方当事人，并将上述内容记入笔录。

7. **【自愿选择独任制】**人民法院组成合议庭审理的案件，当事人双方自愿选择由法官一人独任审理的，应当于案件开庭前向合议庭书面申明理由，并按照下列情形分别处理：

（一）经合议庭审查同意的，由合议庭裁定变更审判组织形式，以书面形式通知双方当事人，由原合议庭承办法官独任审理案件。

（二）经合议庭审查不同意的，口头告知双方当事人，并将上述理由记入笔录。

8. **【程序转换文书要求】**审判组织转换的裁定，应当写明裁定结果和作出该裁定的理由。裁定书由转换后的审判组织署名，加盖人民法院印章，且对该裁定不得提起上诉。

9. **【程序转换程序问题】**审判组织发生转换的案件，审理期限自人民法院立案之日起计算，已经做出的诉讼行为继续有效。

双方当事人已确认的事实，可以不再举证、质证，但合议庭认为确有必要的，可以重新组织开庭。

10. **【程序保障】**人民法院对决定受理的案件，应当以书面或者口头等适当方式向当事人告知所适用的审判组织形式、审判组织的选择权和异议权。

知识产权类民事二审快审案件审理操作指南

第一部分　总则（一般规定）

1.【知识产权案件速裁快审的定义】知识产权案件速裁快审是指立案庭快审组在审理知识产权类案件时，依据相关法律规定进一步简化诉讼程序，提高审判效率，尽快维护当事人合法权益的工作机制。

2.【知识产权案件速裁快审的原则】知识产权案件速裁快审应当遵循分流合理、调裁一体、简案快审的工作原则。

3.【案件的甄别分流】立案庭快审组综合运用案由归类、程序类案件分案机制及智能繁简分流功能，以及人工识别的辅助方式等，实现速裁案件的准确分流。

4.【知识产权案件速裁快审的范围】下列案件可适用速裁方式审理：裁定不予受理、驳回起诉及管辖权异议等程序类的二审案件；互联网法院上诉适宜速裁的二审案件；一审采用速裁方式审结的二审案件；其他案件事实清楚、权利义务关系明确，当事人提出上诉且没有提出新事实、新证据、新理由的民事二审案件。

5.【不适宜速裁快审案件范围】下列案件，不纳入速裁案件范围：

（一）新类型案件；

（二）重大疑难复杂案件；

（三）需要公告送达的案件；

（四）上级人民法院发回重审、指令立案受理、指定审理、指定管辖，或者其他人民法院移送管辖的案件；

（五）再审案件；

6. **【人员构成】**知识产权快审案件由立案庭快审组进行审理。原则上组件快审团队，每个快审团队应当配备一名员额法官、一至二名法官助理、一名书记员。

7. **【工作任务】**知识产权快审案件快审员额法官团队年平均结案数建议不低于500件。

8. **【团队负责人职责】**团队负责人除履行法律及其他规范确定的审判长职责以外，还应履行以下职责：

（一）召集庭前评议，确定案件审理方式；

（二）对串案审理进行沟通协调；

（三）通过审判系统等信息化手段对团队审理案件的流程节点进行提示；

（四）团队内法官助理及书记员职责临时调配。

9. **【团队其他员额法官职责】**

团队其他员额法官除履行法律及其他规范确定的的职责以外，还应履行以下职责：

（一）审核法官助理、书记员确定的常用文书模板；

（二）指导法官助理、书记员日常职责分工。

10. **【法官助理职责】**

法官助理除应履行法律及其他规范确定的职责外，还应履行以下职责：

（一）通知当事人时告知并阐明适用知识产权速裁快审机制相关事宜；

（二）庭前阅卷后对审理方式进行建议并报告承办法官；

（三）制作诉讼文书模板，在法官指导下撰写裁判文书初稿。

11. **【书记员职责】**

书记员除应履行法律及其他规范确定的职责外，还应履行以下职责：

（一）办理速裁案件庭前准备过程中的事务性工作；

（二）担任案件审理过程中的记录工作；

（三）整理、装订、归档案卷材料；

（四）完成法官、法官助理交办的其他事务性工作。

12. **【快审案件甄别】**

知识产权速裁快审案件由立案庭工作人员立案时按照确认的范围负责甄

别后交由速裁事宜责任内勤。

13.【快审案件的移转】

甄别属于知识产权速裁快审案件的，由立案庭速裁事宜责任内勤当日通知速审团队员额法官指定的联络员领取卷宗，并填写案件卷宗移转表。

第二部分　民事二审快审案件审理流程

14.【诉讼文书送达及传唤】

适用快审方式审理的二审民事案件，可以采取电话通知简便方式传唤当事人、诉讼代理人和证人；经受送达人同意，可以采取传真、电子邮件、手机短信、微信等方式送达上诉状、传票，接收答辩状等诉讼文书，积极使用北京法院集约送达一体化平台进行送达。适时推进电子送达平台进行送达。

15.【收案审查】

法官助理或书记员在收案登记时应当审查以下事项：

（一）案件范围

案件是否属于知识产权快审案件类型，有无本规范确定的不属于速裁快审案件类型的情况。如发现，应及时告知承办法官。

（二）卷宗材料完整性

1. 上诉状、答辩状是否齐全；

2. 一审程序采用合议制进行审理的，副卷是否已经一并移送；

3. 当事人身份材料及授权委托手续是否齐全；

4. 随卷移送的一审裁判文书是否齐全；

5. 一审卷宗中的各项材料是否和卷宗目录所载明的一致，卷宗是否存在损毁等情况；对卷宗材料与卷宗目录不一致的，应要求一审法院按照卷宗目录记载5日内补齐材料，或者对卷宗目录作出说明；对卷宗有损毁的，应记录在案并通报一审法院。

6. 一审案件应当审查起诉状、诉讼证据材料及诉讼手续是否齐全。

（三）当事人诉讼费用缴纳情况；

卷宗审查完毕后，应对现有的证据和案卷材料进行草订。

收案登记时，法官助理或书记员如发现上述所列情形外，还存在案卷材料不完整或其他可能导致案卷退回立案庭的事由，应当及时报告承办法官。

16.【阅卷、分流】二审快审法官建议在七日内完成阅卷工作。阅卷后认为不符合快审案件范围的，及时向速裁事宜责任内勤提出，经批准，转相应业务庭审理。

17.【送达】二审快审团队法官助理、书记员建议在立案后七日内通知当事人开庭或询问时间与地点。

18.【审理方式】适用二审民商事快审机制的案件审理方式包括书面审理、询问审理、直接开庭审理，询问审理与开庭审理相结合的方式。

（一）对于当事人仅仅针对一审案件赔偿数额提出上诉且没有新事实、新证据、新理由的，或者当事人对案件事实没有争议，仅对法律问题有争议的，可以采取书面审理的方式审理。

（二）对于一审案件事实认定和法律适用较为简单、审级之间观点较为一致、没有新证据的，可以采取询问方式审理。

（三）对于一审案件事实较为复杂，法律适用存在争议，可以采取直接开庭审理以及询问与开庭相结合的方式审理。

19.【审理范围】二审快审法官应围绕当事人的上诉请求及理由进行调查、询问，重点审查一审裁判文书说理是否充分、结果是否正确，上诉请求是否成立。

20.【开庭、询问前准备】

法官助理或书记员应在开庭或者询问前完成下列工作：

（一）预定法庭或者谈话室；

（二）书记员在询问和开庭前应当制作询问笔录头及开庭笔录头。

21.【庭审当日准备工作】

法官助理应提前到达法庭，审查诉讼材料、录入审判信息和庭前调解。

书记员应当提前到达法庭，检查电脑设备、检查诉讼参与人的出庭情况、宣布法庭纪律。

22.【出庭手续的审查】

书记员或法官助理应根据《中华人民共和国民事诉讼法》第五十八条的规定审查当事人出庭手续，并应着重审查当事人提供的授权委托书是否记明委托事项和权限。

23. **【庭审记录方式改革】**在快审案件中，积极开发利用智能语音识别技术，实现庭审语音同步转化为文字并生成法庭笔录。落实庭审活动全程录音录像的要求，探索使用庭审录音录像简化或者替代书记员法庭记录。

24. **【二审速裁快审案件文书简化】**一审裁判已经针对上诉问题作出充分说理的，二审裁判文书可以适当简化。对于一审裁判认定事实清楚、适用法律正确，应当予以维持的案件，可以省略一审事实查明及一审认为部分的内容，仅写明一审当事人诉辩称意见、一审判决主文内容以及二审裁判说理部分、判决主文部分内容，可以在二审裁判说理部分引用法条时仅写明法条序号，不写法条的具体内容。对于应当改判的一审案件，仍然按照人民法院诉讼文书样式要求撰写。

25. **【裁判文书制作】**

合议庭应当依照规定，及时对评议意见一致或者多数意见一致的案件作出裁判。承办法官负责文书制作，法官助理在承办法官的指导下草拟裁判文书，并负责裁判文书校核工作。

26. **【裁判文书的签署】**

裁判文书定稿完成当日，由合议庭法官依次签署文书，承办法官应当首先签署，审判长最后签署。

27. **【裁判文书的校对】**

裁判文书的初稿应当经过四步校对：第一步由承办法官在撰写修改完毕后校对；第二步由法官助理进行校对；第三步由合议庭其他法官审阅裁判文书并签署意见；第四步由承办法官根据此前三步的审阅校对意见进行修改并再次校对，完成定稿。

28. **【裁判文书的打印】**

文书签署完毕后，由法官指导法官助理尽快将裁判文书定稿送交印制。

29. **【裁判文书送达】**二审快审案件，建议采取司法专邮的方式送达或互联网送达。

30. **【二审速裁快审案件审理期限】**二审速裁快审案件建议在立案之日起三十日内审结。

31. 【审判及结案信息的检查与录入】

法官助理应当将案件审理各个阶段的信息及时、准确、完整地录入法院审判信息管理系统。在每月结案日前，根据院、庭结案要求以及案件的审限情况完成案件的报结工作。

32. 【审判信息检查】

案件审结前，法官助理应当检查案件的合议庭成员、法官助理、书记员的姓名是否与审判系统中的一致，不一致的应当及时修改；当事人信息与营业执照及判决书上是否一致，确保网上审判信息与卷宗一致。

33. 【退费】二审案件以调解、撤诉方式结案或因其他原因，依照《诉讼费用交纳办法》需要退还当事人二审诉讼费用的，应在结案后、归档前及时为当事人办理退费手续。如因当事人原因导致退费工作未能在归档前进行的，书记员应制作书面的工作说明附在卷中。

34. 【退卷】书记员应当自案件报结之日起规定期限内，向立案庭责任人员进行案件卷宗材料的移转。

35. 【文书上网要求】法官助理应在裁判文书发生法律效力后的规定期限内，对符合公布条件的裁判文书，进行技术处理和校对，报送专门管理机构审查并在互联网公布；法官助理对裁判文书应当认真审阅，确保内容真实准确，格式规范，引用法律条款无误，文字表述、数字和标点符号等无错漏。

第三部分　互联网法院二审案件审理流程

36. 【诉讼文书送达】经当事人同意，互联网法院建议通过中国审判流程信息公开网、诉讼平台、手机短信、传真、电子邮件、即时通讯账号等电子方式送达诉讼文书及当事人提交的证据材料等。

当事人未明确表示同意，但已经约定发生纠纷时在诉讼中适用电子送达的，或者通过回复收悉、作出相应诉讼行为等方式接受已经完成的电子送达，并且未明确表示不同意电子送达的，可以视为同意电子送达。

37. 【适用程序】互联网法院二审案件，可以采用简易程序，适用独任制进行审判。适用独任制审判的，应当在诉讼权利义务释明时明确告知当事人，并由当事人即时表态是否同意。当事人明确表示不同意的，记入笔录，并转换为合议制。

经过阅卷、调查和询问当事人，对没有提出新的事实、证据或者理由，独任制法官或合议庭认为不需要开庭审理的，可以不开庭审理。

存在确需当庭查明身份、核对原件、查验实物等特殊情形的，可以在线下开庭或谈话的方式审理，但其他诉讼环节仍应当在线完成。

38. **【二审速裁快审案件文书简化】**一审裁判已经针对上诉问题作出充分说理的，二审裁判文书可以适当简化。对于一审裁判认定事实清楚、适用法律正确，应当予以维持的案件，可以省略一审事实查明及一审认为部分的内容，仅写明一审当事人诉辩称意见、一审判决主文内容以及二审裁判说理部分、判决主文部分内容，可以在二审裁判说理部分引用法条时仅写明法条序号，不写法条的具体内容。对于应当改判的一审案件，仍然按照人民法院诉讼文书样式要求撰写。

39. **【裁判文书送达】**经告知当事人权利义务，并征得其同意，互联网法院可以电子送达裁判文书。当事人提出需要纸质版裁判文书的，应当提供。

40. **【二审速裁快审案件审理期限】**互联网法院二审速裁快审案件建议在立案之日起三十日内审结。